RELIGIÃO & VIOLÊNCIA. DA AMBIVALÊNCIA DE UM NEXO

(EDITORES)
JOSÉ MARIA SILVA ROSA
ANTÓNIO AMARAL
JOSÉ ANTÓNIO DOMINGUES
ANTÓNIO BENTO

RELIGIÃO & VIOLÊNCIA. DA AMBIVALÊNCIA DE UM NEXO

ALMEDINA

PRAXIS
Centro de Filosofia, Política e Cultura

RELIGIÃO & VIOLÊNCIA.
DA AMBIVALÊNCIA DE UM NEXO

EDITORES
José Maria Silva Rosa
António Amaral
José António Domingues
António Bento

EDITOR
EDIÇÕES ALMEDINA, S.A.
Avenida Emídio Navarro, 81, 3D
3000-151 Coimbra
Tel.: 239 851 904 • Fax: 239 851 901
www.almedina.net • editora@almedina.net

REVISÃO
Joana Baudouin

CAPA
Yuna Le Quéré

PAGINAÇÃO
EDIÇÕES ALMEDINA, S.A.

IMPRESSÃO E ACABAMENTO

1.ª edição: janeiro 2024

DEPÓSITO LEGAL

ISBN
978-989-40-1745-5

ALMEDINA | GRUPOALMEDINA

ÍNDICE

NOTA DE ABERTURA

JOSÉ ANTÓNIO DOMINGUES[1]

Assumimos muitas vezes com naturalidade a realidade violenta da vida e da cultura contemporâneas como simples contínuo secular. *Sempre assim foi, sempre assim será.* Como explicitamente nos diz Raymond Aron (*Paix et guerre entre les nations*, 1962), a violência dos Estados justifica-se em função da defesa de interesses próprios e da expansão das suas ideologias. Desta perspectiva resulta que o religioso não parece apresentar-se como elemento-chave da leitura dos antagonismos. Contudo, não há efectivos silêncios do religioso na razão política ou social, na medida em que a violência entre Estados ou no interior dos Estados se exprime segundo uma certa necessidade de defender uma identidade, em si relacionada com uma matriz de origem religiosa diferente das outras, como se a religião correspondesse a outro tipo de comunidade de pertença.

Desta forma, porque a religião mostra hoje mais cruamente a ambiguidade atávica que a constitui, amiúde de forma espectacularmente activa e visível (as execuções ao vivo, transmitidas nas redes sociais, realizadas pelo Daesh foram tão-só uma das mais terríficas expressões), o Grupo de Religião & Violência da Unidade de Investigação LabCom. IFP (UBI) (actualmente [em 2019] integrado na unidade de investigação do PRAXIS — Centro de Filosofia, Política e Cultura) realizou ao longo dos últimos anos alguns colóquios com o objectivo de debater estas e outras problemáticas que desafiam a uma partilha reflexiva. Como convocação desse espírito crítico e da interdisciplinaridade epistémica, apresentam-se no presente livro, que intitulamos *Religião & Violência.*

[1] PRAXIS — Centro de Filosofia, Política e Cultura da Universidade da Beira Interior.

Da Ambivalência de Um Nexo, textos de autores que procuram traçar sobre o fenómeno diversos aspectos e teorias relevantes, com os contributos particulares da filosofia, da antropologia, da psicologia, da sociologia, da ciência política, da teologia e das ciências da religião, e, por assim dizer, notar a diferença de perspectiva entre eles.

Do ponto de vista cultural, os elementos que fornecem, em primeiro lugar, um primeiro espaço de aproximação a um «Absoluto violento» na convivência humana, a partir dos quais se justificaria e introduziria a significação de uma *Outra voz*, num contexto recortado do imaginário, são os da constituição dos antigos Mitos e Textos fundadores (a Bhagavad-Gîta, o Enuma Elish, a Bíblia, a *Ilíada,* o Alcorão, etc.). Para os compreender torna-se necessário auscultá-los, situá-los nos seus contextos nativos, relendo-os a essa luz. Sabe-se o que releituras xenófobas, apologias da guerra, exerceram enquanto extravasamento dos textos do Antigo (e até do Novo) Testamento. Por isso, o sentido que a expressão kantiana «a religião nos limites da simples razão» possa ter de reducionismo ético, passa pela necessidade de repensar de novo, até aos fundamentos, a crítica da práxis religiosa. Consiste esta em desfazer-se dos moldes de um pensar que se tornou apenas nominal, que cunha expressões diagnósticas que diminuem a vitalidade («ópio do povo», «neurose colectiva», etc.) e iludem o nosso pensar. Porque a religião, ao contrário do que pensaram os homens das Luzes e seus herdeiros de novecentos, é também *aquilo que resiste à Razão* e não se deixa diluir na sua ilusória transparência.

Não nos é difícil reconhecer que este processo de crítica implica que se elaborem múltiplos enfoques. Importa criar possibilidades de inquirir de novo o que já se interpretou sobre a relação Religião & Violência, sobre a Mitologia e as Simbólicas que as têm por reflexão, v.g., como a *Guerra dos Pandavas*, na matriz hindu do Mahabarata, suas homologias no combate entre Marduk e Tiamat, na Cólera de Aquiles, ..., interrogar como é que, v.g., uma religião da paz e do amor (a cristã), no século IV, passou de perseguida a perseguidora («chrétiens persécuteurs», Marie-Françoise Baslez), como nasceram a Jihad, as Cruzadas, as Guerras de Religião, o *Syllabus*, etc. A legitimação da guerra (justa) respondia na sua génese a necessidades de legítima defesa, mas também a desejo de poder, de perseguição da heresia, para retomarmos em sobrevoo algo que vem desde Agostinho (antidonatista) até à literatura dos séculos XVII–XVIII. E bem para lá destas épocas, com outros nomes..., apesar do kantiano sonho da «Paz Perpétua».

* * *

Um estranho religioso ressurge, hoje. Lembramos Heinz-Christian Strache, da extrema-direita (FPÖ), número dois do Governo de Sebastian Kurz (Áustria), líder do partido conservador (ÖVP), ao pretender reeditar a guerra contra o Islão, em Viena, no centro da Europa (reavivando as feridas de 1520–1536). Faz-se uso do religioso *pro domo sua*. O *homo religiosus* não deverá definir-se, pois, também como *homo periculosus*? Dir-se-ia que sim. O que pode significar o retorno do religioso? Vattimo evoca antes a *kenôsis*, a debilitação, a encarnação e o projecto de secularização desde o início inscrito na religião cristã. É uma hermenêutica ela mesma muito polémica para certos sectores do cristianismo.

O que é interessante é que certos radicalismos religiosos, v.g., o extremismo xiita no Irão, parecem gerar, por contraposição, outra experiência espiritual nada evidente: nas comunidades Bahá'í nasceu uma das mais radicais propostas de não-violência no Islão. Mas a consciência é um processo lento, feito de avanços e recuos. No chamado ecumenismo, no âmbito do parlamento mundial das religiões, a «ética mundial» de Hans Küng, de recorte kantiano, o «espírito de Assis», certas formas de *New Age*, a ecologia do *oikos* comum, ecoam muitas vozes: o Sermão da Montanha, a de Francisco de Assis, Nicolau de Cusa, John Locke, Gandhi, Luther King, Nelson Mandela, Paul Ricœur..., todas elas recusando a exegese literal, belicosa, electiva, xenófoba e fanática dos textos religiosos. O que é contrabalançado com novas e mais fortes arremetidas fundamentalistas, literalistas, alucinadas (islâmicas, católicas, evangélicas, etc.).

A religião e a violência são desafios constantes para a *epistême*. As duas noções não se afiguram pólos independentes e em contraposição. A religião, como estrutura da experiência humana dotada de estatuto cultural e capaz de ligar entre si os seus membros, não se pretende apenas autoridade sem força. Mas sempre que a alcança, tende a exorbitar. As máscaras rapidamente caem. Depende muito dos contextos, da sua inscrição num espaço e num tempo, nos quais a violência é um dos seus possíveis mais tentadores. Particularmente, as três religiões abraâmicas, judaísmo, cristianismo e islamismo, podem ser vistas desta perspectiva. Retrata-se e questiona-se, aliás, nos ensaios que se seguem, uma determinada postura a partir delas, a abertura à violência, e insistentemente analisa-se a mesma violência independentemente dos diversos matizes e motivações.

Uma narrativa do religioso, reportado ao discurso político, onde reside o elemento hegemónico actual, parece concentrar em si as questões mobilizadoras e que repercutem manifestações de pertença tribalizada e até nacionalista. A primeira questão: em que(m) acreditamos? Uma segunda: quem somos? O binómio crença-identidade afigura-se necessário à clarificação da narrativa autojustificativa e messiânica como mecanismo elementar da violência, procurando-se, por esta via, a articulação lógico-cronológica dos acontecimentos presentes e dos ingredientes e das estratégias de tempos outros. Por conseguinte, há razão para perguntar: onde encontrar a trama na qual se interligam e desligam as identidades, as religiões e a violência?

O universal voto de paz e de harmonia aparece expresso nas palavras de saudação e acolhimento «Shalom», «A Paz esteja contigo», «Salaam» (pertencente, pois, às três religiões do Livro), não o será por ser precisamente o mais difícil de realizar? O lugar do inconciliável? Basta olhar para a *contradictio* de *Hierosolyma/Hierusalem/Cidade da Paz*... Recortes simbólicos literários e histórico-críticos dos textos, que confrontam a experiência judaico-cristã, por exemplo, compreendem uma semântica da violência (v.g. o extermínio de povoações por mandato divino em Dt 20, 10–18; o Deus guerreiro que marcha à frente dos exércitos em Nm 21, 14; o Deus castigador e punitivo, em vários passos de Dt e 2Re). Deus é invocado como autoridade a favor da paz e apesar de tudo pode fazer participar da guerra («em nome de Deus»). Paradoxo que pode colocar-se nas formas como nos mais variados contextos sociopolíticos e culturais a religião e a política suscitam uma reciprocidade que pode ser aterradora, mas que também pode seduzir. Religião e política identificam-se neste envolvimento no qual permanecem de uma maneira perfeitamente ambivalente. É claro para o Estado querer ser «acima de tudo», e para a religião colocar «Deus acima de todos», como alguns hoje matraqueiam com estulto oportunismo. Mas colocam-se questões: qual é o desígnio político último do Estado? Que sentido tem a força religiosa e identitária no quadro de um processo de secularização?

Relativamente a uma Europa em crescente complexificação tecnocientífica, informacional, securitária, indistinguível de uma dinâmica económica, a constituição de um ecuménico universalismo corresponde ao esforço de inclusão da máxima diferenciação identitária. Mas esta é uma dificuldade que persiste. Distinguem-se duas dimensões desta dificuldade, como são os trabalhos de reajustamentos geopolíticos e económicos globais, necessários, e a quebra das atitudes de reconhecimento do outro. Dimensões que se repercutem na integração cultural e religiosa que lhes inere. É o gesto fraterno a evadir-se da Europa, também ele exangue no Mediterrâneo? Desde a guerra da Bósnia, de meados da década de 90 do século passado, dir-se-ia que a diferenciação na Europa escapa à identidade. Por que razão? Será porque a cultura, e com esta a religião, se relaciona com a geoestratégia e a «macroeconomia» *lato sensu* como se estivesse numa nefasta deriva?

De maneira diferente, encontra-se no modo de vida a ligação dos efeitos sistémicos do Estado a uma multifacetada violência, a que coloca organização no trabalho e depois nos estilos de habitar os múltiplos ecossistemas naturais, mediáticos, relacionais, passando pelos modos de utilização dos recursos públicos e os processos de constituição das instituições, públicas e privadas, a família e os corpos civis. Mas o problema não é o de uma presença da violência no modo de vida, mas o de uma capacidade de questionar o Estado (e todos os seus avatares mercenários) quanto ao monopólio da violência, seja ela coerciva, securitária ou defensiva.

* * *

O atlas, mesmo que traçado a grosso, nunca substitui a viagem. A terminar, um grande farol: o *Testamento* de Christian de Chergé, cisterciense, dirigido a quem precisamente o assassinou, em Tibhirine, na Argélia, em maio de 1996: «E também tu, o amigo do último minuto, que não saberás o que estás a fazer. Sim, também a ti quero dizer este OBRIGADO e este "A-DEUS" de consideração por ti. E que nos seja dado voltar-nos a encontrar, ladrões felizes, no paraíso, se Deus, Pai de ambos, assim o desejar.»

Covilhã e UBI,
4 de julho de 2023

RELIGIÃO, ENTRE A PAZ E A VIOLÊNCIA. À VOLTA DE UM TEMA INEXTRICÁVEL

ARTUR MORÃO[1]

The God of peace is never glorified by human violence.

Thomas Merton

Indagar a relação entre religião e violência é entrar num labirinto sinuoso. Torna-se difícil encontrar uma saída, ou seja, propor uma teoria ou uma interpretação que clarifique o nexo (inevitável, episódico, aleatório?) entre estas duas expressões e condutas humanas, e que ilumine o seu sombrio conluio, aparentemente quase endémico ao longo dos séculos, presente nas imagens e nos cultos, nos textos sagrados e nos mitos, nos actos sacrificiais, na ideologia do martírio, em certas práticas de auto-imolação e mutilação e, de forma mais radical, nas chamadas guerras santas.

Demandar aqui uma explicação é penetrar num campo cheio de confrontos, de pressupostos antropológicos e filosóficos discordantes, de ressentimentos históricos, de filtros ideológicos muito diversos, entre si incompatíveis e, amiúde, assaz refinados. É saber de antemão que surgirão resistências, se enfrentarão críticas e recusas, e que se embaterá em argumentos diametralmente opostos, provenientes da experiência individual e colectiva e, ademais, das feridas da memória. O tema toca, de facto, em raízes demasiado pessoais e identitárias e, pese à necessária objectividade, não permite a neutralidade (que, aliás, nunca existe na actividade cognitiva).

[1] Professor Aposentado da Universidade Católica Portugesa (Lisboa).

Tentar-se-á aqui, de forma muito sintética e sem qualquer pretensão de originalidade ou de completude, apresentar alguns tópicos e acentos da reflexão actual sobre problema tão complexo. O intuito é apenas enquadrar e ajudar a apreensão das dimensões do assunto proposto e sugerir que ele, na intersecção dos seus níveis e na complexidade das suas materializações sociais, é inabarcável para qualquer simples interpretação. E se importa renunciar às causalidades unilineares, às «terríveis simplificações» (Jakob Burckhardt) dos fenómenos, aos determinismos fáceis que reduzem a complexidão do mundo e dos eventos à acção de um único factor, então uma postura epistemológica raiada e multilateral é de todo obrigatória em face do tema proposto.

I. Contexto epocal

A disputa teórica e interpretativa sobre o nexo de «religião e violência» incentivou-se após os actos terríficos, alguns intencionalmente espectaculares, do terrorismo religioso, que assinalou as últimas décadas, sobretudo do terrorismo de inspiração islâmica fundamentalista e radical da Al Qaeda, do Isis e do Boko Haram, mas não só, como bem ilustrou a guerra da ex-Jugoslávia, o conflito israelo-palestiniano. O exame e a pesquisa histórica, à luz desta experiência trágica recente, estenderam-se, depois, a todas as tradições religiosas (hindus, budistas, siques, africanas e chinesas, islâmicas, judaicas, cristãs e outras) e às etapas da sua história milenar; e a constatação decorrente é que todas elas, num ou noutro momento temporal e em determinados contextos sociais e culturais, ostentam episódios e situações de violência.[2]

É muito diversificado e pluralista o clima cultural, social e político em que se enunciam, hoje, a denúncia, a crítica e a recriminação da violência religiosa; arvoram-se nele múltiplas mundividências, razões, ideologias e valores.

[2] Um panorama conciso dessas ocorrências encontra-se em *The Oxford Handbook of Religion and Violence,* Mark Juergensmeyer, Margo Kitts & Michael Jerryson, orgs., OUP 2013, «Part I — Overview of Religious Traditions», pp. 15–196.

Deparamos, nuns casos, com o reconhecimento e a reflexão sincera sobre os pressupostos que, na história, incentivaram a violência das instituições e comunidades de crentes; teve assim lugar a consequente admissão da culpa e a conversão (por exemplo, da Igreja católica e de outras confissões cristãs em face do seu passado de opressão dos dissidentes, hereges e membros de credos distintos). Procedeu-se também ao exame e à emenda da visão teológica[3] e dos pressupostos da atmosfera espiritual que, por exemplo, insensibilizou os fiéis em face da cruel perseguição aos judeus em diversos Estados de tradição cristã).

Noutros casos, porém, em especial nos meios de comunicação e na atmosfera cultural reinante, eivada de chavões interpretativos precipitados, não se presta atenção à mescla intrincada de motivos políticos, nacionais, étnicos e outros em tais episódios trágicos, e reina então a acusação taxativa e inconsiderada, o preconceito agressivo, a cegueira ou a ignorância indolente em face do enigma e do porquê da violência presente nas religiões, aliás em contradição com a sua missão de paz e de reconciliação.

a) O contexto (sobretudo ocidental) em que se desenrola esta exprobração necessária da violência religiosa é variegado, e até curioso. Assiste-se, nas últimas décadas, ao brado e à propaganda de um *ateísmo* militante e furibundo, expresso em livros de grande difusão e em debates públicos muito concorridos (sobretudo no mundo anglo-saxónico), e do qual têm sido corifeus o biólogo e divulgador científico Richard Dawkins, o filósofo Daniel Dennett, o jornalista e crítico literário Christopher Hitchens (já falecido), o neurocientista Samuel Harris e

---

[3] No mundo teológico anglo-saxónico recrimina-se, com frequência, a chamada *tese supersessionista*, ou seja, o hermeneuma (enunciado interpretativo) que vê na comunidade cristã a superação e a substituição da Antiga Aliança (Povo de Israel). Semelhante concepção transparece em muitas declarações dos Padres da Igreja, aflora nos textos litúrgicos e ainda, se bem que mitigada, nos documentos do Concílio Vaticano II. Mas, segundo lembra algures o historiador, sociólogo e teólogo Jacques Ellul, a cristandade, aparentemente, nunca «leu» os capítulos 9–11 da Carta aos Romanos do apóstolo Paulo, onde este fala das promessas irrevogáveis de Deus e do enxerto dos gentios na oliveira que é Israel.

outros. O tema do nexo entre religião e violência, como era de esperar, ocupa nesta campanha um amplo espaço.[4]

b) Depara-se, em seguida, com um *secularismo* acirrado e intolerante, que se opõe a toda a alusão ou influência religiosa, embora se veja obrigado, pela força das circunstâncias, a calcular a importância e o peso previsível das religiões para o futuro político da humanidade; sobressai, acima de tudo, uma rígida e alérgica atitude cristofóbica, avessa inclusivamente ao reconhecimento do legado civilizacional judeo-cristão e teimosa em criminalizar de preferência o cristianismo no decurso da história. O historiador católico René Rémond (1918–2007), num dos seus últimos livros, analisou e verberou esta prática habitual (e algo masoquista) das elites intelectuais da Europa, durante os últimos 30 a 40 anos: a desvalorização e o desmérito cultural do cristianismo.[5]

c) Outra ocorrência concerne ao tema da *secularização*. Contrariando todas as profecias, que já vinham do século XIX, sobre a decadência e o desaparecimento provável da religião, eis que, desde meados do século XX, um bom número de sociólogos da religião se viu obrigado a rever a tese da *secularização*. Significava esta, efectivamente, o desvanecimento progressivo das instituições religiosas até à sua completa elisão. Mas, em virtude da imigração, das movimentações populacionais, da globalização, as religiões tornaram-se *transnacionais* e o resultado são sociedades pluralistas de múltiplas fés e credos, de muitas barracas de promessas, de ofertas de sentido e de cultos na feira abigarrada da espiritualidade contemporânea. Nomes importantes da sociologia da religião como Sabino Acquaviva, David Martin, Grace Davie, José Casanova, Peter L. Berger, Rodney Stark, o historiador Peter Van der

---

[4] Cf. DAWKINS, Richard, *The God Delusion*, Londres, Bantam Press, 2006; DENNETT, Daniel, *Breaking the Spell: Religion as a Natural Phenomenon*, Nova Iorque, Viking, 2006; HITCHENS, Christopher, *God is not Great. How Religion poisons Everything*, Allen Unwin, 2007; HARRIS, Samuel, *The End of Faith. Religion, Terror and the Fuuture of Reason*, Nova Iorque, W. W. Norton & Company, 2004.

[5] RÉMONT, René, *Le christianisme en accusation. Entretiens avec Marc Leboucher*, Paris, Desclée de Brouwer, 2000.

Veer e outros estudiosos viram-se obrigados a inverter a tese da evanescência gradual da religião para a constatação da sua permanência.[6]

Existe também, claro está, uma pronunciada atitude de *indiferença* perante a questão de uma possível ou real transcendência; ou seja, além de teístas e ateístas, cresceu o número dos *adiaforistas*, que se alheiam de tais preocupações postremas. Todavia, como resume Peter Sloterdijk: «Historiadores das ideias e da religião [...] puderam chegar à conclusão de que a partir de princípios do século XX se lançaram, tanto no Ocidente como no "resto do mundo", mais movimentos religióides do que em toda a história anterior da humanidade, desde os cultos faraónicos (como se tal acontecesse para castigar as mentiras da lenda dominante da secularização).»[7]

d) Outro sinal, deveras chamativo, não ligado ao fenómeno da violência, mas não sem ressonância com a reflexão a seu respeito, é o debate actual, intenso, contrastado e fecundo, sobre ciência e religião (em especial o cristianismo). Na visão histórica de muitos (jejunos do conhecimento da complexidade dos factos, da história intelectual da Europa e da mais recente historiografia da ciência), a Igreja, além da sua alegada coacção espiritual sobre as consciências, ter-se-á negado de forma rude e violenta (por ex., no caso de Galileu) ao progresso da ciência. Mas os mais lúcidos representantes da história das ciências — um campo que muito se desenvolveu e enriqueceu, durante o século XX — não confirmam tal diagnóstico.

---

[6] Cf., a propósito, ACQUAVIVA, Sabino e STELLA, Renato, *Fine di un'ideologia: la secolarizzazione*, Borla, 1989; MARTIN, David, *On Secularization: Towards a Revised General Theory*, Aldershot: Ashgate, 2005; DAVIE, Grace, *Religion in Britain since 1945: Believing without Belonging*, Oxford: Blackwell, 1994; BERGER, Peter, L. (org.), *The Desecularization of the World: Resurgent Religion and World Politics*, Grand Rapids: Eerdmans, 1999; CASANOVA, José, «Reconsiderar la Secularización: Una perspectiva comparada mundial», *Revista Académica de Relaciones Internacionales*, 7, 2007; STARK, Rodney, «Secularization, R.I.P.», *Sociology of Religion*, 1999, 60:3 249–273. Para uma apreciação equilibrada do tema «secularização», cf. HAMILTON, Malcolm, *The Sociology of Religion*, Londres. Routledge 2001, pp. 185–214.

[7] SLOTERDIJK, Peter, *Den Himmel zum sprechen bringen. Elemente der Theopoesie*, Berlim, Suhrkamp Verlag, 2020; trad. esp.: *Hacer hablar el cielo. La religión como teopoesía*, Madrid, Siruela, 2022, p. 127.

E graças à paisagem inédita do universo, da evolução da vida, da mente humana, aberta pelas várias ciências, rasga-se doravante uma via infinda de questionamento filosófico e também teológico.

e) Atendamos, porém, a outro factor relevante: a nível académico, embora a Universidade se tenha tornado muito secular e tenda a ver a religião como algo de irracional, levantou-se uma onda de investigação, de colóquios e de publicações centradas no tema da violência e da religião, em especial depois do 11 de Setembro de 2001. Teve lugar a introdução em muitas universidades dos *Religious Studies*, além das disciplinas de *Ritual studies*, *Conflict studies* e dos *Peace Studies*; também a história, a semiótica, a antropologia cultural, a psicologia, a teologia e a ética se tornaram atentas ao potencial de violência, ínsito, por vezes, nas posturas e nos comportamentos religiosos. Há, pois, resultados interessantes, teorias em formação, mas também incoerências conceptuais[8]; e, claro, um conflito de interpretações, talvez até uma «guerra cultural», já que o tema, por auto-implicação e auto-envolvimento, não deixa ninguém indiferente. E as coisas emaranham-se, porque a estrutura mental secular e a psique religiosa não são tão diferentes entre si, como à primeira vista se afigura. É que a vida social e o sistema democrático não assentam na pura deliberação e na escolha racional, como lembra o antropólogo Peter van der Veer[9]; e também não conseguem evitar ou ocultar uma verdadeira gigantomaquia de «absolutos» de toda a espécie. Aliás, «politics per se is religious», afirma, sem rebuço, o filósofo ateu britânico Simon Critchley.[10]

---

[8] Existem já instrumentos preciosos, que possibilitam o aprofundamento e a ampliação do horizonte da discussão: *Cambridge Handbook of Sociology of Religion* [Michele DILLON, org.], 2003; *The Blackwell Companion to Religion and Violence* [Andrew R. MURPHY, org.], 2011; *The Oxford Handbook of Religion and Violence* [Mark JUERGENSMEYER, org.], 2013; *The Oxford Handbook of Religion Conflict & Peacebuilding* [Atalia OMER, R. Scott APPLEBY & David LITTLE, orgs., orgs.], 2015.

[9] Cf. entrevista no electro-sítio: https://www.timeshighereducation.com/people/ /interview-peter-van-der-veer.

[10] Simon CRITCHLEY desenvolve e explana este seu juízo no livro *The Faith of the Faithless. Experiments in Political Theology*, Londres, Verso, 2014.

Pelo menos até agora, enquanto não se consegue criar uma sociedade de todo secular...

Torna-se assim, pois, tanto mais importante, à volta deste tema, o esforço de clarificação intelectual.

II. Complexidade do problema e variações semânticas

Embate-se, logo à partida, numa constatação: talvez falte, em termos hegelianos, o «trabalho do conceito», o apuramento do significado dos termos «religião» e «violência», que se mostram arredios ao esforço interpretativo. Utilizam-se com matizes e pressuposições muito diferentes, por exemplo, na história das religiões, no pensamento filosófico, na antropologia, na sociologia e na psicologia.

a) E se percorrermos, qual pássaro voando, os meandros da história do pensamento filosófico, encontramos numerosas variações de significado daquilo que se designa como *religião*. Esta não tem o mesmo referente nos autores romanos (Cícero e outros) e nos Padres da Igreja latinos (Tertuliano, Lactâncio, Agostinho, etc.); já para certos teólogos medievais (Anselmo, Alberto Magno, Tomás de Aquino, Boaventura), ela indica a capacidade e a abertura do homem para Deus ou a característica de ser a «virtude» da religação a Deus mediante o culto.

O termo ganha, depois, novos cambiantes já em Nicolau de Cusa e nos pensadores do Renascimento e nos promotores da Reforma protestante, mas ainda sem uma conotação ou caracterização social e cultural, que começa a desenhar-se debilmente no pensamento iluminista (surge, então, o conceito de «religião natural», por exemplo, nos deístas D. Hume, D. Diderot e J. J. Rousseau e Ch.-L. de Montesquieu, no judeu Moses Mendelssohn). Antes, porém, de se mencionar a subsequente «crítica da religião», no século XIX, é bom não esquecer I. Kant com a sua «religião moral», oposta à religião eclesial e clerical, ou a concepção de Hegel da religião como manifestação específica do Espírito objetivo; ou ainda a posição peculiar de F. D. E. Schleiermacher, que encara a religião como «o sentimento de absoluta dependência».

A «crítica da religião» (L. Feuerbach, K. Marx, H. Heine, M. Hess, A. Comte, F. Nietzsche, S. Freud, e seguidores), que do século XIX penetra, rompante, no século XX, trouxe consigo os qualificativos de «projecção» e «ópio», de «ilusão», «alienação» e «neurose». Mas, com outros acentos e num contexto muito diferente, recordem-se igualmente os matizes semânticos presentes em Karl Barth, Dietrich Bonhoeffer e noutros teólogos, para os quais a fé cristã se opõe à religião. E quantos autores relevantes não foram aqui nomeados, que, por seu turno, ainda adensariam mais a complexidade do termo «religião»[11]! A referência feita, por vezes, às religiões políticas e civis, além das religiões propriamente ditas, ou à religião na acepção *substantiva* (doutrinas e ritos) e à religião na perspectiva *funcionalista* (usos e efeitos) complica ainda mais a situação.

Transviados nesta selva semântica, talvez seja aconselhável, no esforço de compreendermos as cumplicidades históricas entre religião e violência, aceitar o ponto de vista que alguns investigadores assumem. Partem eles da modernidade tardia, da era do imperialismo e do colonialismo europeu, da descoberta das novas religiões e culturas com que o Ocidente se defrontou, e após a criação, no século XIX, das disciplinas da história, da antropologia cultural, da sociologia e de outras ciências humanas. E formulam o juízo de que *o desenvolvimento do conceito de religião* (na indistinta e vaga acepção actual e que serve de fundo à discussão sobre a violência religiosa) *esteve ligado ao colonialismo europeu, à emergência das ideologias nacionalista e secularista*. Por exemplo, Russell McCutcheon, Richard King, Derek Peterson e outros estudiosos mostraram que os burocratas coloniais europeus magicaram e recorreram ao conceito de «religião» para classificar e qualificar as culturas colonizadas não ocidentais como irracionais e antimodernas.[12]

---

[11] Uma resenha muito completa dos significados que ele revestiu, ao longo da história da filosofia, encontra-se no vocábulo «*Religion*», redigido por vários investigadores, em: *Historisches Wörterbuch der Philosophie* [Joachim RITTER & Karlfried GRÜNDER, orgs.], Basileia, Schwabe; Darmstadt, Wissenschaftliche Buchgesellschaft, 1992, vol. 8, cols. 632–713.

[12] Ver, entre outros, MCCUTCHEON, Russell, *Manufacturing Religion: The Discourse on Sui Generis Religion and the Politics of Nostalgia,* Oxford University Press, 1997; KING, Richard, *Orientalism and Religion: Postcolonial Theory, India, and «The Mys-*

b) Demos mais um passo nesta nossa ronda teórica: atente-se agora no modo como o termo *violência* é utilizado de forma polissémica e multiforme, e com referentes muito desiguais. Não é difícil nem causa surpresa deparar com estas designações: violência sexual, violência doméstica, violência da revolução, violência do Estado (Max Weber), violência do espectáculo (Guy Debord), violência da tecnologia (Jacques Ellul), violência lúdica e violência reaccional (Erich Fromm), violência do mundial ou do global (Jean Baudrillard), violência do sagrado (René Girard), violência simbólica (Pierre Bourdieu), violência da ordem secular (John Milbank), violência das identidades (Amin Maalouf), violência do capitalismo financeiro (Christian Marazzi), violência estrutural (Johan Galtung) que reforça a violência directa ou física, violência nas relações de trabalho, violência na medicina, violência epistemológica da ciência reducionista, violência subjectiva (do sujeito e agente individual), e assim por diante.

E muitos outros cambiantes encontraríamos se visitássemos o tema da violência, da tirania e do poder nas transformações do pensamento filosófico. Se, por exemplo, nos fixarmos em certos representantes da modernidade (N. Machiavelli, T. Hobbes, François-Noël Babeuf, Karl Marx, Georges Sorel, M. Bakunine e outros), parece descortinar-se neles uma tendência para justificar e absolver a violência, quer em vista da conquista e da consolidação de um Estado quer em prol da aceleração de um processo revolucionário.[13] E não esqueçamos os que, no fim da modernidade, exaltaram a guerra: Joseph de Maistre, Donoso Cortés e, de forma mais mitigada, o primeiro Max Scheler (que, depois, se tornou pacifista), além de vários poetas e escritores como F. T. Marinetti.

Por outro lado, haveria ainda que explorar [impossível, aqui, por falta de tempo e espaço] o riquíssimo filão de ideias sobre o poder, a violência, o estado de excepção, a vítima e temas afins, com que deparamos nos escritos de F. Nietzsche, Walter Benjamin, C. Schmitt, H. Arendt, E. Levinas, Hans Jonas, Michel Foucault, J. Derrida,

---

tic East», Routledge, 1999; PETERSON, Derek e WALHOF, Darren, orgs., *The Invention of Religion: Rethinking Belief in Politics and History*, Rutgers University Press, 2003.

[13] Cf. o clarividente artigo de CHIURCO, Carlo «Violenza», in *Enciclopedia filosofica Bompiani,* 12 vols., 2006 ss., pp. 12151–12157.

E. Severino, G. Agamben, S. Žižek e congéneres. É grande, hoje, a sua ressonância na produção filosófica que vai surgindo.

III. Violência, feição humana geral ou efeito característico da religião?

Não é fácil, pois, traçar um perfil conceptual de *violência*, que abarque as suas numerosas gradações de significado. Ela surge, decerto, como fenómeno relacional, como virtualidade comportamental, susceptível de responder a estímulos diferentes e de se objectivar em múltiplas modalidades e condutas, com intensidades várias e nos mais diversos contextos. Será instintiva, inata ou aprendida e culturalmente condicionada?

Não faltaram, na história do pensamento, tentativas para descortinar as raízes da violência e da agressão e os prismas interpretativos para identificar as variáveis ou os factores que a favorecem. Aludamos, num breve relance, a uns quantos, e só para exemplificação.

E. Durkheim, em termos hoje algo esquecidos, havia já referido a nossa natureza de *homo duplex*, ou seja, simultaneamente organismo biológico munido de instintos, desejos e apetites, e também ser carecido de socialização e de orientação moral mediante as instituições da sociedade, sobretudo a religião, para irmos além da nossa índole «animal», atenuarmos o egoísmo e não cairmos na *anomia*.

Das diversas teorias umas baloiçam entre a afirmação da índole *inata* da agressão/violência e a sua *aprendizagem social*, outras afirmam a combinação e o conluio da base biológica e da cultura.

Alinham pela preponderância do instinto a etologia, a sociobiologia e alguns representantes da paleontologia. Propalou-se assim, a partir dos anos 50 do século XX, uma concepção assaz pessimista dos nossos antepassados e também da natureza humana[14]; por exemplo, a hipótese de Raymond Dart dos australopitecos como carnívoros

[14] Cf. SUSSMAN, Robert W. e MARSHACK, Joshua L., *Are Humans Inherently Killers?*, Center for Global Nonkilling, 2010 (no electro-sítio: https://nonkilling.org/pdf//wp1.pdf). Os autores, relativamente às teorias aqui mencionadas e a muitas outras, que abordam o mesmo assunto, mostram-se cépticos quanto ao seu fundamento científico, devido à ausência de dados reforçadores.

assassinos.[15] Esta teoria, juntamente com os resultados da etologia, entretanto fundada por Konrad Lorenz e Nikolaas Tinbergen[16], foi popularizada, entre 1961–1976, sobretudo pelo dramaturgo Robert Ardrey em livros de ampla difusão.[17]

Em 1968, Sherwood Washburn e Chet Lancaster apresentaram a tese do «homem caçador» e divisaram na caça a conduta modeladora do que agora somos e nos separou dos nossos parentes primatas. Também para E. Wilson, fundador da sociobiologia (que insiste sobretudo na acção dos genes), este estilo de vida configurou as nossas respostas sociais inatas, as quais revelam características e traços em comum com os nossos parentes biológicos e que pouco evoluíram.

Para os etólogos, a agressão (intra-específica) é um instinto (impulso inato), destinado a garantir a sobrevivência do indivíduo e da espécie, e actua sobretudo na defesa do território e na protecção da prole; mas serve igualmente para o estabelecimento de relações sociais estáveis mediante a criação de ritos e sistemas de dominância e subordinação («*pecking order*»); no homem, porém, faltam os mecanismos inibidores.

No campo da psicologia e áreas afins, alguns autores afirmam a índole inata de um impulso agressivo (assim William James e S. Freud); o psicanalista Erich Fromm, para elucidar a origem do mal e a tendência destrutiva dos seres humanos, acentua o jogo obscuro entre elementos internos e contextos exteriores.[18] Mas a orientação dominante

---

[15] DART, Raymond, «Australopithecus africanus: The Man-Ape of South Africa», *Nature*, Vol. 115, n.º 2884 (1925) 195–9.

[16] Cf. LORENZ, Konrad, *Das sogenannte Boese: zur Naturgeschichte der Aggression*, Munique, Deutscher Taschenbuch Verlag, 1981; *A Agressão: Uma História Natural do Mal*, Lisboa, Moraes, 1979. — *Os Oito Pecados Mortais da Civilização*, Lisboa, Litoral, 1992 — TINBERGEN, Nikolaas *The Study of Instinct. Oxford University Press, 1951.*

[17] Cf. ARDREY, Robert, *The Territorial Imperative: a Personal Inquiry into the Animal Origins of Property and Nations*, Nova Iorque, Atheneum, 1973; *African Genesis: A Personal Investigation into the Animal Origins and Nature of Man* (1961); *The Hunting Hypothesis : a Personal Conclusion Concerning the evolutionary Nature of Man*, Londres, Fontana, 1977.

[18] Cf. FROMM, Erich, *The Anatomy of Human Destructiveness*, Nova Iorque, Holt, Rinehart & Winston 1973; *The Heart of Man, its Genius For Good and Evil,* Nova Iorque, Harper & Row 1964.

é realçar, além de certos traços da personalidade, o carácter social, imitativo e aprendido da violência, sob a influência de factores vários: o peso da autoridade, a pressão do grupo, a posição jerárquica no seio da instituição e quejandos.

Embora sem ligação directa com a violência religiosa, podem evocar-se, de passagem, as famosas experiências que alguns psicólogos realizaram, na segunda metade do século XX[19]: nos anos 50, as de Solomon Asch sobre a conformidade individual com o grupo, onde a pressão deste conseguiu levar alguns sujeitos a submeter-se à opinião da maioria e a negar a justeza da sua própria percepção visual; nos anos 60–63, as de Stanley Milgram sobre a obediência às instruções da autoridade, implicando, por vezes, o uso («simulado» — pormenor ignorado pelo sujeito em prova) de fortes choques eléctricos causados a terceiros; por último, o *Stanford Prison Experiment (SPE)* de Philip Zimbardo, em 1971, com estudantes da Universidade de Stanford. O projecto experimental teve de ser interrompido, porque os «estudantes-guardas» não resistiram à tentação de humilhar e torturar os «estudantes-presos». O psicólogo formulou, a tal respeito, o «efeito Lúcifer», para elucidar porque é que pessoas boas podem, em determinadas circunstâncias, mergulhar na pura maldade.[20]

É lúcida a advertência do psicólogo James W. Jones: «... temas religiosos universais como a purificação, a busca da união com a fonte da vida ou o anseio de significado e transformação pessoal — os instigadores clássicos da demanda espiritual e da conversão religiosa — podem subsumir-se em motivações psicológicas destrutivas como suscitar a vergonha e a humilhação, cindir o mundo em campos hostis dos totalmente bons contra os totalmente maus, projectar a raiva naqueles de quem se discorda e contra eles fomentar cruzadas, defender a violência e o sacrifício do sangue como meio de purificação e idealizar uma

---

[19] Na Internet, é fácil encontrar informação pormenorizada e ilustrativa sobre todas elas. Deparar-se-á igualmente com críticas e juízos díspares sobre a interpretação dos resultados e os pormenores concretos dos experimentos psicológicos.

[20] Cf. , a propósito, o livro *The Lucifer Effect. Understanding How Good People Turn Evil,* Nova Iorque, Random House, 2007. No capítulo 1, p. 4, oferece como epígrafe estes versos de John Milton: «The mind is its own place, and in itself can make a heaven of hell, a hell of heaven» (*Paradise Lost*, L. 1, vv. 254–55).

figura ou instituição que é punitiva e aviltante. O resultado são as pré--condições psicológicas para o terrorismo e a violência patrocinados pela religião. Esta combinação de poderosas motivações psicológicas com profundos desejos espirituais confere à retórica da violência religiosa o seu apelo e o seu poder.»[21]

É muito provável, pois, que nos actos de violência religiosa tenham influência, além das condições e convicções pessoais, o constrangimento provindo da autoridade, a constrição do grupo, o contágio e o mimetismo social[22], o poder sistémico de uma dada estrutura política, o teor e a intensidade de confrontos e conflitos reais. E, *last but not the least*, acrescente-se o fenómeno das identidades colectivas, analisadas com acribia pelo escritor Amin Maalouf, que fala de *identités meurtrières* [identidades assassinas][23], estreitas e exclusivas, simplistas e fixas numa só pertença, arvoradas com estridor e raiva. Também o economista e filósofo Amartya Sen tenta demolir as crenças ilusórias e substancialistas nas identidades étnicas, religiosas e outras, que, se forem exclusivas, impelem a ver no «outro» um «inimigo». Uma identidade é sempre compósita e encerra muitas filiações.

Que conclusão podemos tirar? Importa, talvez, aprender a diferençar e especificar nas acções humanas, logo também nos actos persecutórios em nome da religião e da política, a presença de múltiplos factores, causas e motivos, de intencionalidades contrastadas, de entrelaçamentos axiológicos que actuam em simultâneo e entre si se influenciam. E como se trata, quase sempre, de acções sociais, com interacções numerosas e assediadas por fumos ideológicos e crenças inevitáveis, o problema agrava-se. É então muito fácil, na sua análise, cair no simplismo teórico e na ingenuidade epistemológica.

---

[21] Cf. JONES, James W., «Religion and violence from a psychological perspective», in JUERGENSMEYER, Mark, KITTS, Margo, JERRISON, Michael, orgs., *The Oxford Handbook of Religion and Violence*, 2013, p. 393.

[22] O elemento mimético, sob a forma de desejo, é, como se sabe, fundamental na visão antropológica de René Girard, ao abordar a relação entre o sagrado e a violência. Neste ensaio, por opção expressa, não exporei a sua teoria, já que ela é mencionada noutros textos deste livro.

[23] Cf. *Les identités meurtrières*, Paris, Editions Grasset & Fasquelle, 1998.

Acresce ainda que a religião e a política (e inclua-se igualmente a sexualidade), por lidarem com expectações, cuidados, inquietudes e interesses postremos (o sentido, a justiça, o amor, a segurança, a paz, o anelo de ser reconhecido e aceite, etc.), são as esferas vitais em que não só mais humanos podemos ser, mas também mais atreitos às muitas patologias e desvios que sobre nós impendem. As crenças concretas e particulares — na religião, na política, na ética ou noutra coisa qualquer — são construções que apontam talvez para um núcleo duro de realidade ou evento indestrutível — uns chamam-lhe Deus, outros «justiça» e outros ainda «beleza», e assim por diante. O resultado, porém, é a oscilação e a insegurança das nossas crenças, que se afundam no desconhecimento. Aqui não cabe o gesto impositivo e ditatorial, mas somente o olhar hermeneutizante, interrogativo, circunferente, que, em giro incessante, explora todas as fulgurações possíveis sobre um fundo inexpressável, donde talvez possa emanar uma promessa de benignidade e um convite à mútua aceitação.

IV. Como explicar a presença da violência no cristianismo?

Recordemos, antes de mais, a tese geral de R. Scott Appleby[24]: o sagrado é intrinsecamente ambivalente e, em determinadas condições, sob a sua experiência também ambígua, alguns actores religiosos optam pela senda da paz e outros pelo recurso a meios violentos. Na religião, que é um anelo de transcendência, anseio de algo para lá do tempo e do espaço, sempre dinâmica, emerge, pois, um *pluralismo interno* no encontro com o sagrado, mas tal encontro tem de ser sempre adaptativo e interpretante na acção e em face dos textos. E, por vezes, alguém poderá encarar a luta como um dever bento e santo, por exemplo, sob a forma de violência etno-religiosa/etnonacionalista (como aconteceu na Bósnia, na Irlanda do Norte e noutros lugares) ou do fundamentalismo islâmico que recorre ao terrorismo. Intrometem-se, então, outros motivos e razões que, quiçá, em virtude da tessitura intencional da acção humana, impelem para semelhante interpretação.

---

[24] *The Ambivalence of the Sacred: Religion, Violence, and Reconciliation*, Lanham, MD, Rowman & Littlefield Publishers, 2000.

Mas na religião há igualmente um grande potencial de diálogo, de assistência e cuidado, de perdão e reconciliação, de construção da paz e prevenção dos conflitos — e os governantes secularistas nunca deveriam, por cego preconceito, desperdiçar tal capacidade.

* * *

Muitas serão as causas ou razões e, decerto, também as paixões inconfessáveis que podem induzir à violência religiosa. Mas os que a praticam ou justificam, no caso cristão, baseiam-se numa exegese promíscua, num fosso entre a *lex credendi* e a *lex o(pe)randi* (!). São incapazes (por culpa ou por inconsciência?) de harmonizar o marco institucional e a abertura universal ao humano; não conseguem conjugar os dogmas (necessários em vista da coesão comunitária, mas sempre restritos e abertos a desenvolvimentos internos) e a mescla plural, inabarcável e indomável da práxis e da convivência; não sabem reconhecer a forçosa limitação linguística dos enunciados doutrinais (geradores, juntamente com as trocas comunitárias, da identidade confessional) e a exigência ilimitada e incondicional da «regra de ouro» com a sua universalidade constitutiva. Praticam, no fundo, uma idolatria dos conceitos e das normas institucionais, porque tendem a fundir e identificar o que eles pensam de Deus com aquilo que Deus é.

Têm, pois, uma fé absolutista, que não se interroga e é incapaz de viver com a insegurança e com a noite da dúvida; na impotência (ou na recusa) de reconhecerem em si a luta íntima e permanente entre a fé e a incredulidade, entre o crente e o descrente que também neles habita, projectam no «outro» e no «estranho» o ódio ou a intolerância perante si próprios. Mas então a sua fé, por carecer de imaginação, humor, empenhamento, discernimento e hospitalidade, torna-se uma fé sem ética, sem empatia e misericórdia, distorcida, ademais, pelo dualismo patológico do «nós» e «eles». Mas, como lembra o grande filósofo judeu Franz Rosenzweig, a redenção é aprender a dizer «Tu» a um «ele».[25]

---

[25] Cit. in LEVINAS, Emmanuel, *À l'heure des nations*, Paris, Editions de Minuit, 1988, p. 184.

No indivíduo ou no grupo confessional cristão que exerce a violência ou a discriminação religiosa, há ainda outra grave desfiguração: não toma a sério a encarnação do seu Deus, que, segundo proclama a sua fé, se autolimitou e restringiu no tempo, no espaço, na estreiteza mental e espiritual de um povo com a sua religião. O judeu Jesus da Nazaré surgiu, de facto, com exigências ilimitadas; mas, se virmos bem, elas correspondem aos imperativos radicais da mais profunda «política», ou seja, a dispensadora do pão, da água, da assistência aos doentes e aos estranhos, da visita aos prisioneiros, do perdão (Mt 25).

A esta luz, o fundamentalista inflexível, na sua obsessão de impor à força a sua fé (ou, nos casos extremos, de perseguir e eliminar os seus inimigos ou de se alegrar com a sua morte), talvez sucumba a um desejo infantil de falsa omnipotência; e se julga obedecer a um *dictatus* ou ordem de Deus, ou seja, se identifica o seu modo de pensar com a mente divina, então não se dá conta de cometer um acto blasfemo. De facto, isso terá acontecido muitas vezes, ao longo dos séculos, em plena cristandade: nas guerras religiosas, nas inquisições, na caça às bruxas, no canto do *Te Deum* em acção de graças pelo morticínio dos hereges, nos *pogroms* e razias contra os judeus...

Que é que faltou? O apreço da paz, a modéstia interpretativa, o empenhamento espiritual discretivo como antídoto contra a perversão da religião, a aceitação do *nemo credit nisi volens* agostiniano, ou seja, a liberdade da fé, que não pode ser imposta e inculcada à força. Faltou o diálogo com as tradições e as diversas conversações diacrónicas das gentes, que, no decurso e no ritmo das vidas, delimitam o círculo hermenêutico da autocompreensão de cada um. Diz, e bem, o filósofo Richard Kearney: «O absoluto exige o pluralismo para evitar o absolutismo.»[26] Ou ainda: «... fé significa que tu não sabes absolutamente nada acerca de absolutos.»[27] E também: «Se a Palavra era no princípio, também a hermenêutica. Não dispomos do olhar de Deus sobre as coisas; pois não somos deuses, e a história diz-nos que as tentativas para tais nos tornarmos conduzem a catástrofes intelectuais e

---

[26] Cf. KEARNEY, Richard, *Anatheism — {Returning to God after God}*, Nova Iorque, Columbia University Press 2010, XIV.

[27] *Ibid.*, p. 170.

políticas. A hermenêutica é uma lição de humildade (todos falamos a partir de situações finitas) bem como a imaginação (enchemos as lacunas entre significados disponíveis e subsecutivos).»[28]

V. Uma questão peculiar: monoteísmo e violência

Uma *doxa* ou opinião recorrente em escritores, artistas e elites intelectuais, e não só, é esta: há uma relação directa entre o monoteísmo e a violência, entre o dogma da unicidade do divino e o terrorismo ou a intolerância perante outras crenças. No conceito romântico de muitos ocidentais, o politeísmo, pelo contrário, tende a ser aberto e tolerante, intensamente humano, ao passo que o monoteísmo bíblico talvez não passe de um resquício da inovação herética do faraó Akhenaton, a qual veio a florescer no judaísmo, cristianismo e islamismo, com a sua intransigência típica. Mas, então, como explicar a perseguição sangrenta dos cristãos por magotes de hindus no Estado indiano de Orissa, em 2008?

Para o «neo-ateísmo» de Richard Dawkins e consócios, a descrença total seria o remédio contra todas as religiões e, em especial, contra a opressão cultural e política inspirada pelo monoteísmo, sobretudo islâmico. Mas como compreender e justificar as dezenas de milhões de seres humanos trucidados, ao longo do século XX, precisamente em Estados de ideologia ateia?

Implicará ser monoteísta a intolerância e a possibilidade da violência, e ser politeísta ou ateu um irenismo acolhedor e aberto? A resposta nunca pode ser sim, porque acontecimentos do passado e do presente invalidam tal inferência; além disso, há que desconfiar da obsessão monocausal para esclarecer questões tão ensarilhadas como esta.

Percorramos, para ilustração, algumas teses recentes que estabelecem, com argumentos díspares, um nexo entre monoteísmo e violência.

---

[28] *Ibid.*, XV.

a) A interpretação histórica que o grande egiptólogo Jan Assmann[29] faz da transição da religião egípcia para a fé de Israel não parece ser de tom acusatório, embora os críticos tenham sugerido isso; visa apenas iluminar esse fenómeno cultural e compreender essa grande revolução espiritual (e também política, porque universalista), pejada de consequências e virtualidades para a evolução histórica ulterior. Nos textos bíblicos, codificados nos séculos VI e V a. C., expressa-se um trabalho da memória, que celebra a vitória e a libertação do Egipto, com imagens muito violentas, talvez à luz de tradições anteriores. Tais narrativas, porém, não são históricas, antes lembrança e evocação épicas numa linguagem, por vezes, atroz.

A passagem do paganismo para o monoteísmo divisa-se sobretudo no livro do Êxodo, onde se trata da Aliança entre Deus e o povo. Esta ideia de um pacto entre Deus e o povo não se encontra na religião de Akhénaton, a qual é um cosmoteísmo, com o seu tempo cíclico de regeneração e decadência.

O que se narra no Êxodo, com um intento diferenciador e exclusivista, é obra de ficção, mas tem um efeito performativo, porque os seus mitos (independentemente de se houve, ou não, agentes históricos) suscitam uma fundação semântica da realidade. Mas não foram recebidos como ficção, porque, desde então, para judeus e cristãos, eles orientam e determinam os comportamentos, a moral e as interpretações da história, na qual se infiltrou, ademais, a ideia do messianismo, do fim dos tempos, que trará a redenção e a salvação do mundo.

A viragem monoteísta (com a «distinção mosaica» — entre deuses verdadeiros e falsos, entre crença e descrença) fez de contra-religião e teve profundas consequências psico-históricas: o acento deslocou-se do ritual para a escrita e o texto, mais afim ao halo da transcendência; passou da ligação com o mundo para a relevância do povo e da

---

[29] A posição de Jan Assmann diverge manifestamente da tese de René Girard, para quem a religião é o remédio mais eficaz contra todas as formas de violência humana. Livros essenciais: *Moses der Ägypter: Entzifferung einer Gedächtnisspur,* Munique, 1998, ed. inglesa: *Moses the Egyptian: The Memory of Egypt in Western Monotheism,* Cambridge, Mass., Harvard University Press, 1997; *Die Mosaische Unterscheidung oder der Preis des Monotheismus*, Munique, Hanser Verlag, 2003; ed. inglesa: *The Price of Monotheism,* Stanford, Stanford University Press, 2010.

sua continuidade ao longo das gerações; e como o monoteísmo é um drama entre Deus e o homem, ocorreu igualmente uma intensificação da subjectividade e inventou-se o Si mesmo (por exemplo, nos Salmos), juntamente com os temas do pecado e da culpa, do arrependimento e da conversão, ausentes das religiões «pagãs».

Quanto à linguagem violenta dos textos, a prática exegética judaica soube explorar horizontes de interpretação humanizantes, que neutralizaram a sua semântica explosiva — mas o mesmo nem sempre se passou com os intérpretes das outras duas religiões abraâmicas!

b) Diferente é o tom do sociólogo da religião, Mark Juergensmeyer. Na sua pesquisa[30], a argumentação combina observações empíricas sobre comportamentos violentos em face da globalização, dados sobre as forças actuais da geopolítica, e disputas sobre a essência trans-histórica e transcultural da religião. Esta, como ele assere com firmeza, está associada, de modo bem visível, à violência em todas as tradições religiosas e também nos recessos mais profundos do seu imaginário.

Ao sublinhar a natureza absolutista e não racional da religião, cuja lógica divide as pessoas em amigos e inimigos, bons e maus, nós e eles, o sociólogo recorre à noção nuclear de «guerra cósmica». Nos extremistas religiosos (da Al Qaeda, do Aum Shinrikyo japonês e de certas milícias cristãs) assoma a convicção de actuarem segundo a vontade de Deus e de estarem envolvidos num conflito metafísico, justificando assim os actos violentos como manifestações da ira divina e instilando as imagens religiosas nas suas lutas políticas mundanas. A violência religiosa torna-se particularmente selvagem e inflexível, porque situa os conflitos mundanos num contexto transcendente de lutas de um passado lendário entre o bem e o mal, no horizonte do estabelecimento da ordem sobre o caos e a maldade, ao passo que os conflitos políticos mundanos, «mais racionais», apresentam um carácter diferente, sem alcançarem proporções cósmicas.

---

[30] Cf. o seu livro, que foi muito bem acolhido, *Terror in the Mind of God: The Global Rise of Religious Violence,* University of California Press, 2000, 2017; e ainda: *God at War: A Meditation on Religion and Warfare*, Oxford University Press, 2020.

Os críticos de M. Juergensmeyer, embora deparem no seu discurso com enunciados interessantes sobre a violência, o simbolismo e a ordem social, reprovam-lhe a vaguidade do conceito de religião, que nele chega a englobar o nacionalismo secular, as formas de violência política, de natureza ideológica e étnica; fustigam igualmente a sua tentativa (ineficaz) de discriminar claramente a violência religiosa da violência secular, de manter uma distinção entre o simbólico/religioso e o real/político, como se na esfera política não houvesse simbolismos e tudo o que é simbólico fosse necessariamente religioso, mesmo quando se imiscui na política.

c) Merece igualmente consideração a interpretação que Regina Schwartz expõe na sua obra de crítica cultural, *A Maldição de Caim*[31], que encontrou ressonância inclusive em teólogos e exegetas, e cujo subtítulo menciona *o legado violento do monoteísmo*. A tese central é a seguinte: no Ocidente, a noção de identidade (de um povo ou nação) relaciona-se com a violência na Bíblia, não porque esta defenda a violência, mas devido ao enorme peso cultural que o texto sagrado teve através das suas interpretações e da sua recepção, sobretudo na cristandade e, em seguida, de forma implícita, no pensamento e nas instituições seculares, desaguando, por último, nas noções contemporâneas de identidade colectiva. A Bíblia, mais do que em preceitos éticos, abunda em narrativas de divisão e exclusão, de escassez, rivalidade e competição, de povos em processo de libertação e busca de território, que desaguam na violência. É o que se revela na história de Caim e Abel. Como essas narrativas foram absorvidas pelas tradições religiosas ocidentais, imbuíram os pressupostos culturais no modo de os colectivos se imaginarem — amiúde, em situações de ódio, declínio e abuso colectivos. Fazer da Bíblia uma espécie de manual para a política e o pensamento social pode ser arriscado. De facto, ela foi invocada em várias revoluções, para justificar e também abolir a escravatura, para fomentar os nacionalismos, e assim por diante.

[31] Cf., SCHWARTZ, Regina, *The Curse of Cain: The Violent Legacy of Monotheism*, Chicago, The University of Chicago Press, 1997.

VI. Uma outra perspectiva: violência religiosa, um mito?

Assim pensa e objecta o teólogo William Cavanaugh, num livro forte e arguto[32], que não deixará de agitar as águas e de suscitar reacções fortes neste «conflito de interpretações».

Ele não tem ilusões quanto à crueldade por motivos religiosos. Não distingue entre religião «genuína» e religião em sentido geral, para atenuar as páginas turvas da história. Denuncia, porém, o «mito» da violência religiosa, muito difundido na cultura, ou seja, a ideia, escorada por múltiplos argumentos na cultura ocidental, de que, em contraste evidente com as ideologias seculares, racionais e modernas, há algo de perigoso na religião que, ao longo das épocas históricas, nas culturas e nos povos, a empurra para a violência irracional. Deve, pois, ser vigiada pelo secularismo sadio do Estado liberal, e, se necessário, pela violência estatal, legítima e conciliadora.

Haverá algum elemento endógeno que impele a «religião» à violência e a aparta das ideologias seculares? Os secularistas não oferecem nenhuma noção de religião que suporte o seu juízo pejorativo. Ignoram a variabilidade histórica e cultural do conceito de «religião», mesclam todas as suas diferenças e matizes; asserem tão-só que ela, em virtude do impulso violento, deve ser submetida à função policial do Estado.

Dizer que ela é absolutista, divisiva, não racional, não a diferencia muito, *substancialmente*, das ideologias seculares como o nacionalismo, o patriotismo, o capitalismo, o marxismo e o liberalismo, não menos inclinados a serem dogmáticos e irracionais. Sob o ângulo *funcional*, tais argumentos dissolvem a distinção analítica entre religioso/ /secular, porque o termo «religião» inclui virtualmente tudo o que os humanos congeminam, expressam e fazem acerca da ordem, da fundura e do significado da vida. Ignoram, ademais, que tal distinção é uma invenção da modernidade ocidental, fruto e corolário ideológico da construção do Estado/nação liberal, entre os séculos XVII e XVIII, e do colonialismo ocidental moderno.

---

[32] Cf. CAVANAUGH, William, *The Myth of Religious Violence: Secular Ideology and the Roots of Modern Conflict*, Oxford, Oxford University Press, 2009.

Inadequado é também ver a religião como só interior, subjectiva e privada, referida a algo de atemporal e ultramundano e, com falsa complacência, olhar a criação do Estado secular como solução para os conflitos da religião, quando, nessa altura, ela era inseparável da política e da sociedade, inclusive na Guerra de Esmalcalda (1546–1547) e na Guerra dos Trinta Anos (1618–1648). O que aconteceu, no início da Europa moderna, foi a migração do sagrado eclesial para a absolutização do Estado, qual deus temporal, que recomenda e exige o *dulce et decorum est pro patria mori* [«é doce e belo morrer pela pátria»].

À luz de uma investigação rigorosa dos conflitos e de uma antropologia coerente e integral, a distinção entre violência religiosa e violência secular (legítima, se necessária) é inútil e enganosa, porque o remoinho profundo da vida não permite tal separação. Um trabalho empírico apurado, nas situações trágicas de violência, não descobrirá apenas dois factores — violência e religião —, mas decerto três: violência, religião e Estado. A dimensão «política» pervade toda a nossa existência e o poder político nunca resistiu à sua «apo*teose*».

À maneira de coda final

A estes apontamentos, nos quais se sugeriu que a religião, ao ser violenta, se encontra enredada na trama e convulsão da vida humana e na intencionalidade plurívoca do nosso agir, sobretudo na política, sirva de fecho o trágico soneto de Wilfred Owen (1893–1918), um dos grandes poetas-soldados da Primeira Guerra Mundial: *The Parable of the Old Man and the Young* (A parábola do velho e do menino) que alude a uma das cenas bíblicas mais dramáticas.

Ao reler, em Génesis 22, o episódio de Abraão e Isaac, sinto-me tentado, às vezes, a pensar que talvez Deus, ao «pôr à prova» o patriarca, esperasse dele a rebelião e o protesto (como no caso de Job, que quase chegou à blasfémia e, no entanto, foi elogiado e abençoado pelo Altíssimo, ao invés dos seus amigos teólogos, representantes da «boa» ortodoxia, que foram repreendidos). Abraão, porém, em vez de regatear com o Criador, como antes fizera para salvar Sodoma (Gn 18, 22–33), submeteu-se, sem mais, e Deus, claro, teve de intervir através do anjo para salvar o menino. (Note-se que o filho primogénito, em certas religiões antigas, era amiúde sacrificado. Não intentaria o relato da cena bíblica justamente condenar tal prática, em vez de instigar a uma obediência absoluta?)

Afinal, se assim for, Abraão é um dos nossos: submisso à cultura dos seus coevos, tal como nós às nossas servidões colectivas, conscientes ou não, que sempre fomos adornando, ao longo dos tempos, com ouropéis teológicos ou com outras alegações alternativas.

Quanto ao sacrifício dos primogénitos, os países ou as nações, com a sua pseudo-essência ou identidade fantasmática, com o seu nacionalismo mórbido, qual religião civil e política, que sempre tentou e conseguiu instrumentalizar as outras e até irmanar-se com elas, continuarão a estar dispostos a tal imolação.

Daí a denúncia e a objurgação que o soneto de Wilfred Owen move às nações europeias, na abertura do século XX e em pleno fragor da guerra de 1914–18:

Então Abrão levantou-se, rachou a lenha e partiu,
E levou consigo o fogo e uma faca.
E enquanto, juntos, caminhavam,
Isaac, o primogénito, falou e disse: Meu Pai,
Eis os preparativos, o fogo e o ferro,
Mas onde está o cordeiro para o holocausto?
Então Abrão amarrou o jovem com tiras e correias,
E construiu ali baluartes e trincheiras,
E estendeu a mão ao cutelo para matar o seu filho,
Quando, oh! um anjo, do alto do céu, o chamou,
Dizendo: Não toques no menino,
Nem lhe faças nada. Vê, além,
Um carneiro, preso pelos chifres num matagal;
Oferece, em vez dele, o Bode do Orgulho.

Mas o velho não fez assim, antes matou o seu filho,
E metade da semente da Europa, um a um.

MONOTEÍSMO(S) E VIOLÊNCIA: DA FORÇA DO SAGRADO À SACRALIZAÇÃO DOS PODERES

ANTÓNIO CAMPELO AMARAL[1]

Introdução

À margem de qualquer intuito apologético ou confessional, constitui propósito deste périplo reflexivo facultar uma breve topografia teórica sobre possíveis figurações do problema da relação entre religião e violência. Trata-se, com efeito, de explorar criticamente, pela mão de alguns autores contemporâneos, de que forma a força do sagrado, o poder religioso e a dominação política se interpenetram, a partir de uma problematização mais prospectiva e inquisitiva do que concludente.

Importa, desde logo, polarizar a atenção para as noções de força, poder e dominação, cujo impacto é repercutido e amplificado na e pela violência, para perceber até que ponto esta se pode encontrar, sob certas condições críticas, disseminada de forma latente na dimensão religiosa.

Detenhamo-nos, pois, no Salmo 82, dito de Asaf, no Texto Sagrado veterotestamentário, onde se lê:

> Deus preside à assembleia divina
> e profere as suas sentenças no meio dos deuses:
> [...]
> 6 Eu disse: «Vós sois deuses,
> todos vós sois filhos do Altíssimo.
> 7 Mas morrereis como qualquer mortal;
> caireis como qualquer príncipe.»

[1] Docente da Faculdade de Artes e Letras da Universidade da Beira Interior e Investigador Integrado do PRAXIS — Centro de Filosofia, Política e Cultura da UBI.

8 Levanta-te, ó Deus, para julgar a terra,
porque todas as nações te pertencem.

O excerto suscita de imediato duas perplexidades: por um lado, ao contrário do que habitualmente se pensa do monoteísmo veterotestamentário em que Deus exerce uma autarcia cósmica sem «rivais» e bastando-se a si mesmo, o facto é que o salmo indicado nos brinda com um Deus que coabita com outros deuses; por outro lado, trata-se de Um Deus que, perante um panteão com um poder repartido e equiparado ao dos príncipes, se destaca como *primus inter pares* para assumir uma função judicativa, que tanto lhe permite pedir contas como anunciar a queda e morte de cada um deles. Que significado ecoa nesta alusão bíblica a um «Príncipe divino» que se sobrepõe aos demais, com uma omnipotência que roça a intimidação?

Para esbater esta estranheza inicial, importa perceber que o judaísmo mais «remoto» começou por ser monolátrico: admitia a existência de vários deuses, mas afirmava que o Deus hebraico deveria ser adorado acima dos demais (Êxodo 15: 11). Só mais tarde, a esta proto-intuição religiosa juntar-se-á uma outra, sob a forma de uma profissão de fé central: a de que Ele é Um Só. De que modo, então, se terá operado, e que impacto teve, a transição do esquema piramidal de um Deus no topo para a figuração singularista de um Deus Uno, e mais, Único? Como observou argutamente Maimónides no século XII, o Deus «único» da Bíblia não é da ordem numérico-quantitativa: a sua Unidade e Unicidade não decorre tanto do facto de Ele estar isolado, mas por se apresentar, na sua imediata revelação, como singular, inigualável e incomparável.

Nesse sentido, importará sondar até que ponto uma consubstanciada concepção de Unidade e Unicidade divinas (a que se conectará mais tarde a de Totalidade ubíqua e unívoca, muito graças ao impulso da metafísica aristotélico-plotiniana, *malgré* a alternativa relacional do trinitarismo cristão[2]), não criará as condições hermenêuticas (histórico-críticas e simbólico-culturais) para uma fenomenologia da

[2] A propósito da relação teológico-política entre monoteísmo e trinitarismo, *vide* ROSA, José, «Monoteísmo, Trindade e Teologia Política», in AAVV., *Convergências & Afinidades. Homenagem a António Braz Teixeira*, Centro de Filosofia da Universidade

relação entre monoteísmo e violência... Terá esta prospecção algum sentido ou, como ironizou Paul Valadier, não estaremos a usar os dois conceitos como bode expiatório de um relativamente ao outro?[3]

1. Arqueologia conceptual: poder, força e violência

A fim de convergir nos termos a que teremos de lançar mão, evitando assim a infiltração de mal-entendidos num domínio onde, não raro, reina a maior das confusões, importa proceder a um prévio e breve inventário conceptual.

Desde logo, o conceito de «poder» surge bifurcado em dois planos:

1. tanto pode corresponder à manifestação potencial de uma faculdade, uma *dynamis*, para exercer uma força cconsentida sob a forma de autoridade;
2. como pode conotar a capacitação efectiva de um acto, uma *energeia*, para exercer uma força cujo descontrolo pode redundar em prepotência auto-inflacionada, a fim de compensar um défice de reconhecimento.

À luz desta ambivalência, pode dizer-se que, por um lado, a dimensão religiosa tem o poder de «dar-força-para-ter-sentido»; mas por outro, também se pode dizer que a mesma dá poder para «ter-sentido-à-força». E o que é a «força»?

Por «força» entende-se um poder de influência ou determinação exercido nos limites da sua sustentabilidade e, por isso, dotado de um equilíbrio crítico que, quando desprovido de «medida», se traduz em abuso e agressividade. Levantar a voz, crispar o rosto, realçar a volumetria muscular, cerrar a mão, eis os índices de uma semântica

de Lisboa/Centro de Estudos de Filosofia da Faculdade de Ciências Humanas da Universidade Católica, Lisboa, 2008, 905–918.

[3] Cf. VALADIER, Paul, «Violence et monothéismes», *Etudes*, 2003, 6, pp. 755–764; em contraponto *vide* CASTEL, Jean-Pierre, *La violence monothéiste: mythe ou réalité?*, Paris: L'Harmattan, 2017; e também CAVANAUGH, William, *Le mythe de la violence religieuse*, Paris: L'Homme nouveau, 2009.

corporal que acompanha e sinaliza um pré-aviso de ameaça cuja efectivação se traduz num conjunto de marcas psicossomáticas que tendem a perpetuar-se na memória mais ou menos cicatrizada de um corpo «forçado», agredido ou, no limite, aniquilado.

Etimologicamente enraizada no latim «*vis*», a violência representa a desfiguração de um «poder capacitador» cuja força se subverte no poder intencional e intensificado de um «esforço» além do necessário e suficiente para produzir um determinado resultado no limite da sua absorção. Neste caso, toda a violência tende a expandir o seu enredo fenoménico até ao limiar da coacção sem a mediação de um *lógos* capaz de dar razões e, nesse sentido, de induzir consentimento, reciprocidade e confiança, num espectro de possibilidades que se desdobra desde a autoviolência até à destruição massiva, passando pela violência física, discursiva, psicológica, cultural, política, social, racial, laboral, sexual, de género, etc., a que a dimensão religiosa não é alheia no seu entrelaçamento cultural.[4]

Ninguém melhor do que Jan Assmann, na obra intitulada *Violence et Monotheísme*, vislumbrou esse entrelaçamento, ao descompactar o complexo fenómeno da violência em seis vectores:

1. a violência pura e simples, de índole impulsiva, que se manifesta de forma descontrolada na ira, no ciúme e no medo;

A ela se contrapõe:

2. a «violência cultural» que, por seu turno, se ramifica em cinco possibilidades, a saber:
2.1 a violência social presente nas correlações assimétricas familiares, laborais e institucionais;
2.2 a violência jurídica presente na coercividade legal;
2.3 a violência estadística presente na fractura amigo-inimigo tanto no plano interno da segurança pública dos cidadãos, como no externo da defesa militarizada de uma comunidade;

[4] Cf. LUZ, Marcelo, «Considerações sobre a Correlação entre Religião e Violência», in *Conscientia*, 12 (2008) 3: 268–271.

2.4 a violência ritual presente nas práticas iniciáticas e sacrificiais seja para validar um estatuto de pertença orgânica, no caso daquela, seja para precaver ou debelar qualquer forma de anomia grupal, colectiva ou societária, no caso desta;
2.5 e, finalmente, a violência dita «religiosa», não porque decorra da religião *per se*, mas na medida em que é exercida por mediadores qualificados para recepcionar, decifrar, comunicar e agir em nome da «vontade» de uma ordem superior transcendente mediante o «poder» de recurso a uma «força» de legitimação cuja sacralidade decorre do seu fundamento «monoteístico».[5]

Ora, dados os seus contornos aporéticos, a questão que, para já, importa equacionar reside em saber de onde emerge esse enredo que liga a violência ao monoteísmo.

2. Protogénese do problema: entronização das realezas orientais e pré-monoteísmo na Teogonia de Hesíodo

Cingindo-nos apenas aos dois epicentros civilizacionais do mundo antigo — o ocidental (minóico-micénico) e o médio-oriental (mesopotâmico-egípcio) — se quisermos auscultar onde residirá a génese da problemática correlação entre monoteísmo e violência, não podemos deixar de prestar atenção ao que, na sua obra *Principium sapientiae*, Francis Cornford aduz sobre o processo de gradual consolidação da produção mitográfica arcaica, bem como do decisivo influxo desta na origem da filosofia grega, a partir de um duplo *input* cultural:

1. por um lado, o contributo xamânico concentrado na figura do vidente investido de poder sacralizado, cuja propagação se desloca axialmente das estepes do norte para as acidentadas regiões balcânicas, e destas para o Mediterrâneo sul, abrindo de caminho as portas à produção da épica homérica;

[5] Cf. ASSMANN, Jan, *Violence et monotheísme*, Paris: Bayard, 2009, 20–32

2. por outro lado, o contributo das super-realezas investidas de força divinizada, cuja influência se propaga axialmente do Oriente (mesopotâmico) e do Sudeste mediterrânico (egípcio) para a região de Canaã e do Egeu, inspirando de caminho a produção da cosmogonia hesiodina.[6]

Na esteira desta interpretação, Jean-Pierre Vernant mostrará, por seu turno, em que medida a intersecção dessa dupla linha homérico-hesiódica redundou na imediata assimilação filosófica quer do poder do *lógos* para desocultar o princípio que governa e ordena o mundo (*arkê* = *arkhein*), quer na apropriação política do *lógos* inerente ao poder do magistrado (*arkhonte* = *arkhein*).[7]

---

[6] Francis Cornford sublinhou com particular ênfase a influência das entronizações de soberania cananaico-ugaríticas na elaboração das cosmogonias mesopotâmicas — com imediata repercussão na ulterior estruturação narrativa da religião hebraica, das mitologias minóico-micénicas e posteriormente, na cultura grega, da mitografia homérica e da teogonia hesiodina — relacionando os rituais de instituição das realezas-divinizadas nas sociedades proto-urbanas e agrárias do Próximo e Médio-Oriente antigo com dramatizações de forte envolvimento comunitário que estratificavam três eventos críticos: 1. o «nascer» ou «originar» em contexto genético e hereditário; 2. o «separar» e «delimitar» em contexto agonístico e distributivo; e 3. o «formar» ou «moldar» em contexto artesanal e poiético: cf. CORNFORD, Francis, *Principium Sapientiae: as origens do pensamento filosófico grego*, Lisboa: FCG, 1975, 329–348; 391–408.

[7] A génese histórica da íntima conexão entre saber e política encontra-se bem tipificada e formulada por Jean-Pierre Vernant em *Origens do pensamento grego*, mediante uma interpretação — a nosso ver perfeitamente admissível e, no mínimo, não desautorizada por ulteriores provas contrafactuais — segundo a qual a emergência da racionalidade grega ocorre num quadro histórico social e político cujo momento-charneira coincide com a transição crítica das realezas de tipo oriental, minóico-cretense e micénico — todas elas fundadas na *força suprema* (κράτος) de um *soberano divinizado* (ἄναξ) e ocultadas ao olhar dos súbditos em palácios inexpugnáveis — para as aristocracias heróicas de tipo heládico, desta feita mais baseadas no mérito obtido em espaço aberto (campo de batalha, praça pública ou *pólis*), cuja legitimação já não assenta na manifestação intimidatória de um poder discricionário e aniquilador, mas agora quer na força discursiva da recitação rapsódica e na capacidade dos aedos (casos de Homero e, muito provavelmente, de Hesíodo de Ascra e de Ferecides de Siro) para exaltar a *excelência* difícil de igualar (eis a ἀριστεία que, posteriormente, desaguará nas reflexões éticas sobre o exercício da *virtude*, ἀρετή), quer na autoridade persuasiva de *magistraturas públicas* (as ἀρχαί que, mais tarde, serão assimiladas pelas primordiais reflexões

Não deixa de ser curioso que, ao procurar fundamentar a unidade do orbe celeste nas últimas linhas do Livro Lambda (XII) da *Metafísica*, e antes de abordar a *Política*, Aristóteles proceda a uma furtiva investida no texto da *Ilíada*, usando uma fórmula (cuja paternidade não é, de facto, aristotélica, mas homérica) e que na extensão integral do passo de onde é extraída (*Ilíada* II, 204) reza assim:

> Grande louco, permanece no teu lugar e mantém-te tranquilo; a seguir escuta as opiniões dos outros, daqueles que valem mais do que tu, um poltrão, um cobarde; tu não contas mais no Conselho deliberante nem no combate. Cada qual não se vai tornar rei aqui, entre nós, os Aqueus. Ter demasiados chefes não é um bem: que um só seja chefe, que um só seja rei — aquele a quem o filho de Cronos, o Astuto, terá outorgado sê-lo.[8]

filosóficas sobre o *princípio primordial*, ἀρχή). É nesta osmose entre um *lógos* organizador do discurso e uma organização política pelo *lógos* que amadurece gradualmente a racionalidade grega através de múltiplos e diferenciados ciclos críticos: cf. VERNANT, Jean-Pierre, *Origens do Pensamento Grego*, *op. cit.*, especialmente os caps. «A realeza micénica» e «A crise de soberania» (23–54); «O universo espiritual da polis» e «A crise da cidade» (55–92).

[8] Ao comentar este passo, Jacques Derrida sublinha que «a palavra proferida pronuncia, pronuncia-se, pronunciando o Uno e a soberania do Uno, do Único, por cima e para lá da dispersão do plural. Estes versos põem de salvaguarda para o governo de vários [...]. Voltaremos mais tarde a falar — à margem de Platão, de Aristóteles e de Rousseau — de Um Deus, do Uno Deus ou do Deus Uno que não vem à democracia, ou que não vem senão à sua ideia. [...] [Por enquanto,] a alusão [é] a Zeus do qual procedem os reis. Zeus é em primeiro lugar um filho, um filho varão e um descendente que, pela astúcia (*metis*), mas também com a ajuda da mãe, escapa ao tempo. Ele leva assim a melhor ao seu pai Cronos, que, por sua vez, tinha ele mesmo também levado a melhor ao seu próprio pai Urano. [...] Através desta teogonia parricida, é uma raivosa luta política pela soberania monárquica que se manifesta, sendo o desígnio de Cronos impedir que um dos filhos obtenha, no seu lugar, «a honra real entre os Imortais» (Teogonia de Hesiodo, 461–2). Entre os guardas do seu filho Zeus, que é ele próprio uma mistura de astúcia e de força, encontram-se Krator e Bia, o poder e a força violenta. Seja ela inaugural ou não, esta mitologia teogónica da soberania pertence [...] a um longo ciclo de teologia política [...] ipsocêntrica.»: DERRIDA, Jacques, *Vadios. Dois ensaios sobre a razão* [= *Voyous*, Paris: Éditions Galilée, 2003], trad. Fernanda Bernardo *et al.*, Coimbra: Palimage, 2009, 64–65.

Em nosso entender, «é no contexto volátil e ambíguo da busca de legitimação de um poder já não concentrado na figura de um soberano-divino, mas agora fragmentado em potestades aristocráticas, que assistimos a um subtil e gradual processo de apropriação mitográfica da vivência religiosa do sagrado, levado a cabo por Homero e Hesíodo. No fundo, o relato épico grego confere forma plumitiva à ascensão das *basileiai* aristocráticas, legitimando-lhes um poder análogo ao poder divinizado do *anax* supremo. As intrigas divinas no Olimpo e os dramas teogónicos das lutas constantes, dos destronamentos sucessivos, dos morticínios ininterruptos de titãs, divindades e heróis, culminando na apropriação do topo por Zeus, representam uma certa expectativa de ordem que a dramaturgia de entronização das soberanias mesopotâmicas oferece em espelho às mitografias tardias na sua tarefa de legitimar um poder emergente para uma realidade social em reconfiguração. [...] Os deuses da épica mitografada tornam-se, assim, não só os modelos supremos, mas também os legitimadores imanentizados de uma religiosidade eminentemente política.»[9]

Como é que as sociedades humanas lidam, então, com a violência subjacente a uma saturação de supremacia?

3. Prelúdio reflexivo: violência, sacralidade e antagonismo mimético

Embora não desenvolva uma teorização especificamente direccionada para o monoteísmo, a obra de René Girard faculta uma chave de leitura que poderá ser útil, a partir de um inciso de acordo com o qual «se dois homens desejam a mesma coisa e se, ao mesmo tempo, se afigura impossível que ambos a gozem, eles tornam-se inimigos. E no caminho para o seu fim [...] esforçam-se por se destruir ou subjugar um ao outro.»[10]

---

[9] Amaral, António, «Do Poder do Sagrado à Sacralização do Poder: precedentes gregos de uma Teologia Política?», in *CULTUM. Excursos de Hermenêutica, Política e Religião*, Editora LabCom.IFP, 2018, p. 267. (*vide Ibid.*, in *Secularização e Teologia Política*, coord. e org. A. Bento, J. Rosa e J. Domingues, Lisboa: Documenta, pp. 25-37, 2019).

[10] Hobbes, Thomas, *Leviathan*, I, ch. 13.

É, pois, a partir da pulsão desiderativa pelo mesmo objecto a possuir que surge a rivalidade. O problema amplifica-se e agrava-se quando essa experiência conflitual extravasa do microcosmos intersubjectivo para a dinâmica comunitária, contaminando e comprometendo a estabilidade social e, em última análise, a viabilidade política da mesma.[11] Para neutralizar os efeitos catastróficos dessa possibilidade, as comunidades humanas puderam contar desde sempre com a dimensão religiosa para a produção de um dispositivo que inibisse tal ameaça mediante um ritual destinado a conferir sacralidade a um processo do qual dependeria a percepção da própria sobrevivência social. O nome para designar esse dispositivo de catarse colectiva é «bode expiatório». Para dissolver a violência de todos contra todos, instaura-se um procedimento sacrificial no qual se espelha a violência de todos contra um, servindo a ritualização para validar a inversão simétrica «um por todos» e, através dela, a supressão do remorso generalizado por essa eliminação selectiva, o que, a suceder, seria ainda mais devastador nos efeitos diametralmente opostos ao pretendido.

Segundo Girard,

> O religioso está longe de ser «inútil». Ele desumaniza a violência, subtrai o homem à sua violência a fim de protegê-lo dela, transformando-a numa ameaça transcendente e sempre presente, que exige ser apaziguada por meio de ritos apropriados [...]. Os homens não conseguiriam colocar a sua violência fora deles mesmos, numa entidade separada, soberana e redentora, se não houvesse uma vítima expiatória, se a própria violência não lhes fornecesse uma trégua que é também um novo começo. [...][12]

---

[11] *Vide* a propósito TEIXEIRA, Alfredo, *A Pedra Rejeitada: O Eterno Retorno da Violência e a Singularidade da Revelação Evangélica na Obra de René Girard*, Porto: Universidade Católica Portuguesa, 1995, onde o autor presenta a topografia do pensamento girardiano com base em três eixos fundamentais: 1. a estrutura antagonística do desejo mimético; 2. a ontogénese do sagrado a partir da qual a violência surge como elemento propulsor da dinâmica cultural, 3. a reconfiguração sacrificial da violência à luz da mundividência cristã; *vide* também, em perspectiva complementar, MERUJE, Márcio, Metamorfoses da Rivalidade Mimética. Uma Leitura Atualizante de René Girard, Dissertação de Doutoramento, UBI — Covilhã: 2016, 47–52.

[12] GIRARD, René, *La violence et le sacré*, Paris: Grasset, 1972, 172.

É claro que a tese da rivalidade mimética neutralizada por dispositivos sacrificiais capazes de operar uma catarse colectiva enfrenta uma certa resistência aporética. Desde logo porque procura obviar a violência com outro tipo de violência que só não o é porque se encontra religiosamente mediada pela sacralidade de uma mediação convenientemente reduzida à condição de «vítima».[13] Se nos modelos arcaicos esse foco na vítima se encontrava razoavelmente resguardado do espaço público (na maioria dos casos o acto sacrificial era excénico, e por isso obsceno, como sucedia com a imolação ritual de um bode, no final das representações tragediográficas), com o decorrer do tempo ele desvaneceu-se (o o que não significa que tenha desaparecido), tornando-se hoje em dia imperceptível, dado que a condição de «vítima» ganhou uma visibilidade tal, que, de tão excessiva, se tornou paradoxalmente transparente e, *ipso facto*, praticamente inoperante.[14] Num certo sentido, talvez isso explique a razão pela qual quase ninguém esteja disposto a oferecer-se como mártir para salvar uma situação-limite de muitos, ao passo que, quando toca a um bode expiatório, serão muito raros os que não cedem à tentação de

---

[13] Talvez se tenha de abrir uma excepção para o carácter *sui generis* do modelo sacrificial cristão, visto que Cristo representa uma espécie de mediador catártico paradoxal, dada a sua condição inocente não tanto porque não sabe o que vai passar, porque o sabe, mas porque sabe estar isento de culpa, o que adensa a sua condição vitimal); o seu sacrifício em favor da comunidade só exibe sinais de violência para quem assiste de fora, mas não para quem, como é o caso, conserva inscrita em si a finalidade do seu acto de entrega ou oblação: ao invés da vítima expiatória do mal colectivo, não é escolhido, não é forçado, mas decide-se e escolhe por si próprio sacrificar-se pelo bem de todos: vide a este propósito GIRARD, René, *Evolution and Conversion. Dialogues on the Origins of Culture*, Nova Iorque: Continuum, 2010, pp. 234 ss.

[14] M. Meruje sintetiza bem esse aspecto ao referir que «Girard usa o conceito de *desejo* numa multiplicidade de sentidos, mas poderíamos já sintetizar três tópicos que determinam fundamentalmente alguns destes sentidos que se apresentam na obra: 1. Todo o desejo mimético tem origem no Outro. 2. Todos os conflitos, denominados de rivalidade mimética, têm origem no desejo mimético. 3. O mecanismo do bode expiatório é a origem do sacrifício e funda a cultura humana, sendo a religião necessária à evolução humana para controlar a violência que surge ou que pode surgir com a rivalidade mimética.»: MERUJE, Márcio, *Metamorfoses da Rivalidade Mimética. Uma Leitura Atualizante de René Girard*, Dissertação de Doutoramento, UBI — Covilhã: 2016, 51.

participar na escolha e até de iniciar a degolação ou o apedrejamento, se daí puderem obter um indolor *reset* de consciência.

A tese girardiana da rivalidade mimética não só abre espaço a uma teorização do maior interesse e relevância para iluminar por dentro a importância que cada um quiser dar à religião, mesmo que nenhuma, como também empresta uma chave de leitura a partir da qual, em nosso entender, a violência latente e potencial da semântica de cada um dos monoteísmos abraâmicos estará sempre pronta a eclodir em rivalidade mimética pelo desejo de posse de uma verdade revelada em contexto endo-religioso e auto-referencial.[15]

4. Diagnóstico histórico-crítico: violência e monoteísmo

A religião, para René Girard, constitui, a bem dizer, o melhor remédio contra a violência humana — o termo grego *pharmakon* é aliás usado para designar tanto o elemento expiatório da catarse religiosa como o terapêutico da cura medicinal. Para Jan Assmann, porém, a tese necessita de ser não refutada, mas suficientemente desestabilizada para se aceder a um nível de análise mais profundo.[16] Na obra *Violence et monotheísme*, com efeito, a abordagem da violência encontra-se inscrita numa memorialidade cultural densificada, e é a partir desta que os

[15] Cf. GIRARD, René, *Battling to the End — Conversations with Benoît Chantre* [= *Achever Clausewitz*, Carnets Nord, Paris, 2007], trad. Mary Baker, Michigan State University Press, Michigan, 2010, 215; *vide* a propósito em ângulo de abordagem mais aberto HUNTINGTON, Samuel, «The Clash of Civilizations», *Foreign Affairs* 72 (1993) 3, 22–49; *Idem*, *The Clash of Civilizations and the Remaking of World Order*, Nova Iorque: Simon & Schuster, 1996.

[16] Talvez por isso o autor opte, no seu périplo, por evitar a abordagem arquetípica do fratricídio original de Abel por Caim [*vide* a propósito SCHWARTZ, Regina, *The Curse of Cain: The Violent Legacy of Monotheism*, Chicago: University of Chicago Press, 1997], furtando-se assim, logo de início, ao terreno movediço quer da investigação puramente historiográfica [vide a propósito LEMAIRE, André, *Naissance du monothéisme. Point de vue d'un historien*, Paris: Bayard, 2003], quer da exegese estritamente teológica ou mesmo histórico-crítica [*vide* a propósito SOLER, Jean, *La violence monothéiste*, Paris: Editions de Fallois, 2008].

textos fundacionais do monoteísmo bíblico começam por exibir uma *semântica da ruptura*:

> O axioma fundamental é o seguinte: *cultura facit saltus*. [...] Foi dessa forma que o monoteísmo [...], na representação bíblica, [...] entra em cena como um salto e uma ruptura revolucionária [...]; um radical recomeço (ao contrário de uma evolução plurissecular); uma intervenção [...] extraordinária de Deus na história.[17]

Ao invés das religiões pagãs cuja estrutura politeísta incentivava um esforço contínuo de tradutibilidade entre referenciais de significação razoavelmente permutáveis, o monoteísmo, segundo Jan Assmann, opera a partir de uma ruptura originária de autodelimitação que o autor denomina de *distinção mosaica*, i.e. relativa à figura bíblica de Moisés. Nada há para traduzir nessa religião, não porque as múltiplas divindades das outras religiões sejam estranhamente diferentes, mas porque são completamente falsas[18]; e o mesmo é dizer no tocante ao seus adoradores — estes não são propriamente considerados diferentes, mas inimigos, na medida em que não acedem a um Deus que não é apenas Uno e Único[19], e por isso «verdadeiro», mas também capaz, se necessário for, de marchar à frente do seu povo eleito para derrotar todos quantos se lhe opuserem.[20] Esta formulação, que Assmann

---

[17] ASSMANN, Jan, *Violence et monotheísme*, Paris: Bayard, 2009, 36–37.

[18] *Vide* a propósito STARK, Rodney, *One True God: Historical Consequences of Monotheism*, Princeton: Princeton University Press, 2001.

[19] Importa a este propósito advertir que Assmann, eminente egiptólogo, desenvolve a tese da distinção mosaica, relacionando-a estreitamente com investigações precedentes em torno do faraó egípcio Akhenatón de Amarna, responsável por ter liderado, dentro do quadro politeístico egípcio, uma revolução monoteísta em cujos pressupostos a religião operada pela distinção mosaica se poderia, *mutatis mutandis*, perfeitamente rever: Cf. ASSMANN, Jan, *Violence et monotheísme*, Paris: Bayard, 2009, 45 ss.

[20] Refere Alain Benoist que «la Bible, dès le Pentateuque, attribue sans ambiguïté à Iahvé, l'Eternel, un caractere éminemment guerrier. "Le Seigneur est un guerrier", déclare le chant entonné par Moïse après le passage de la mer Rouge. "Guerrier" est l'un des attributs les plus fréquemment attribués à Iahvé, que ce soit dans les textes anciens (Exode 15,3), les psaumes ("Iahvé, le vaillant des combats", Psaume 24,8) ou la littérature prophétique (Isaïe 42,13). Le chap. 20 du Deutéronome donne une description extensive de ces attributs. L'Eternel, Hachem-Adonaï, le dieu d'Israël, est

esteriotipa para tornar mais evidente a sua posição, é acelerada pelo catalisador da prova constante de fidelidade a uma Aliança, com consequências históricas catastróficas (destruições, cativeiros, epidemias, etc.) se não for cumprida ou respeitada.

O primeiro ponto a reter da teorização assmaniana passa por aquilo que se designaria de construção agonística do outro por via religiosa. O que importa perceber não é tanto se o monoteísmo bíblico — e o mesmo se poderá dizer do corânico[21] — é violento ou recorre a uma linguagem violenta, mas sim porque é que a sua narrativa instauradora recorre a uma *semântica da violência*:

> O problema que nos ocupa é o do monoteísmo e a linguagem da violência. [...] A actualidade desta questão é evidente, porque não é tanto o passado em si mesmo, mas a sua memorialidade que motiva e dirige as nossas acções. O retorno da religião, que constatámos de algumas décadas a esta parte, liga-se de forma inquietante à violência, à intimidação, ao ódio e ao medo, bem assim como à produção de inimigos.[22]

De onde há deuses deve surgir Deus[23]: esta constitui a formulação protocolar da produção de sentido do monoteísmo sinaítico. Ela

---

Iahvé sabaot, le "dieu des armées", un dieu radicalement et foncièrement mâle — tendant de ce fait à exclure le féminin (qui sera fréquemment assimilé au polythéisme). La Bible dit que Iahvé "combat pour Israël" et parle explicitement des *milhâmôt YHVH*, des "guerres de Iahvé": "N'ayez ni crainte ni angoisse, et ne tremblez pas devant eux, car Iahvé votre Dieu marche avec vous."»: Benoist, Alain de, «Violence sacrée, guerre et monothéisme», *Krisis*, Abril (2010) pp. 3.

[21] A questão não visa a religião islâmica, nem qualquer uma das outras, em si mesma, mas a semântica subliminar que subjaz à sua produção massiva de sentido: «é forçoso reconhecer que estes textos [Torah, Escritura Veterotestamentária e Corão], designadamente a sua semântica antagonística da delimitação [...] ganharam uma actualidade que tem tanto de considerável como de perturbante: não por causa das religiões em si mesmas, mas entre os movimentos fundamentalistas que proliferaram no seu quadro referencial, como acontece presentemente de forma particular com o islamismo.»: ASSMANN, Jan, *Violence et monotheísme*, Paris: Bayard, 2009, 75.

[22] Cf. ASSMANN, Jan, *Violence et monotheísme*, Paris: Bayard, 2009, 37–38.

[23] *Vide* a propósito KIRSCH, Jonathan, *God Against the Gods. The History of War Between Monotheism and Polytheism*, Nova Iorque: Viking Press, 2004.

transporta consigo uma bissectriz perfeitamente permutável: a) a um primeiro tempo, todos os deuses se subjugam a Um Deus; b) numa fase ulterior, não há deuses além do Deus Único.[24]

O segundo ponto a reter conecta-se com alguns aspectos desenvolvidos numa outra obra que dá por título *The Price of Monotheism*[25], onde Jan Assmann analisa a geminação inter-recorrente dos conceitos de exclusividade e universalismo, a fim de avaliar o impacto político de intolerância que elas contêm, sobretudo num contexto de globalização.[26] O monoteísmo puro não reconhece a existência de deuses nacionais.[27] À formulação do Deus Um Único, junta-se agora, por

---

[24] Cf. ASSMANN, Jan, *Violence et monotheísme*, Paris: Bayard, 2009, 44.

[25] *Vide Idem*, *The Price of Monotheism*, Stanford: Stanford Univerity Press, 2010.

[26] A dinâmica globalizante do monoteísmo é baseada no seu universalismo subjacente. «Diáspora», em pauta judaica, e «catolicismo», em pauta cristã, traduzem esse impulso disseminador e difusivo. Refere Wolfgang Huber a propósito que «scholarly research shows that religiosity does not necessarily lead to a decrease but, at least in certain circumstances, rather to an increase in latent or manifest violence. This tendency is astonishing considering that at least three major monotheistic religions — Judaism, Christianity, and Islam — include the commandment to love one's neighbor as one of their central ethical precepts. What can be the driving force negating the basic religious stricture not to kill but instead to respect the dignity of the other and love one's neighbor? What can be the reason for the violation of the Golden Rule, to treat the other as we want to be treated by him? Some argue that aggression is so basic to human nature that it cannot be limited by ethical or even religious restraints. But that is obviously not true. People are able to limit their aggression; they listen to the voice of their conscience and invent the instruments of law to overcome or limit the tendency to hurt one another. Why, then, does it happen that the sources of religion are not used in this direction but instead become instrumental in the intensification of hatred and the readiness to use violence? To explain this linkage between religiosity and the use of violence, it is often argued that people tend to devalue others with a different faith when they are convinced of the superiority of their own belief system. But, again, this is not an inevitable consequence. Personal trust in the truth of a specific religion does not imply the need to disrespect people of other faiths. Historically, we know examples of the peaceful coexistence of religions as well as violent conflicts between them»: HUBER, Wolfgang, «Religion and violence in a globalized world», *Verbum et Ecclesia* 32 (2011) 2, 53–54; Cf. a propósito ZOLO, Danilo, «Una "guerra globale" monoteistica», *Iride*, 2003, 2, pp. 223–240.

[27] A posição de Jan Assmann é a esse título inequívoca: «This problem is solved by the monotheistic religions in different ways. The Jewish solution consists in "sub-

acreção histórica mais tardia, a de «Deus-o-mesmo-para-todos» (e já agora «em-toda-a-parte»), com pretensões de globalidade dentro das escalas geopolíticas conhecidas de então, bem entendido. Tal pretensão encontra-se, todavia, controlada no interior de um registo de «exclusividade excludente»[28], o que implica, desde logo, uma consequência

---

sovereignty". Israel develops the pure form of monotheism only under minority conditions, in the Babylonian exile and under Persian rule. Under these conditions, YHWH may renounce his political function as a state god and become truly universal. The Christian and Islamic solution of this problem is the empire. So little monotheism suits the needs of a national religion, so well it functions as an imperial religion. It does not support a nation-state, but an empire. Christianity is linked to the Roman Empire, Islam forms empires of its own, from the Abassid, Omayyad, Fatimid, etc., up to the Ottoman empires. Nineteenth and twentieth century nationalism, therefore, represented a mortal danger to the alliance between religion and politics, in the Muslim East as well as the Christian West. The typical nation-state is a secular state. This holds for post-revolutionary France, as well as for Turkey, Syria, Iraq, Egypt and even early Zionism. Nationalism is also a political religion that does not tolerate other religions beside itself. Religious nation-states such as Pakistan and Iran are exceptional and problematic constructions. The same would apply to a not yet existing "Serbia" (at least not under this designation), with its national branch of Greek orthodox faith. The political forms that are congenial to monotheistic universalism are either minority conditions or imperial multinationalism»: ASSMANN, Jan, «Monotheism and its political consequences», *in* GIESEN, Bernhard — ŠUBER, Daniel (Hg.), *Religion and politics. Cultural perspectives* (International studies in religion and society 3), Leiden; Londres, 2005, 149–150.

[28] «Many critics felt the concept of the Mosaic distinction to be hostile to religion, even anti-Semitic or anti-Christian, because in their view it implies the charge that hatred, intolerance, and exclusion first came into the world with the Mosaic distinction. Naturally, I do not believe that the world of the primary religions was free from hatred and violence. On the contrary, it was filled with violence and aggression in the most diverse forms, and many of these forms were domesticated, civilized, or even eliminated altogether by the monotheistic religions as they rose to power, since such violence was perceived to be incompatible with the truth they proclaimed. I do not wish to deny this in the least. Yet neither can it be denied that these religions simultaneously brought a new form of hatred into the world: hatred for pagans, heretics, idolaters and their temples, rites, and gods. If we dismiss such considerations as "anti-Semitic", we consent to discursive and intelectual fetters that restrict our historical reflection in a dangerous way. Whoever refuses to account for the path he has taken for fear that the goal at which he has arrived might prove contingent, relative, or perhaps even undesirable when compared with his point of departure, or the options he has rejected along

directa, a saber, a condenação implacável da idolatria sob o signo da *violência iconoclasta*[29] presente nos três monoteísmos sem excepção:

- «se o teu irmão, [...] o teu filho ou filha, a tua companheira ou amigo a quem estimas vierem secretamente seduzir-te, dizendo: "Vamos servir os deuses estrangeiros" [...] tens o dever de o matar», Torá, Dt 13, 7–11;
- «esses que trocaram a verdade de Deus pela mentira, e que veneraram as criaturas e lhes prestaram culto [...] são dignos de morte», Novo Testamento, 1 Rm 1, 25–32;
- «matai os idólatras onde quer que os encontreis», Alcorão, surata 9, versículo 5 [dito do sabre].

À ideia de Deus Uno-Único vinculam-se duas exigências aparentemente distintas mas correlatas: a proibição absoluta de iconoplastia (i.e., não manufacturar a imagem do próprio Deus) e a de iconolatria (i.e., não venerar imagens de outros deuses).[30] Tal interdito oferece pretexto não só para perseguir e eliminar os que incorrerem nessas práticas, como também para destruir todos os artefactos e edificações responsáveis por esses desvios. A razão profunda deste furor iconoclasta assenta na ideia de que as imagens criadas, tal como os seus adoradores, devem ser destruídas não tanto porque se trata de fantasias ou devaneios imagéticos, mas porque representam a nostalgia e a tentação

---

the way, fosters a new form of intolerance. The capacity to historicize and relativize one's own position is the precondition of all true tolerance»: ASSMANN, Jan, *The Price of Monotheism*, Stanford: Stanford Univerity Press, 2010, 15–16.

[29] Cf. ASSMANN, Jan, *Violence et monotheísme*, Paris: Bayard, 2009, 71–88.

[30] Ao equacionar as implicações que ressaltam de um pensamento único como «*miroir de la condamnation de l'idolâtrie*», aduz J.-P. Castel que «en conséquence, le croyant monothéiste considère son Dieu comme le garant d'une vérité transcendante et unique, comme une autorité supérieure, infaillible, absolue, qui s'impose autant à l'incroyant qu'à lui-même. Un arbitre neutre, qui pourrait être reconnu par les deux parties, n'est plus de mise: de façon unilatérale, le croyant érige son dieu en arbitre nécessaire»: CASTEL, Jean-Pierre, «La violence monothéiste n'est pas que politique», in http://www.mezetulle.fr/violence-monotheiste-jean-pierre-castel/ [Mezetulle, 12 de novembro de 2017].

de retorno a um certo cosmoteísmo[31] que a crença monoteísta procura justamente superar e dela se demarcar por fidelidade juramentada em Aliança com um Deus invocado, no contexto da revelação a Moisés, como YHWH, «Aquele que sou».

O terceiro ponto a reter sedimenta-se naquilo que Assmann apresenta e descreve como uma notável inovação do monoteísmo bíblico, a saber, a teologização da moral pela mediação jurídica, muito embora o preço a pagar se manifeste na ambivalência de uma subtilíssima e interiorizada violência legalista. De onde provém essa fonte de violência cuja explicitação histórico-religiosa se poderia compactar no binómio «monoteísmo-nomoteísmo»?

Religião e ética possuem raízes diferentes. Na origem das religiões monoteístas, porém, a sua fusão revelou uma simbiose indestrutível no processo cultural: ela permite medir não tanto a fidelidade cultual (como no caso da iconoclastia relativamente ao sentido de pertença exclusiva), mas sobretudo a normalização ritual, criando uma

---

[31] Vale a pena ler Jan Assmann sobre esse ponto: «the concept of cosmotheism was coined, referring as much to the pagan religion of antiquity as to the contemporary philosophy of Spinoza. The end of the eighteenth century saw the discovery of India as a spiritual world. Linguists recognized the affinities between Sanskrit, Greek, Latin, and so on, postulating India as the ancestral homeland of the "Indogermanic" peoples on the basis on this linguistic affinity. With that, India inherited Egypt's legacy of representing cosmotheism as the rejected alternative to monotheism. Only now did the Semitic and Indogermanic spheres begin to face each other as two opposing linguistic, ethnic (or "racial"), and spiritual-religious camps; only now, in connection with India, did cosmotheism or anti-monotheism take on anti-Semitic features. Exclusive monotheism now appeared, precisely in its hostility to images, as a typically Semitic religion, the religion of desert nomads. Fundamental ancient Egyptian phobias were revived. Many elements of anti-Semitism are not Christian but pagan or neo-pagan. [...] The cosmotheistic option has never been completely overcome and eradicated, but has resurfaced time and again in various transformations and guises, as hermeticism, Paracelsism, alchemy, Spinozism, freemasonry, Rosicrucianism, theosophy, and so on. In the twentieth century, movements like anthroposophy, Haeckel's Monist League, the Munich cosmicists, and National Socialist neo-paganism, as well as the many diferente New Age religions, display obvious cosmotheistic tendencies. In relation to one another, these movements are of course completely different, even antagonistic, and should on no account be lumped together. Still, they do all share an element of anti-monotheism.» ASSMANN, Jan, *The Price of Monotheism*, Stanford: Stanford University Press, 2010, 75.

instância prescritiva ambígua que curto-circuita legalidade prescritiva (sob o nome de virtude) e perfeccionismo comportamental (sob o nome de pureza). O resultado era mais do que previsível: a consolidação de um ecossistema moralista que, pelo potencial de controlo coercivo, cria mais problemas do que soluções.[32] Veja-se a propósito deste desígnio de ortopraxia as tensões, crispações e perseguições intra-religiosas[33] ocorridas em contexto judaico relativamente à fricção entre saduceus e fariseus; no Cristianismo relativamente aos movimentos cismáticos ou anti-heréticos[34]; e no Islamismo relativamente ao antagonismo entre xiitas e sunitas.

---

[32] «The Bible is no less concerned with salvational justice, with justice from below. Here it is demanded by the prophets, who speak on behalf of god and in the face of the state. There is nothing comparable to this in the ancient Eastern world, which is why the view that this idea of justice was first brought into the world by the monotheism proclaimed by the prophets could first take hold. In the world of the Ancient Near East, however, there are gnomic texts and mirrors held up to the prince to remind him of the state's mission to institute salvational justice here on earth. The authors of these texts are not prophets speaking in god's name, since they offer only simple, relatively profane principles for regulating individual and community life»: ASSMANN, Jan, *The Price of Monotheism*, *op. cit.*, 49–50.

[33] *Vide* a propósito HAUGHT, James, *Perseguições religiosas: uma história do fanatismo e dos crimes religiosos*, Rio de Janeiro: Ediouro, 2003.

[34] Alfons Fürst esclarece a propósito que «Cuando Constantino I (306–337) se convirtió al cristianismo e identificó con ello al dios del sol con el Dios de los cristianos abrió una línea general en dirección al monoteísmo. Si ya los cristianos en tempos preconstantinianos sacaron provecho del ambiente monoteísta, ahora incluso podían utilizarlo para su beneficio político. [...] Hasta entonces, el cristianismo se había aprovechado de ello pacíficamente, tanto que, por así decirlo, el espíritu monoteísta de la época le echó una mano. A través del apoyo político del cristianismo por parte de Constantino, esta propagación obtuvo un fuerte impulso, pero también adquirió un nuevo acento: associado al poder estatal, el cristianismo se consagró crecientemente con ayuda de la fuerza y la violencia. [...] Para aclarar el proceso por el que un movimento religioso se convierte en una amenaza de los que le son ajenos, hay que preguntarse por una posible profunda ambivalencia en el propio seno del cristianismo. ¿Cómo se pasa de ser una religión perseguida a una religión perseguidora? ¿Cómo llegaron los seguidores de la religión del amor a establecer nuevas formas de violencia e intolerancia religiosa? ¿Fue quizás el cristianismo percibido, ya antes de la conversión de Constantino, como una amenaza por parte de algunos contemporáneos? Así como no basta con remitirse a la conversión de Constantino para explicar la violencia empleada

No caso do monoteísmo sinaítico — designação que recebe o nome do Monte onde Moisés recebe o Decálogo, a tábua das dez leis ou mandamentos — projecta-se um continuum sagrado entre Justiça codificada (v.g. nos dispositivos legais e preceituais), ajustamento social (v.g. nas invectivas proféticas contra a indiferença, a incúria e a opressão dos mais vulneráveis) e justeza ritual (v.g. nos protocolos de purificação). Sucede que a mesma linha que separa o legal do ilegal em nome da distinção entre o justo e o injusto, é a mesma que permite a infiltração da violência persecutória ao facultar o critério que permite separar os puros dos impuros, numa lógica de maniqueísmo mitigado. O enredo é, de resto, bem conhecido desde os tempos imemoriais da Gnose.[35]

5. Êxodo e êxito diaporético: religião e interculturalidade

Jan Assmann mostra até que ponto os monoteísmos contêm uma memorializada semântica de violência cuja face visível se manifestou historicamente em fenómenos de extremada intolerância. Não é

---

por los cristianos, tampoco basta con remitirse a la no violencia de Jesús para dejar sin valor el reproche de que el credo monoteísta sea irremediablemente intolerante y violento. La renuncia a la violencia es característica en la vida y en la predicación de Jesús. La iglesia primitiva no traicionó inmediatamente esta norma, sino que formuló una ética de la paz que, en última instancia, expresaba sus reservas contra el servicio militar. Sin embargo, también existen textos cristianos antiguos que utilizan otro lenguaje, con contenidos violentos, y la historia nos da ejemplos de la frecuencia con que la praxis cristiana se ha quedado por detrás de sus propias reivindicaciones. En contra de su propia tradición hubo muchos eclesiásticos sin escrúpulos dispuestos a utilizar la violencia. Con esto no sólo me refiero a los pogromos violentos contra los cultos antiguos, la destrucción de santuarios e imágenes de dioses, sino a las relaciones entre los mismos cristianos. Mucho más a menudo y mucho más violentamente que contra paganos o judíos, la agresividad cristiana en la antigüedad se dirigió contra los cismáticos y herejes»: FÜRST, Alfons, «Monoteísmo y violencia», in *Selecciones de teologia* 176 (2005) 305-306.

[35] *Vide* a propósito PÉTREMENT, Simone, *Le Dieu séparé: les origines du gnosticisme*, Paris: Cerf, 1984; VOEGELIN, Eric, «Apocalisse e rivoluzione», in *Caratteri gnostici della moderna politica economica e sociale*, Milão: Nuovi Carteggi, 1967; *Idem*, *Ciencia, Politica y Gnosticismo*, Madrid: Rialp, 1973.

preciso ir muito longe para, à luz de epítetos tão contra-intuitivos como guerras sagradas, justas e santas, dar conta que esse extremismo precipitou guerras inter-religiosas de tipo hegemónico[36] onde legitimação religiosa de expectativas políticas e legitimação política de motivações religiosas são quase impossíveis de discernir: veja-se o ocorrido com o Judaísmo sionista relativamente à preservação identitária; com o Cristianismo pós-Reforma relativamente à luta dos estados pela supremacia geopolítica na Europa dos séculos XVI e XVII; e com o Islamismo

[36] Afigura-se-nos útil, a tal propósito, a explicação de Alain Benoist: «La doctrine biblique de la violence sacrée a en réalité profondément influencé les théologies de la guerre élaborées par les chrétiens, comme par les musulmans. Au Moyen Age, c'est à partir d'une réélaboration de l'idée vétérotestamentaire de «guerre sainte» que s'est formée la doctrine de la guerre juste (*bellum justum*), qui a fait autorité pendant plus d'un millénaire. La guerre juste n'est pas tout à fait identique à la guerre sainte telle qu'elle est décrite dans la Torah. Ce n'est pas une guerre directement voulue par Dieu, mais une guerre conduite pour obéir à la volonté divine et dans le respect des règles morales édictées par l'autorité religieuse. La doctrine du *bellum justum*, que saint Thomas d'Aquin a contribué à définir, vise à énumérer les circonstances ou les critères qui rendent une guerre légitime, justifiant ainsi qu'on prenne les armes en tenant à l'écart les principes évangéliques d'amour des autres et de charité, et à préciser les règles qui doivent être observées durant les combats pour que la guerre reste juste. Il en résulte que toutes les guerres ne sont pas permises, et que tout n'est pas permis lorsqu'elles le sont. Mais il en résulte aussi que l'ennemi que l'on combat est toujours réputé défendre une cause injuste. Les limitations sont à la fois de l'ordre des causes, qui justifient le *jus ad bellum*, de l'ordre des finalités et de l'ordre des moyens, qui définissent le *jus in bello*. La guerre doit être déclarée pour défendre une «juste cause» (*justa causa*), lorsqu'aucun autre moyen ne peut permettre de corriger la situation à laquelle elle entend mettre un terme. Elle doit être décidée par une autorité légitime, avec une «intention droite» et avoir une finalité de paix. Elle doit enfin être menée en épargnant autant qu'il est possible les non-combattants et en respectant un principe de proportionnalité entre les objectifs visés et le coût en vies humaines qu'elle implique. La doctrine de la guerre juste admet en revanche la guerre préventive et le droit d'attaquer celui qui a offensé Dieu: BENOIST, Alain de, *«Violence sacrée, guerre et monothéisme», Krisis, abril (2010) p.* 21; *vide* complementarmente RUSSELL, Frederick, *The Just War in the Middle Ages*, Cambridge University Press, Cambridge, 1975; O'BRIEN, William, *The Conduct of Just and Limited War*, Nova Iorque: Praeger, 1981; ELSHTAIN, Jean (org.), *Just War Theory*, Oxford: Basil Blackwell, 1992.

jiadista relativamente à afirmação agressiva de Estados fantasma como o Daesh.[37]

Há um elemento comum a ligar estas três formas de intolerância e extremismo monoteístico: o fideísmo. O que o torna problemático é o facto de relevar por vezes de uma estranha prosápia anti-cultural, a pretexto da qual a crença religiosa é imposta como critério unívoco, conduzindo os seus apologistas ao fanatismo e ao sectarismo. Essa insustentável «des-racionalização» da fé só pode ser explicada, em última análise, por uma ausência de sentido crítico[38], tendendo a degenerar em descrédito da própria base de sustentação doutrinária, institucional e, a prazo, até mesmo espiritual.[39] São quatro os princípios

---

[37] *Vide* a propósito FIORI, Jean, *Guerre sainte, jihad, croisade. Violence et religion dans le christianisme et l'islam*, Paris: Seuil-Points, 2002; *Encyclopedia of the Modern Islamic World*, Vol. 2, 1995, pp. 369–373; HOFFMANN, Joseph, *The Just War and Jihad. Violence in Judaism, Christianity, and Islam*, Amherst: Prometheus Books, 2005.

[38] Wolfgang Huber clarifica que «to justify and to drive violence in conflict is not an inherent and unchangeable characteristic of religion, but an acquired or even ascribed quality of religion. But there are situations or contexts in which this kind of acquisition or ascription tends to be enforced. This seems to be the case today. The necessary answer to this dangerous constellation includes good historical research on the manifold reasons for conflicts and the forces behind them, and a self-critical reflection within religious communities on their role in conflict and their possible functions in peace-building processes»: HUBER, Wolfgang, «Religion and violence in a globalized world», *Verbum et Ecclesia* 32 (2011) 2, 61.

[39] Como bem mostra Isabel Magalhães, «quase sempre os Textos Sagrados têm uma dimensão simbólica, impeditiva da interpretação rente à letra, visto que ela ocultaria outras camadas de significação. Embora uma leitura literal disponha também de uma hermenêutica, a leitura predominantemente literal, pelo próprio facto de permanecer ao rés do texto, violenta essa letra em vez de nela descobrir vida. (Note-se aqui o cuidado a ter com o facto de "vida" e "violência" provirem da mesma raiz grega: *bios bia)*. Pior ainda quando o texto é lido como voz do próprio Deus: aí a ameaça fundamentalista torna-se mesmo performativa, agindo independentemente de quaisquer contextos. Entra-se assim num terreno que já excede o religioso: é o da política e da vontade de poder. Nada de espiritual passa por aí. Deparamos, contudo, com outras formas de ler que claramente afastam todo o fundamentalismo, por serem formas livres, abertas e críticas. Em todos os monoteísmos e em cada uma das tradições abraâmicas encontramos essas leituras, em nada impositivas. No judaísmo, a interpretação *midráshica* abre o Texto a muitas possibilidades de sentido, numa espécie de infinitiza-

que bloqueiam patologicamente[40] esse sentido crítico, convertendo o fideísmo em fundamentalismo:

- impassibilidade da fé;
- infalibilidade do poder hierárquico;
- inquestionabilidade dos textos sagrados;
- inflexibilidade dos valores mundividenciais.

Em termos hermenêuticos, cada um destes quatro vectores repercutem e agravam síndromes de violência, se em cada quadro referencial monoteísta estes forem sustentados por uma metafísica onde os conceitos de unidade, identidade e universalidade surgem domesticados por uma lógica unívoca, tautológica, disjuntiva e binária (V/F)[41],

---

ção da leitura (o Talmude é exemplo), o que tem um paralelo na *ijtihad* vivida no Islão [...]. No Islão, com Averrois, acolhemos essa visão de abertura, tal como no judaísmo o encontramos em Spinoza e entre tantos outros que procederam à análise crítica dos Textos»: Magalhães, Isabel Allegro de, «Monoteísmo(s) e fundamentalismo(s)», *in* Borges, Anselmo; Monteiro, João (coord.), *As Três Religiões do Livro*, Coimbra: Imprensa da Universidade de Coimbra, 2012, 53–54.

[40] *Vide* a propósito Aldeeb, Sami, *La violence dans l'islam diagnostic et thérapie*, CreateSpace Independent Publishing Platform, 2018, obra em que o autor utiliza a metáfora clínica para abordar o fenómeno da relação entre violência e islamismo, de acordo com os seguintes vectores: «1) De l'islam non violent à l'islam violent: Évolution d'un islam mecquois non violent à un islam médinois violent. Taha: retour au Coran mecquois; 2) Violence au sein de la société musulmane: envers les animaux, les enfants, les femmes, en droit pénal, violence et alternance du pouvoir; 3) Violence extérieure envers les non-musulmans: la haine comme prélude à la guerre, la dissimulation, le jihad, les rapports avec les dhimmis; 4) Thérapie de la violence: reconnaître le problème, éviter la langue de bois, être ferme et cohérent, désacraliser les livres sacrés, mesures juridiques et solution du problème des réfugiés, favoriser la justice.» O mesmo protocolo crítico e terapêutico poderia, na sua transversalidade estrutural, ser aplicado e implicado nos restantes monoteísmos — o judaico e o cristão: *vide* a propósito Sibony, Daniel, *Les trois monothéismes. Juifs, chrétiens, musulmans entre leurs sources et leurs destins*, Paris: Seuil, 1992.

[41] A este propósito, refere J.-P. Castel que «distinguer le "vrai" du "faux" implique en effet un critère de vérité et une procédure de validation extérieurs au domaine considéré, sous peine d'autoréférence. En science et en philosophie, le critère de vérité est la cohérence logique et, quand elle est possible, la confrontation au réel (c'est le rôle en particulier de l'expérience scientifique), et la procédure de validation, la vérification

dissolvendo assim aquela diferenciação relacional do logos que converte em texto legível todas as narrativas possíveis, incluindo a do discurso da acção.

Todos sabemos que certos processos culturais dificilmente serão perceptíveis, e muito menos interpretáveis, se for obliterada aquela produção intensificada de sentido que, por exemplo, permitiu operacionalizar em tempos remotos a legitimação pré-política do poder religioso (nas expropriações miméticas de ritos de entronização), mas também, em fase mais tardia, a legitimação religiosa do poder político (nas reapropriações secularizadas das supremacias monoteísticas)[42]; ainda assim, talvez subsista algo que valha a pena enfatizar: precisamente porque toda a cultura é subliminarmente religiosa (mesmo na negatividade da sua recusa ou na contrafacção dos seus sucedâneos), toda a dimensão religiosa é, *ipso facto*, estruturalmente cultural, pelo que qualquer pretensão de exorbitar da cultura — seja para julgá-la de cima ou suprimi-la por dentro — condena seja que religião for a autocentrar-se em processos agonísticos super-identitários[43] que as

---

par la communauté des pairs»: CASTEL, Jean-Pierre, «La violence monothéiste n'est pas que politique», in http://www.mezetulle.fr/violence-monotheiste-jean-pierre-castel/ [Mezetulle, 12 de Novembro de 2017].

[42] Ao analisar a tensão que atravessa o binómio entre religião-política como «une distinction possible depuis de nombreux siècles» refere J.-P. Castel: «Depuis l'origine des temps, religion et politique sont intimement liées. Plus généralement, langage, parenté, religion, politique, économique, juridique, etc., ces différents champs de la vie sociale, à l'origine plus ou moins confondus, se sont, au fil des siècles, progressivement autonomisés. Même si des interdépendances subsistent, cette autonomisation, et en particulier la sécularisation du politique, ce dégagement du politique de la sphère religieuse, sont souvent considérés comme caractéristiques de la modernité occidentale. Cette sécularisation était pourtant déjà en marche dans le monde grec de Solon et de Périclès, ainsi que dans l'Empire romain»: CASTEL, Jean-Pierre, «La violence monothéiste n'est pas que politique», in http://www.mezetulle.fr/violence-monotheiste-jean-pierre-castel/ [Mezetulle, 12 de Novembro de 2017]; *vide* a propósito GENTILE, Emilio, «The Sacralization of Politics: Definitions, Interpretations and Reflections on the Question of Secular Religion and Totalitarianism», in *Totalitarian Movements and Political Religions*, 1/1, 2000, 34–55.

[43] A configuração da dimensão religiosa como «*marqueur identitaire*» suscita a seguinte clarificação de J.-P. Castel: «l'exclusivisme des religions monothéistes fait de celles-ci un marqueur identitaire plus chargé de violence que d'autres. Alors qu'à Athè-

desfocam do seu desígnio, a saber, assegurar a mediação histórico-cultural do sagrado em vista da doação saturada e da produção intensificada de sentido.[44] Urge, assim, colocar os três monoteísmos em condições para interagir em ecossistema não monocultural ou unicultural, mas intercultural.[45] Não sendo assim, a alternativa que resta pode afigurar-se problemática por conter dentro de si a possibilidade de fazer eclodir o que nos atreveríamos a designar de antagonismo mimético inter-monoteístico.

João Duque, em diálogo teológico com Paul Ricœur[46], oferece a este propósito uma sólida base de sustentação:

> Ao pretender tomar posse do fundamento transcendente, uma comunidade insere-se no leque de todas as comunidades que também pretendem apropriar-se do mesmo, as quais surgem assim como rivais nesse processo de apropriação finita do fundamento infinito. Daí resulta, sem dúvida, uma atitude de violência entre formas diferentes de pretensa apropriação do infinito, enquanto manifestações da tensão primordial entre finitude humana e infinitude do fundamento. [...] Penso ser possível [...] avançar com uma leitura do contributo da religião para a relação inter-cultural que supere o potencial de violência latente e possa contribuir para a construção de uma

nes la différence entre "eux" et "nous" était principalement d'ordre culturel — il suffisait pour un étranger de parler grec pour être admis à participer à toutes les activités sociales, hormis bien entendu la politique —, à Jérusalem elle était d'ordre religieux, voire ontologique, avec pour conséquence une diabolisation de l'adversaire — qualifié d'idolâtre —, une radicalisation des conflits, une sacralisation de la violence. Développé par le christianisme et par l'islam, le prosélytisme cherche à convertir l'humanité entière à sa conception du divin, de l'absolu, de la vérité; [...] les moyens déployés à cet effet sont multiples: 1) une institution gardienne du dogme; 2) la menace de la damnation; 3) le prosélytisme missionnaire; 4) la croisade et le djihad»: CASTEL, Jean-Pierre, «La violence monothéiste n'est pas que politique», in http://www.mezetulle.fr/violence-monotheiste-jean-pierre-castel/ [Mezetulle, 12 de Novembro de 2017].

[44] *Vide* a propósito PANIKKAR, Raimon, «The Religion of the Future or the Crisis of the Notion of Religion: Human Righteousness», Part I, in *Interculture*, XXIII (1990) 2, 1–24.

[45] *Vide* a propósito ANDRÉ, João Maria, *Ecumenismo, Multiculturalismo e Educação Intercultural*, Lisboa: Graal-Publicações Terraço, 2003.

[46] *Vide* RICŒUR, Paul, «A religião e a violência», in *Revista Portuguesa de Filosofia* 56 (2000) 25–35.

relação [...] radica[da] na mais profunda diferença marcante da identidade cristã: a diferença trinitária. Aí articula-se uma relação primordial entre identidade e diferença, que poderá ser fértil na compreensão da pertinência inter-cultural da religião, pois essa pertinência medir-se-á sempre pela capacidade de articulação pacífica entre identidade e diferença [...][47]

Com base neste paradigma relacional em que a mundividência cristã é desafiada a dar o primerio passo pela «excentricidade» e diferenciação que a sua concepção de Deus encerra[48], o que se propõe a cada religião, mormente àquelas que professam a crença num Deus Uno-Único, é que, colocando em *epokhê* não o monoteísmo mas a autocentrada e reactiva militância em que germina e se desenvolve, promovam entre si a auto-condição da sua possibilidade de credibilização. Como?

Dialogando — não para ajustar contas com o passado ou avaliar qual das verdades que cada diz ser portadora é mais «verdadeira» (mesmo que o discurso da acção de cada uma delas o contradiga com demasiada frequência), mas para, em pauta inter-religiosa, assumir uma *ethica* mínima susceptível de criar as condições para, através de um desígnio ecuménico inter-religioso[49], se conhecerem e estudarem naquilo que precisamente as diferencia. Tal implica a procura constante de um consenso básico em vista da constituição de uma «discursividade sustentável» que terá de ter em conta:

- por um lado, uma axiologia enraizada capaz de transformar o jurídico em moral e o moral em ético;

[47] DUQUE, João, «Interculturalidade e Religião — Para Além da Violência», https://repositorio.ucp.pt/bitstream/10400.14/14935/1/Interculturalidade%20e%20Religi%C3%A3o.pdf p. 7ss.

[48] *Ibid.*, p. 15.

[49] *Vide* a propósito BINGEMER, Clara (org), *Violência e Religião: Cristianismo, Islamismo, Judaísmo: três religiões em confronto e diálogo*, São Paulo: Loyola, 2001; e também BORGES, Anselmo, *Religião e Diálogo Inter-religioso*. Coimbra: Imprensa da Universidade, 2010; ANDRÉ, João Maria, *Ecumenismo, Multiculturalismo e Educação Intercultural*, Lisboa: Graal-Publicações Terraço, 2003.

- e por outro, uma consensualidade decisionária empenhada em saber ouvir para propor e ousar reconsiderar posições para modelar soluções.

Conclusão

Mais do que lavrada nos textos, cristalizada nos dogmas ou apregoada dos púlpitos, a crítica da violência presente em todas as tradições religiosas está, para o bem e para o mal, umbilicalmente ligada à acção discursiva dos próprios crentes: a sua relação com a transcendência não os dispensa, bem pelo contrário, exige-lhes, como prova de credibilidade, a responsabilidade de proteger do arbítrio e da prepotência a sua liberdade e a dos outros.

A religião não garante a paz, é certo, mas também não a torna irrealizável; por seu turno, a violência existiu, existe e sempre haverá de existir, aquém e além dos monoteísmos. Todavia, sempre que estes são atravessados por aquela, será sempre pertinente questionar em que medida a *forma mentis* inscrita na sua semântica, longe de caucionar a sua auto-afirmação, contribui ao invés para o seu descrédito.[50]

Num clarividente artigo de 2005 em que Hans Kung, ao analisar o entrelaçamento das religiões nos actuais focos de beligerância disseminados pelo mundo, filtra criteriosamente os argumentos conducentes à acusação de que, pelo enviesado pretexto de uma «guerra santa», os monoteísmos deveriam ser responsabilizados por promover o recurso à violência, o reputado teólogo suíço lança um alerta cujo alcance estentórico deveria igualmente dar que pensar:

«In the twenty-first century, too, wars are neither "holy", "just" nor "clean". Even modern "wars of Yahweh" (Sharon), "crusades" (Bush) and *jihad* (al Qaeda), with their toll of countless human lives, their large-scale destruction of the infrastructure and cultural heritage and the damage they do to the environment, are utterly irresponsible. [...] Absolute pacifism, which regards peace as the *summum bonum*

---

[50] Cf. LUZ, Marcelo, «Considerações sobre a Correlação entre Religião e Violência», *Conscientia*, 12 (2008) 3: 272–275.

to which everything must be sacrificed, is hardly attainable politically and, as a political principle, may even be irresponsible. [...] Unfortunately, however many messages of peace and calls for peace are made by secular and religious quarters, however many preventive measures and bans are introduced, they will not be able to prevent wars completely and eliminate them once and for all. Thus when wars — which always signal an abject failure of human civilization — do occur, there is only one thing to do: even in that extreme situation, the minimum basic rules of humane conduct must be respected.»[51]

Uma vez aqui chegados, resta-nos então dissipar qualquer mal-entendido que porventura ainda persista: a religião não é violenta *per se*, nem os monoteísmos são responsáveis por uma violência que neles se encontre inscrita como consequência inelutável.[52] O nexo entre monoteísmo e violência, onde quer que ocorra, é contingente, ou seja, não é impossível de ocorrer, mas também não tem de ser fatalmente necessário...

[51] KUNG, Hans, «Religion, Violence and "Holy Wars"», *International Review of Red Cross* 87 (2005) 858: 266–267.

[52] «Os católicos poderão continuar, em qualquer circunstância, a deixar-se inspirar pelo apelo pacifista dos evangelhos; os protestantes pela ética que recusa qualquer forma de violência, como é o caso das comunidades menonitas, amish e quacres; os islâmicos pela *jihad* interpretada pelas irmandades sufis como combate de aperfeiçoamento de si próprio; os judeus pelo testemunho da regeneração mística visada pela corrente hassídica. Isabel Magalhães reforça a ideia no seguinte sentido: «Também na Índia deparamos com elementos de tolerância e de harmoniosa articulação das diferenças. Em vários momentos da História, soube-se construir tecidos de diversidades. Foi o caso dos séculos XVI e XVII, em que se viveu um grande equilíbrio nas relações e respeito mútuo entre hindus e muçulmanos. Akhbar, "o Grande", imperador mogol muçulmano, terá expressado uma visão que situa Deus além de qualquer religião concreta, posição eventualmente decorrente da influência dos Sufis do Islão. Interessante é ver-se que, quando se atinge a possibilidade, conceptual e na *praxis*, de uma harmonia entre religiões e espiritualidades diversas, a presença de místicos esteve em geral por perto. E isso em todas as religiões. Antes de mais, a influência dos místicos deve-se à sua intuição de que Deus não é susceptível de ser apreendido, de que as religiões são apenas meios, de que o Absoluto é inatingível»: MAGALHÃES, Isabel Allegro de, «Monoteísmo(s) e fundamentalismo(s)», in BORGES, Anselmo, MONTEIRO, João (coord.), *As Três Religiões do Livro*, Coimbra: Imprensa da Universidade de Coimbra, 2012, 51.

Bibliografia

ALDEEB, Sami, *La violence dans l'islam. Diagnostic et thérapie*, CreateSpace Independent Publishing Platform, 2018.

ANDRÉ, João Maria, *Ecumenismo, Multiculturalismo e Educação Intercultural*, Lisboa: Graal-Publicações Terraço, 2003.

APPLEBY, Scott, *The Ambivalence of the Sacred: religion, violence, and reconciliation*, Nova Iorque: Carnegie Corporation of New York/Rowman & Littlefield Publishers Inc., 2000.

ASSMANN, Jan, *The Price of Monotheism*, Stanford: Stanford Univerity Press, 2010.

AMARAL, António, «Do Poder do Sagrado à Sacralização do Poder: precedentes gregos de uma Teologia Política?», in *CULTUM. Excursos de Hermenêutica, Política e Religião*, Editora LabCom.IFP, 2018, pg. 267

ASSMANN, Jan, *Violence et monotheísme*, Paris: Bayard, 2009.

ASSMANN, Jan, «Monotheism and its political consequences», in Bernhard GIESEN, Daniel ŠUBER (Hg.), *Religion and politics. Cultural perspectives* (International studies in religion and society 3), Leiden; Londres, 2005, 141–159.

BAUHN, Per, *Ethical Aspects of Political Terrorism: The Sacrificing of the Innocent*, Lund: Lund University Press, 1989.

BENOIST, Alain de, «*Violence sacrée, guerre et monothéisme*», *Krisis,* abril (2010) 3–33.

BENTO, António, ROSA, José, DOMINGUES, José (coord. e org.), *Secularização e Teologia Política*, Lisboa: Documenta, 2019

BINGEMER, Clara (org), *Violência e Religião: Cristianismo, Islamismo, Judaísmo: três religiões em confronto e diálogo*, São Paulo: Loyola, 2001.

BORGES, Anselmo; MONTEIRO, João (coord.), *As Três Religiões do Livro*, Coimbra: Imprensa da Universidade de Coimbra, 2012.

BORGES, Anselmo (coord.), *Deus no Século XXI e o Futuro do Cristianismo*, Porto: Campo das Letras, 2007.

BORGES, Anselmo, *Religião e Diálogo Inter-religioso*, Coimbra: Imprensa da Universidade, 2010.

CASTEL, Jean-Pierre, «Fanatisme et tentation de l'absolu», in *Topique* 140 (2017) 109122.

CASTEL, Jean-Pierre, «La violence monothéiste n'est pas que politique», in http://www.mezetulle.fr/violence-monotheiste-jean-pierre-castel/ [Mezetulle, 12 de novembro de 2017].

CASTEL, Jean-Pierre, *À l'origine de la violence monothéiste le dieu jaloux, L'introduction du vrai et du faux dans le domaine des dieux,* Paris: L'Harmattan, 2017.

CASTEL, Jean-Pierre, *La violence monothéiste: mythe ou réalité?* Paris: L'Harmattan, 2017.

CAVANAUGH, William, *Le mythe de la violence religieuse*, Paris: L'Homme nouveau, 2009.

DERRIDA, Jacques, *Vadios. Dois ensaios sobre a razão* [= *Voyous*, Paris: Éditions Galilée, 2003], trad. Fernanda Bernardo *et al.*, Coimbra: Palimage, 2009.

DUQUE, João, «Interculturalidade e religião — para além da violência», https://repositorio.ucp.pt/bitstream/10400.14/14935/1/Interculturalidade%20e%20Religi%C3%A3o.pdf [publicado in *Revista Portuguesa de Filosofia* 67 (2011) 4, 695–715].

ELSHTAIN, Jean (org.), *Just War Theory*, Oxford: Basil Blackwell, 1992.

FIORI, Jean, *Guerre sainte, jihad, croisade. Violence et religion dans le christianisme et l'islam*, Paris: Seuil-Points, 2002.

FIORI, Jean, *La guerre sainte. La formation de l'idée de croisade dans l'Occident chrétien*, Paris: Aubier, 2001.

FÜRST, Alfons, «Monoteísmo y violencia», in *Selecciones de teologia* 176 (2005) pp. 303–311.

GIRARD, René, *Evolution and Conversion. Dialogues on the Origins of Culture*, [= Les *Origines de la Culture*. Entretiens avec Pierpaolo Antonello et Joao Cezar de Castro Rocha, Paris: Desclée De Brouwer, 2004], Nova Iorque: Continuum, 2010.

GIRARD, René, *La violence et le sacré*, Paris: Grasset, 1972.

GIRARD, René, *Battling to the End — Conversations with Benoît Chantre* [= *Achever Clausewitz*, Carnets Nord, Paris, 2007], trad. Mary Baker, Michigan State University Press, 2010.

GOPIN, Marc, *Between Eden and Armageddon. The Future of World Religions, Violence and Peacemaking*, Nova Iorque: Oxford University Press, 2000.

HAUGHT, James, *Perseguições religiosas: uma história do fanatismo e dos crimes religiosos*, Rio de Janeiro: Ediouro, 2003.

HOBBES, Thomas, *Leviathan*, org. Noel Malcolm, Oxford: Oxford University Press, 2012.

HOFFMANN, Joseph, *The Just War and Jihad. Violence in Judaism, Christianity, and Islam*, Amherst: Prometheus Books, 2005.

HUBER, Wolfgang, «Religion and violence in a globalized world», in *Verbum et Ecclesia* 32 (2011) 2, 51–66.

HUNTINGTON, Samuel, «The Clash of Civilizations», in *Foreign Affairs* 72 (1993) 3, 22–49.

HUNTINGTON, Samuel, *The Clash of Civilizations and the Remaking of World Order,* Nova Iorque: Simon & Schuster, 1996.

JUERGENSMEYER, Mark, *Terror in the Mind of God: the global rise of religious violence*, Berkeley — Los Angeles — Londres: University of California Press, 2003.

KIRSCH, Jonathan, *God Against the Gods. The History of War Between Monotheism and Polytheism*, Nova Iorque: Viking Press, 2004.

KUNG, Hans, «Religion, violence and "holy wars"», in *International Review of Red Cross* 87 (2005) 858: 253–268.

LEMAIRE, André, *Naissance du monothéisme. Point de vue d'un historien*, Paris: Bayard, 2003.

MAGALHÃES, Isabel Allegro de, «Monoteísmo(s) e fundamentalismo(s)», in BORGES, Anselmo; MONTEIRO, João (coord.), *As três Religiões do Livro*, Coimbra: Imprensa da Universidade de Coimbra, 2012, 47–61.

MAIMONIDES, *The Guide of the Perplexed*, trad. Michael *Schwarz*, Telavive: Tel Aviv University Press, 2002.

MERUJE, Márcio, Metamorfoses da Rivalidade Mimética. Uma Leitura Atualizante de René Girard, Dissertação de Doutoramento, UBI — Covilhã: 2016.

O'BRIEN, William, *The Conduct of Just and Limited War*, Nova Iorque: Praeger, 1981.

PANIKKAR, Raimon, «The Religion of the Future or the Crisis of the Notion of Religion: Human Righteousness», Part I, in *Interculture*, XXIII (1990) 2, 1–24.

PÉTREMENT, Simone, *Le Dieu séparé: les origines du gnosticisme*, Paris: Cerf, 1984.

RICŒUR, Paul, «A religião e a violência», in *Revista Portuguesa de Filosofia* 56 (2000) 25–35.

ROSA, José, «Monoteísmo, Trindade e Teologia Política», in AAVV., *Convergências & Afinidades. Homenagem a António Braz Teixeira*, Centro de Filosofia da Universidade de Lisboa/Centro de Estudos de Filosofia da Faculdade de Ciências Humanas da Universidade Católica, Lisboa, 2008, 905–918.

RUSSELL, Frederick, *The Just War in the Middle Ages*, Cambridge University Press, Cambridge, 1975.

SCHWARTZ, Regina, *The Curse of Cain: The Violent Legacy of Monotheism*, Chicago: University of Chicago Press, 1997.

SEN, Amartya, *Identity and Violence: The Illusion of Destiny (Issues of Our Time)*, Nova Iorque: W. W. Norton & Company, 2006.

SIBONY, Daniel, *Les Trois monothéismes. Juifs, chrétiens, musulmans entre leurs sources et leurs destins*, Paris: Seuil, 1992.

SOLER, Jean, *La violence monothéiste*, Paris: Editions de Fallois, 2008.

STARK, Rodney, *One True God: Historical Consequences of Monotheism*, Princeton: Princeton University Press, 2001.

TEIXEIRA, Alfredo, *A Pedra Rejeitada: O Eterno Retorno da Violência e a Singularidade da Revelação Evangélica na Obra de René Girard*, Porto: Universidade Católica Portuguesa, 1995.

VALADIER, Paul, «Violence et monothéismes», in *Etudes* 6 (2003) 755–764.

VOEGELIN, Eric, «Apocalisse e rivoluzione», in *Caratteri gnostici della moderna politica economica e sociale*, Milão: Nuovi Carteggi, 1967.

VOEGELIN, Eric, *Ciencia, Politica y Gnosticismo*, Madrid: Rialp, 1973.

ZOLO, Danilo, «Una "guerra globale" monoteistica», *Iride*, 2003, 2, pp. 223–240.

SACER E SANCTUS:
NOTAS SOBRE ÉMILE BENVENISTE E WALTER BENJAMIN

ANTÓNIO BENTO[1]

Sabe-se que é de uma determinada articulação entre o *medo* da morte violenta (a paixão mais *poderosa*) e o *direito* à conservação da vida (o direito mais *sagrado*) que Thomas Hobbes deduz os princípios políticos do seu *Leviathan*[2]. Sabe-se também que uma boa parte da tradição da filosofia política moderna provém da *racionalização* deste «medo» e da *naturalização* deste «direito»[3]. A um medo «natural» racionalizado faz ela corresponder um direito «racional» naturalizado. O que isto imediatamente significa é que a economia política da vida moderna se define por um cálculo racional de riscos e de benefícios no qual o «medo» é disposto como o fundamento prático e a garantia especulativa do «direito». Mais: a *naturalização* do *direito* à conservação da vida só pode ter como corolário o aumento do *medo* da morte

---

[1] PRAXIS — Centro de Filosofia, Política e Cultura da Universidade da Beira Interior.

[2] Cf. HOBBES, Thomas, *Leviathan or the Matter, Form, & Power of a Common-Wealth Ecclesiastical and Civil*, Londres, Penguin Books, 1985.

[3] «É este medo de uma morte violenta, que na sua origem é pré-racional, mas que é racional nos seus efeitos, e não o princípio racional da auto-preservação, que é, segundo Hobbes, a raiz de todo o direito e, com isso, de toda a moral». Cf. STRAUSS, Leo, *The Political Philosophy of Thomas Hobbes. Its Basis and its Genesis*, The University of Chicago Press, Chicago, 1952, pp. 17–18. Para uma explicação do primado do medo da morte violenta sobre o desejo racional de sobreviver na antropologia política de Thomas Hobbes, veja-se, em particular, o capítulo II desta obra, «A base moral», pp. 6–29. A respeito deste problema, consulte-se ainda o nosso ensaio «Guerra, Sobrevivência e Direito Natural em Flávio Josefo e Thomas Hobbes», in *Guerra, Filosofia e Política* (orgs. Rui Bertrand Romão e António Bento), Universidade da Beira Interior, Covilhã, 2008, pp. 57–84.

violenta e a consequente existência de um «direito» que deve modernamente apresentar-se — e justificar-se — como uma *segurança* contra o medo. Esta segurança contra o medo, de acordo com o significado que Walter Benjamin atribui ao que ele chama «violência mítica» do direito, é uma segurança eminentemente «sagrada». Noutros termos: quanto mais «conservável» for a vida da qual a política soberana se ocupa, tanto mais essa vida será potencialmente «sacrificável». Este é o terrível legado político de Thomas Hobbes, uma herança da qual ainda hoje permanecemos cativos: a política concebida como *fábrica de segurança* e o direito como *apólice universal contra o medo*.[4]

Mas o que significa aqui a existência de um «direito» que se constitui como «uma *segurança mítica* (sagrada) contra o medo»? Para tentar responder a esta pergunta, valho-me de um notável ensaio de Walter Benjamin intitulado *Zur Kritik der Gewalt* (*Para a Crítica da Violência*).[5] Aí discute o autor o dogma do carácter sagrado da vida (*Heiligkeit des Lebens*), independentemente de essa sacralidade se referir a toda a vida animal (e mesmo à vida vegetal) ou apenas à vida humana. De acordo com Walter Benjamin, por detrás do mandamento «Não matarás» não se encontra o dogma do carácter sagrado da vida. Não é, pois, por considerar a vida sagrada que o homem não transgride o mandamento. Apesar de o mandamento «Não matarás» se dispor, como o próprio Deus, diante do acto, para que este se não realize; do mandamento «Não matarás», considera Benjamin, «não pode ser deduzido nenhum julgamento do acto, pois não se pode prever nem o juízo divino do acto nem a razão desse juízo».[6] Por isso, considera Benjamin, não têm razão aqueles que justificam, com base no mandamento, a condenação de todo e qualquer homicídio violento. Pois tal como o medo da punição não pode ser a razão para se respeitar o mandamento, também o mandamento é inaplicável, incomensurável,

---

[4] Desenvolvemos este argumento no nosso estudo «Aproximaciones a la biopolítica: Giorgio Agamben y Roberto Esposito», in *Life and the Sacred* (orgs. Rafael Alvira e Carmelo Vigna), Georg Olms Verlag, Hildesheim-Zurique-Nova Iorque, 2012, pp. 205–223.

[5] Cf. BENJAMIN, Walter, «Zur Kritik der Gewalt» [1919], in *Gesammelte Schriften*, Frankfurt am Main, Suhrkamp, Band II, 1, pp. 179–203.

[6] *Ibidem*, p. 200.

em relação ao acto praticado. Esta é a maneira como, segundo Walter Benjamin, o mandamento «Não matarás» foi interpretado pelo judaísmo, o qual «rejeitava expressamente a condenação do homicídio em casos inauditos de legítima defesa»[7] — casos *extremos*, casos *excepcionais*. Segundo Benjamin, «é falsa e vil a afirmação de que a mera vida — quando se toma a existência apenas no sentido da mera vida (*Bloßes Leben*) — teria um valor mais alto do que a *existência justa* (*gerechtes Dasein*)»[8]. «Falso e ignóbil», diz Benjamin, «ao ponto de nos obrigar a procurar o fundamento do mandamento não naquilo que o homicídio faz com o morto, mas no que ele faz com Deus e com o autor desse acto».[9] O que na vida do homem é sagrado não é, portanto, a sua vida, mas a *justiça* da sua vida, a *santidade* da sua vida.

O que aqui a qualificação de *sagrado* significa, de acordo com o que Benjamin chama «violência mítica» do direito — violência que *funda* e *conserva* o direito, por oposição a uma «violência divina», que *destitui* o direito —, é que o sagrado é sempre portador de *culpa*: portador da marca — melhor seria dizer *estigma* — de culpabilidade da mera vida natural, ou vida sacrificável.

A reflexão de Benjamin em *Zur Kritik der Gewalt* situa-se, pois, no interior de uma longa tradição que concebe o «sagrado» quer de maneira positiva, como «o que está carregado de presença divina», quer de maneira negativa, como «o que está interdito ao contacto dos homens». Mas é precisamente sobre esta diferença que o latim constrói as noções de *sanctus* e de *sacer*, e sobre a qual, como veremos, Benjamin toma partido.

Antes, porém, de regressarmos a Walter Benjamin, acompanhemos por alguns instantes Émile Benveniste na sua disquisição sobre o significado dos termos latinos *sacer* e *sanctus*.

Com efeito, se do ponto de vista morfológico a relação entre os dois termos é clara, o mesmo não acontece do ponto de vista do seu significado. Como observa Émile Benveniste, «É em latim que melhor se manifesta a divisão entre profano e sagrado; é também em latim que

---

[7] *Ibidem*, p. 201.
[8] *Ibidem*, p. 201.
[9] *Ibidem*, p. 201.

se descobre o carácter ambíguo do "sagrado": consagrado aos deuses e carregado de uma sujidade inapagável; augusto e maldito, digno de veneração e suscitando horror»[10]. É este duplo valor que se liga a *sacer* que permite, por um lado, a distinção entre *sacer* e *sanctus* e, por outro, a distinção entre *sacrare* e *sancire*.

Acolhendo os contributos que o *Ensaio sobre a Natureza e as Funções do Sacrifício* de Hubert e Mauss trouxe à elucidação da natureza do sagrado[11], Benveniste considera que o sacrifício é feito para que o profano comunique com o divino. Essa comunicação é assegurada, por um lado, por intermédio do sacerdote — «O *sacerdos* é o agente do *sacrificium*, aquele que está investido dos poderes que o autorizam a "sacrificar"»[12] — e, por outro, por meio de ritos cuja finalidade consiste precisamente em separar a vida do seu contexto profano: «Para tornar o animal sagrado», considera Benveniste, «é preciso isolá-lo do mundo dos vivos, é preciso que ele atravesse o limiar que separa os dois universos: é por isso que a vítima é entregue à morte.»[13] Sacrificar, significa, portanto, «tornar sagrado» pela «entrega à morte». Segundo Benveniste, o sentido de *sacer* esclarece-se por oposição ao *profanus* («o que está fora do *fanum*»). O domínio do *sacer* é, pois, um domínio *separado* por disposição dos próprios deuses. Tornar *sacer* consiste numa espécie de isolamento, de quarentena, que coloca fora do domínio do humano aquilo que é consagrado aos deuses.

Mas a relação que se estabelece entre *sacer* e *sacrificare*, a qual nos permite compreender o mecanismo do sagrado e a sua relação com o sacrifício, é por Benveniste exemplificada através de uma instrutiva definição que ele colhe em Festus: «*At homo sacer is est, quem populus iudicauit ob maleficium; neque fas est eum immolari, sed qui occidit parricidi non damnatur; nam lege tribunícia prima cavetur "si quis eum, qui eo plebei scito sacer ist, occiderit, parricida ne sit". Ex quo quivis homo malus atque improbus sacer appellarit solet*» (Homem

---

[10] Cf. Benveniste, Émile, *Le vocabulaire des institutions indo-européennes*, tomo 2, *Pouvoir, droit, religion*, Les Editions de Minuit, Paris, 1969, pp. 187–188.

[11] Cf. Hubert e Mauss, *Essai sur la nature et les fonctions du sacrifice*, *in* M. Mauss, *Œuvres*, t. I, Paris, Éditions de Minuit, 1968, pp. 193–307.

[12] Cf. Benveniste, Émile, *Ibidem*, p. 188.

[13] *Ibidem*, p. 188.

sagrado é aquele que o povo julgou por um crime; não é permitido sacrificá-lo, mas quem o mata não é condenado por homicídio. Com efeito, na primeira lei tribunícia está estabelecido que «se alguém matar aquele que por plebiscito é sagrado, não será considerado homicida». Daí o facto de se chamar habitualmente sagrado a um homem mau ou impuro).[14]

Sagrado é, portanto, todo aquele que é portador de uma sujidade e impureza tais que o colocam fora da sociedade dos homens. Deve-se, por isso, fugir do seu contacto. De acordo com esta definição de Festus, Benveniste considera que «um *homo sacer* é para os homens o que o animal *sacer* é para os deuses: nem um nem outro têm nada em comum com o mundo dos homens»[15].

Já *sanctus*, que Benveniste julga ser o particípio de *sancio* (o qual possui em comum com *sacer* a mesma raiz *sak*), significa algo de completamente distinto. De acordo com uma definição do Digesto (I, 8, 8) retomada pelo nosso autor, «é *sanctum* o que se encontra defendido e protegido do ataque dos homens» (*sanctum est quod ab iniuria hominum defensum atque munitum est*)». Ainda de acordo com o Digesto (I, 8, 9, § 3), «designam-se propriamente como *sancta* as coisas que não são nem sagradas nem profanas, mas que são confirmadas por uma certa sanção, como por exemplo as leis são *sanctae*; o que está submetido a uma sanção, isso é *sanctum*, mas não consagrado aos deuses»[16].

É *sanctum* o que se apoia numa *sanctio*, forma abstracta da palavra *sanctum*. Como observa Benveniste: «*Sanctum* não é nem o que é "consagrado aos deuses", que se diz *sacer*, nem o que é profano, ou seja, o que se opõe a *sacer*; *sanctum* é o que, não sendo nem um nem outro, é estabelecido, consolidado por uma *sanctio*, o que é defendido por uma punição contra qualquer ataque, como as *leges sanctae*.»[17]

É *sanctus* o que se encontra protegido por uma defesa, por um limite ou por um obstáculo. Na expressão *legem sancire*, a *sanctio* é propriamente a parte da lei que enuncia a pena em que incorrerá aquele que a transgredir. Donde, segundo Benveniste, que «*sanctio* esteja muitas

[14] *Ibidem*, p. 189.
[15] *Ibidem*, p. 189.
[16] *Ibidem*, p. 189.
[17] *Ibidem*, p. 189.

vezes associada a *poena* e que *sancire* equivalha a *poena afficere*»[18]. Ora, na legislação romana a pena era aplicada pelos próprios deuses que intervinham como vingadores. O princípio que se aplicava em semelhantes casos pode ser formulado da seguinte maneira: *Qui legem uiolauit, sacer esto,* «Que aquele que violou a lei seja *sacer*»; às leis desse género chamava-se *leges sacratae*. Deste modo a lei tornava-se inviolável e essa «sanção» punha a lei em vigor: «Donde» — prossegue Benveniste — «o emprego do verbo *sancire* para indicar essa cláusula que permitia promulgar a lei. Não se dizia apenas *legem sancire*, *lex sancta*, mas também *lege sancire*, isto é, tornar qualquer coisa inviolável por meio de uma lei, por uma disposição legal.»[19]

De todos estes empregos, considera Benveniste, salta aos olhos que *sancire* é delimitar o campo de aplicação de uma disposição e torná-la inviolável colocando-a sob a protecção dos deuses, chamando sobre o eventual violador a punição divina.[20]

Segundo Benveniste, a diferença entre *sacer* e *sanctus* vê-se em várias circunstâncias: «Não há apenas a diferença entre *sacer*, estado natural, e *sanctus*, resultado de uma operação. Diz-se: *via sacra*, *mons sacer*, *dies sacra*, mas diz-se sempre: *murus sanctus*, *lex sancta*. O que é *sanctus* é o muro, mas não o domínio que o muro delimita, que é dito *sacer*; é *sanctum* o que é defendido por certas sanções. Mas o facto de entrar em contacto com o sagrado não implica o estado *sanctus*; não há *sanção* para aquele que, tocando o *sacer*, se torna ele próprio *sacer*; ele é banido da comunidade, não é castigado, nem tão-pouco aquele que o mata. Dir-se-á que o *sanctum* é o que se encontra na periferia do *sacrum*, que serve para isolar de todo o contacto.»[21]

Mas esta diferença vai-se abolindo pouco a pouco, considera Benveniste, pois à medida que o valor antigo do sagrado se transfere para a sanção «*sanctus* já não é apenas o *murus*, mas o conjunto do campo e tudo o que está em contacto com o mundo do divino. Já não é uma definição de carácter negativo ("nem sagrado nem profano"), mas uma noção positiva: torna-se *sanctus* aquele que se encontra investido do

[18] *Ibidem*, p. 190.
[19] *Ibidem*, p. 190.
[20] *Ibidem*, p. 190.
[21] *Ibidem*, p. 190.

favor divino e recebe por esse facto uma qualidade que o eleva acima dos humanos; o seu poder faz dele um ser intermediário entre o homem e a divindade: *Sanctus* aplica-se àqueles que são mortos (heróis), aos poetas (*uates*), aos sacerdotes e aos lugares que estes habitam. Chega-se a aplicar este epíteto ao próprio deus, *deus sanctus*, aos oráculos, aos homens dotados de autoridade; assim se opera pouco a pouco a transformação que faz de *sanctus* o equivalente simples de *ueneran-dus*. Aqui termina a evolução: *sanctus* qualifica agora uma virtude supra-humana»[22].

Se, portanto, se tenta definir o que distingue *sacer* de *sanctus*, pode dizer-se, considera Benveniste, que é «a diferença do sagrado implícito: *sacer*, e do sagrado explícito, *sanctus*. Por si mesmo, *sacer* tem um valor próprio, misterioso. *Sanctus* é o estado resultante de uma interdição de que os homens são responsáveis, de uma prescrição que se apoia numa lei. A diferença entre as duas palavras aparece num composto que as associa: *sacrosanctus*, o que é *sanctus* por um *sacrum*; o que é defendido por um verdadeiro sacramento».[23] Finalmente, um outro ponto que, segundo Benveniste, torna a distinção entre *sacer* e *sanctus* relevante é o facto de «*sacer* ser uma qualidade absoluta, que não comporta degraus»[24]. E Benveniste conclui: «Quando muito, é concebível uma expressão suprema, *sacerrimus* ("sagrado acima de tudo"). Mas o *sanctus* é do domínio do relativo: qualquer coisa pode ser mais ou menos *sanctum*.»[25]

Uma vez instruídos pelas lúcidas notas de Émile Benveniste em torno dos significados de *sacer* e *sanctus*, podemos agora regressar ao ensaio *Para uma Crítica da Violência* de Walter Benjamin. Neste texto, a diferença fundamental entre a «violência divina» — que *destitui* o direito — e a «violência mítica» — que o funda ou conserva —, é que apenas o juízo divino absolve da culpa, pois entre o carácter não-sangrento da «violência divina» e a absolvição da culpa não pode deixar de existir, segundo Benjamin, uma profunda relação de parentesco. Por outro lado, na medida em que «o sangue», considera

[22] *Ibidem*, p. 191.
[23] *Ibidem*, p. 191.
[24] *Ibidem*, p. 192.
[25] *Ibidem*, p. 192.

Benjamin, «é o símbolo da mera vida» (*das Symbol des Bloßen Lebens*), e porque «o poder que absolve da culpa é inacessível ao homem», e, neste sentido, é poder insacrificável, apenas a «violência divina, que é insígnia e chancela, e jamais meio de execução sagrada», pode redimir a vida natural. Essa a razão por que Benjamin opõe à violência mítica a violência divina: «Tal como em todos os domínios Deus se opõe ao mito, também a violência divina se opõe à violência mítica. Aquela é o contrário desta, sob todos os aspectos. Se a violência mítica é fundadora de direito, a violência divina é destruidora de direito; se aquela estabelece limites, esta rebenta todos os limites; se a violência mítica impõe a culpa e a expiação, a violência divina absolve da culpa; se a primeira é ameaçadora e sangrenta, a segunda é golpeadora e letal, de maneira não-sangrenta.»[26]

Indevidamente transposto para a esfera política, o conceito jurídico de «culpa» pertence à esfera ético-religiosa. Ele não é um *esse*, mas um *operari*. Segundo Benjamin, o conceito jurídico de «culpa» é uma perseveração do estado de existência demoníaca, própria do pensamento mítico (isto é, pagão e cristão), incapaz de livrar o homem da culpa e de assim afirmar a sua inocência natural. De acordo com Benjamin, o desencadeamento da violência mítica do direito remonta a um processo de culpabilização da mera vida natural, o qual, abandonando o inocente e infeliz ser vivo a uma expiação que o liberta não da culpa, mas do direito[27], o entrega à morte. É, pois, neste sentido, que em *Zur Kritik der Gewalt* (*Para a Crítica da Violência*) Walter Benjamin pode concluir que aquilo que na vida do homem é sagrado — *sanctus* e não *sacer* — é, não a sua «mera vida» (*Bloßes Leben*) natural, mas a *justiça* da sua vida, a *santidade* da sua vida.

---

[26] Cf. BENJAMIN, Walter, «Zur Kritik der Gewalt» [1919], in *Gesammelte Schriften*, Frankfurt am Main, Suhrkamp, Band II, 1, p. 199.

[27] Cf. BENJAMIN, Walter, *Ibidem*, pp. 199–200.

RELIGIÕES E CONFLITOS: NÃO-VIOLÊNCIA ACTIVA EUROPA E MÉDIA CONTRA A TRAIÇÃO AOS NOMES DE DEUS

ANTÓNIO MARUJO[1]

Muitas vezes, no trabalho de jornalista, já tive de escrever sobre violências religiosas várias; e nem foi sequer sobre terrorismo islâmico, que só lateralmente tive de tratar; é também falar de violência quando se fala de abusos sexuais, por exemplo.

Parto de duas convicções pessoais: a guerra e a violência não são solução para os conflitos; e as religiões são um elemento decisivo na vida de muitas pessoas, aparecendo, por isso, como factores importantes em algumas guerras contemporâneas, mas não constituindo a causa principal.[2]

Tomo, ainda, quatro situações e pressupostos:

1. Palestina, Sudão, Caxemira, Jugoslávia, Sri Lanka, Irlanda e, agora, Ucrânia, são nomes que, diariamente, metem Deus no meio das guerras. Judeus contra muçulmanos, cristãos contra muçulmanos, muçulmanos contra hindus, muçulmanos e cristãos católicos contra

[1] Jornalista do Setemargens.com; a versão final deste texto foi actualizada com alguns elementos em 30 de Abril de 2023. Texto escrito segundo a anterior norma ortográfica.

[2] Estas convicções têm em conta também o que se passou nas duas maiores intervenções armadas assumidas pela comunidade internacional: a Guerra do Golfo não resolveu os vários nós górdios dos problemas colocados no Iraque e no Médio Oriente, apesar das promessas de que, depois da intervenção para libertar o Kuwait (na realidade, essencialmente para libertar o petróleo do Kuwait), seria dada prioridade à resolução do conflito entre Israel e a Palestina; tão-pouco a intervenção no Kosovo resolveu a questão das tensões étnicas entre os diferentes povos dos Balcãs. E, actualizando a nota, a invasão da Ucrânia pela Rússia só poderá terminar à mesa das negociações.

cristãos ortodoxos, hindus contra budistas, católicos contra protestantes, cristãos ortodoxos contra outros cristãos ortodoxos. Dir-se-ia que nenhuma das grandes religiões do mundo nem nenhum dos seus ramos mais importantes estão isentos dessa mancha de pecado e do sangue que as guerras implicam.

2. A violência, antes de ser um factor religioso, é um fenómeno que radica na condição humana. O conflito e a violência estão dentro de cada um de nós, não nos são exteriores. Olhar para uma guerra, para qualquer guerra, como se ela fosse uma realidade asséptica não corresponde à realidade que nos atravessa. Não há, na história, sociedades sem violência, e nós, hoje, transportamos a memória dessa violência.[3] Por alguma razão, muitas das guerras que ainda hoje se vivem são baseadas em argumentos históricos infindáveis. O caso da Palestina, em que ambos os lados invocam razões que se perdem no tempo, é um exemplo disso.

Como se sai dessas infinitas guerras de argumentos? Só uma nova atitude de respeito profundo pela posição do outro, pelas suas razões e pelo seu sofrimento pode alterar este estado de coisas. Paradoxalmente, a morte poderia ser um elemento decisivo para ajudar a ultrapassar a violência. Em 17 de Abril de 2002, numa entrevista ao *Público*, o então embaixador de Israel em Lisboa queixava-se de que não se fazem manifestações de pesar quando morrem israelitas vítimas de algum palestiniano suicida. E isto é verdade. E isto é lamentável. Matar alguém é um acto criminoso em qualquer circunstância.

No campo palestiniano, são recorrentes as afirmações de líderes de movimentos como o Hamas ou a Jihad Islâmica de que as mortes de civis israelitas inocentes são um preço a pagar pela ocupação dos territórios palestinianos e pela morte de civis palestinianos.

---

[3] cfr. Ferreira, António Matos, intervenção no Encontro da Arrábida «Religiões: a tarefa da paz num mundo violento» (13–15 de Outubro de 2002), organizado pelo autor deste texto a convite da Fundação Oriente.

O que este tipo de posições reflecte é aquilo que se passa em todas as guerras: para cada um dos lados envolvidos, só os seus mortos contam. «Neste conflito, como em qualquer conflito, os mortos dos outros têm de ser também os nossos mortos.»[4] Qualquer guerra pararia mais rapidamente se, quando morre alguém, essa morte fosse sentida como uma morte de alguém da nossa casa, da nossa família, do nosso povo.

Não por acaso, há poucos anos circulou, em vários países (também em Portugal), um abaixo-assinado intitulado «Carta da Paz», em que se propunha, de modo algo ingénuo, que os povos deviam esquecer o passado e recomeçar tudo numa espécie de ponto zero. Se esse desejo ignorava a História como matriz de muitas experiências contemporâneas, ele continha em si o germe de uma atitude de ruptura.

3. «Todas as formas de violência se opõem à liberdade» e é a liberdade de escolher, de «renunciar a determinadas coisas para escolher outras», que se torna «condição essencial» da mesma liberdade. «O esvaziamento da violência é um acto criativo. A condição humana não é só herdeira do passado, é sobretudo criadora de fraternidade.» E o desafio é «criar uma sociedade cuja característica seja a capacidade da renúncia, não o desejo do ter»[5]. A recusa da violência é, assim, uma consequência fundamental da opção decisiva pela liberdade.

4. Deus não toma partido. Se tomasse, estaria no campo cristão, judaico, muçulmano, hindu, budista, agnóstico ou ateu?[6] A pergunta, absurda, nem tem resposta. E seria «impensável que Deus se alistasse num qualquer exército»[7].

---

[4] MARUJO, António, «Enchamos tudo de futuros», revista *Viragem*, do Metanoia, Movimento Católico de Profissionais (n.º 40, Janeiro–Abril de 2002).

[5] Cf. FERREIRA, António Matos, intervenção citada.

[6] Cf. CHACOUR, Elias, *J'ai Foi en Nous*, ed. Presses de la Renaissance, Paris, 2002, p. 127.

[7] Adriano Moreira, intervenção no Encontro da Arrábida citado.

I. Três percursos em redor do nome

1. O nome de Deus, uno e diverso[8]

Deus começa por se revelar sempre como um nome. «Eu sou aquele que sou», respondeu Deus a Moisés, no Sinai, quando este lhe perguntou o nome. «Revelei o Teu Nome aos homens que, do mundo, me deste» e «Santificado seja o Teu Nome», rezou Jesus. E o Alcorão inicia-se: «Em nome de Deus, beneficente e misericordioso».

Desde o começo, o judaísmo fez profissão de fé na unicidade do Nome: «Escuta, Israel, o Senhor é nosso Deus, o Senhor é uno.» Jesus, acrescentariam depois os cristãos, é o Nome «acima de todos os nomes». E entre os 99 nomes de Deus que estão no Alcorão e são conhecidos pelos fiéis, está o Inacessível, o Criador, o Sublime, o Vivificador, o Único, o Escondido.

O Nome, como escreve Gabriele Mandel[9], é a própria pessoa nomeada. O Nome é, então, Deus. Mas o Nome é apenas um caminho para nos aproximarmos de Deus, para fazer coincidir o coração humano com o Nome Divino [10] — perspectiva que está presente nas três tradições monoteístas.

Tentamos dizer, num Nome (Deus, God, Allah, Elohim), o que não sabemos dizer, o que só sabemos soletrar. Dizia aqui, na UBI, Sami Aldeeb que a revelação não é a palavra de Deus sobre o homem, mas a palavra do homem sobre Deus, mesmo incluindo muitos disparates. Numa das suas canções, Ian Anderson, dos Jethro Tull, escrevia: «No início o Homem criou Deus e à imagem do Homem o criou. E o Homem deu a Deus uma multitude de nomes, para ser o Senhor de toda a terra quando convinha ao Homem.»[11]

---

[8] Neste e em mais dois pontos do texto, retomo parte de uma intervenção no colóquio «Ser Minoria Hoje», realizado no Goethe Institut a 7–8 de Março de 2002, cujo texto está publicado na revista *Finisterra*, n.º 42/43.

[9] MANDEL, Gabriele, *Os 99 Nomes de Deus no Alcorão*, ed. Vozes, Petrópolis (Brasil), 1999.

[10] AZEVEDO, Mateus Soares de, *Mística Islâmica*, ed. Vozes, Petrópolis (Brasil), 2001.

[11] Jethro Tull, álbum *Aqualung*.

Se assim é, cada revelação (= palavra do Homem sobre Deus) é uma construção que apela ao melhor da humanidade, mas, ao mesmo tempo, se deixa tentar pelo pior que também temos dentro de nós (sabendo que a perfeição não existe).

Isso implica a impossibilidade de usar o Indizível para tentar justificar a violência exacerbada e irracional. Ou seja, a impossibilidade de nomear o Nome, de nomear Deus, para justificar o que mais nos desumaniza, para justificar, em última análise, o contrário de Deus.

2. Deus próximo, bom e misericordioso

Apesar de Indizível, Deus está próximo da humanidade, numa relação que se define pela bondade e pela misericórdia (e mesmo pela humanização, se considerarmos o entendimento cristão de que Deus se faz pessoa, ou do hinduísmo, em que tantas histórias das divindades são histórias do quotidiano, que traduzem o bem e o mal).

- No hinduísmo, o caminho para Deus passa, entre outras coisas, pelo amor.
- O budismo propõe quatro verdades e oito vias para, através do conhecimento, eliminar o sofrimento, propondo mesmo cinco preceitos morais que se confundem com metade dos dez mandamentos judeo-cristãos: não matar, não roubar, não mentir, não ser lascivo e não consumir bebidas intoxicantes.
- Um dos cinco pilares do islão é o exercício da caridade para com os que necessitam; o sufismo leva esta exigência mais além, propondo uma vida de ascese e, ao mesmo tempo, de proximidade com todos.
- Os «Dez Mandamentos» do judaísmo (e do cristianismo), além de uma codificação moral, são sobretudo uma proposta de liberdade e da possibilidade de vivermos em conjunto.[12]

[12] Cf. Ir. John de Taizé, *A Caminho da Terra da Liberdade*, ed. AO, Braga, 2006.

- E os primeiros cristãos, como propunha E. Schillebeckx, viviam sobretudo as dimensões do amor e da alegria — por isso não se preocupavam com a possibilidade de serem mártires.[13]

Depois, ao contrário disto, temos as marcas da violência nos textos hindus, budistas, bíblicos ou alcorânicos. Mas, numa hermenêutica completa (numa lógica de abrogação), e apesar dessa violência, aquilo que fica sempre, no fim (i.e., no todo), é a mão estendida de Deus à humanidade e a melhor resposta da humanidade à mão estendida por esse Nome indizível.

«O Senhor está perto de todos os que O invocam, dos que O invocam sinceramente», diz o Salmo [145 (144), 18]. O Alcorão quase repete este versículo: «Quando te perguntem os meus servos acerca de mim, diz-lhes que eu estou próximo, que atendo a súplica daquele que pede quando me invoca.» (2, 186) Essa proximidade, para os cristãos, vai até ao ponto de acreditar que Deus se faz humano como nós: «O Verbo fez-se homem e veio habitar connosco.» (S. João 1, 14)

Nem poderia ser de outro modo para um Deus que, como diz a Bíblia, criou o Homem à sua imagem e semelhança.

3. A violência religiosa atraiçoa cada tradição religiosa

Como encarar então o papel das religiões nas guerras que nos atormentam? Várias religiões vivificaram no meio do conflito (e refiro-me, aqui, essencialmente aos monoteísmos que mais influencia[ra]m a nossa cultura): o monoteísmo judaico nasceu entre guerras de tribos e povos de uma região (radica aí uma das razões do actual conflito israelo-palestiniano); o cristianismo funda-se num acto violento e, mais tarde, irá afirmar-se — sobretudo depois da institucionalização como religião do Império, com Constantino — violentamente contra a diferença (combate às heresias, Cruzadas, Inquisição); o islão afirma, logo no Alcorão, a sua primazia sobre qualquer outra religião; é o islão a

[13] Cf. Smith, Huston, *A Essência das Religiões*, ed. Lua de Papel, Lisboa, 2007.

religião verdadeira, que deveria prevalecer «sobre todas as religiões»[14]. E virá a consubstanciar esta ideia nas guerras de expansão dos primeiros séculos da sua implantação.

A par deste caldo de violência que tantas vezes atravessou as religiões, há também uma afirmação clara, desde o início, dos valores da paz e da fraternidade. Propõe-se o amor ao próximo, o perdão dos inimigos, fala-se do povo eleito de Deus, da *ecclesia* cristã ou da *umma* islâmica como comunidade dos crentes.

A afirmação da unicidade de Deus, proclamada pelos três credos, não implica a negação da pluralidade: no judaísmo, uma das principais orações invoca o «Deus de Abraão, Deus de Isaac, Deus de Jacob». Uma invocação que pode ter pontos de contacto com a ideia da Trindade cristã (Deus Pai, Deus Filho, Deus Espírito Santo), reflectindo a possibilidade de cada um poder invocar Deus e uma profunda noção de unidade na diversidade. Neste sentido, é a interpretação única dos textos sagrados, a ideia fundamentalista desse património que é geradora de violência, e não a ideia de um Deus único.[15]

Os mestres das diferentes religiões nada escreveram. Foi a passagem a escrito das suas mensagens que deu aos mediadores um poder absoluto — o da «utilização violenta» do texto.[16] Essa utilização fundamentalista dos textos sagrados de cada um dos credos é que leva à busca de argumentos religiosos para o acto da guerra.

Apesar disso, a violência de hoje não tem que ver, em primeiro lugar, com a religião. A tragédia do 11 de Setembro foi dirigida a alvos militares e económicos. Bali e o teatro de Moscovo não eram também símbolos religiosos. Creio que também não é religioso o conflito do Médio Oriente, apesar de tantas encenações que o envolvem. «Não é a primeira vez que os poderes políticos assumem valores religiosos na definição dos seus conceitos estratégicos para mobilizar a sociedade civil, sem cuja adesão não seria possível uma acção de força.»[17]

A cada ano, os sucessivos relatórios sobre a Liberdade Religiosa trazem à evidência que há cristãos (governantes da Itália, Polónia,

[14] Alcorão 9, 33.

[15] Cf. Esther Mucznick, intervenção no Encontro da Arrábida citado.

[16] Cf. José da Silva Rosa, intervenção no Encontro da Arrábida citado.

[17] Adriano Moreira, intervenção no Encontro da Arrábida citado.

Hungria) que recusam a entrada de refugiados nos seus territórios — sobretudo se não são europeus; há budistas na Birmânia (Myanmar) que perseguem a minoria rohingya, que professa o islão; há hindus na Índia que perseguem e matam muçulmanos e cristãos; há judeus (judias) mortas em França por anti-semitismo; há judeus e árabes a violar sistematicamente direitos à autodeterminação e à livre circulação dos palestinos; há muçulmanos a perseguir e matar outros muçulmanos ou cristãos... Muitos deles, todos eles?, fazem-no em nome de Deus. Porquê? Porquê, se cada uma destas religiões (para só nomear as mais significativas) se reivindicam da paz, da não-violência, da bondade, do amor ao estrangeiro ou aos inimigos?...

Ao longo da história perseguiu-se, torturou-se e matou-se em nome de Deus, hoje persegue-se, tortura-se e mata-se em nome de Deus. Desse Nome uno e diverso — que, por isso, nos devia levar a entender que a unidade só é possível na diversidade.

II. Três possibilidades para o agir

1. Os média e a educação para a paz

A comunicação social tem um papel específico neste processo? Há uns anos, eu diria que não nos compete, enquanto jornalistas, advogar um argumento contra outro — a não ser em casos limites. Hoje, já não digo o mesmo. Porque estamos já com muitos casos-limite? Ou porque o que se passa ameaça não só a democracia como a paz que conquistámos na Europa, nos últimos 70 anos?...

Claro que a comunicação social não tem, como primeiro objectivo, educar. Isso aparece como consequência da sua tarefa primeira, que é informar. Um cidadão informado tem possibilidade de ser um cidadão mais educado, mais tolerante com a diferença. Sim, porque ao dar notícias de outras realidades, ao contribuir para o debate de problemas, ao abrir-se a opiniões, culturas ou religiões diferentes, contribui para o respeito por aquilo que é diverso.

Nem sempre isto acontece: há década e meia, um estudo do Observatório para a Discriminação Étnica e Sexual, da Universidade Católica Portuguesa, concluiu que os media centram a sua atenção em acontecimentos de ruptura. Dir-se-ia que isso tem de ser assim, pela própria linguagem mediática. Mas no caso das minorias étnicas ou religiosas, os números do estudo, referente ao ano 2000, traduziam uma distorção que deve ser reflectida (de 3000 notícias analisadas, 1026 falavam de violência, 666 do crime, 406 de racismo; só 380 falavam da realidade sócio-cultural dessas comunidades). Não tenho dados comparativos mais actuais, creio que a situação só se terá agravado.

Não será estranho, por isso, que cada vez mais leitores ou espectadores fogem dos meios tradicionais e procuram informação alternativa em pequenos nichos, em jornais que trazem outras realidades escondidas, em noticiários que procuram a realidade do quotidiano e das pessoas.

2. Uma opção religiosa pela não-violência activa

Apesar das aproximações ao nome de Deus, foi em nome desse mesmo Deus que se matou ao longo da história, é em nome de Deus que se mata e se morre ainda hoje. Isso acontece, já ficou dito, em nome de um Deus que é único — nisso acreditam os três monoteísmos —, mas, ao mesmo tempo, diverso. Diverso no modo como todos, crentes ou não, o entendem(os), e na forma como esse Nome se (nos) revela.

Um Deus próximo e bondoso pode ser violento? Em nome de Deus, a história encheu-se de muita bondade, sim, mas também, insisto, de muito sangue. Ninguém está inocente. Só nas últimas décadas ou nos últimos anos, sobretudo depois da Segunda Guerra Mundial, começámos a ganhar consciência de que cruzadas e inquisições, guetos ou holocaustos, guerras santas ou guerras justas não são saída para sítio nenhum, senão para o aniquilamento da própria humanidade.

O caminho é construir uma ética global de paz, como propôs Hans Küng nas suas últimas obras[18], e sobretudo com o axioma em que ele insistiu: «Não haverá paz no mundo sem paz entre as religiões.»

---

[18] Ver, por exemplo, *Projecto para Uma Ética Mundial*, ed. Instituto Piaget, Lisboa, 1996; *O Cristianismo*, ed. Círculo de Leitores, Lisboa, 2002; *Islão — Passado, Presente e Futuro*, Edições 70/Almedina, Coimbra, 2017.

Uma ética que leve à consciência de que a paz entre as religiões é um passo necessário para a construção da paz no mundo. O caminho é também a ultrapassagem da lógica do conflito pela lógica da não-violência.

Bastará, para isso, redescobrir o melhor de cada tradição: no judaísmo, a noção de *shalom* «enfatiza a integridade e a harmonia entre os seres vivos, que se assemelha à ênfase budista na não-violência e à insistência taoista no não-agir»[19]. O judaísmo permite a objecção de consciência, embora aceite a guerra no caso de autodefesa. No islão, o conceito de *jihad* remete mais para a luta espiritual do que para a «guerra santa» com que tem sido caricaturado, sendo a violência considerada legítima se for em defesa da comunidade. Tal como acontece no budismo ou confucionismo, quando se defende a «força por uma causa justa».

No cristianismo, as teorias da guerra justa — muito próximas dos conceitos de defesa referidos para os outros credos — só aparecem com a «reconfiguração da igreja cristã como uma igreja estatal, na era constantiniana», enquanto o pacifismo, pelo contrário, «remonta à igreja pré-constantiniana e argumenta que "a verdadeira ética do discípulo de Jesus é a ética da não-violência"»[20]. Ou seja, o cristianismo mais próximo da sua fonte seria um cristianismo não-violento e não aquele que surgiu a partir da sua institucionalização no Estado. Mesmo no islão, por estranho que possa parecer a algumas pessoas, há uma tradição de não-violência, de que as fraternidades sufis são exemplo.[21]

Claro que não sei qual seria a estratégia alternativa à guerra para poder acabar com o nazismo; mas o problema está antes: como deixamos criar e crescer o ovo da serpente? Como permitimos que, hoje, apareçam Trumps e Bolsonaros, Salvinis e Putins, Erdogans e Modis, a dizer que cada um dos seus povos é o maior? E o pior não é que eles apareçam; o pior é que, na hora de fazermos escolhas, não temos estes factores em conta.

---

[19] BURKE, John Francis, «A dimensão inter-religiosa: Uma ética global da paz», in revista *Concilium*, n.º 290 (2001/2). Este número, dedicado ao tema «O Retorno da Guerra Justa», antecipava os debates que viriam a seguir-se aos acontecimentos de 11 de Setembro.

[20] BURKE, J.F., texto citado.

[21] cfr. AbdoolKarim Vakil, intervenção no Encontro da Arrábida citado.

E foi de escolhas que se fizeram as vidas de pessoas que todos tomamos como referência: a «greve» proposta por Luther King ao uso dos autocarros por causa da segregação que neles era feita; a *ahinsa* do budismo e do hinduísmo que Gandhi adoptou; a liberdade de Etty Hillesum mesmo no momento em que foi levada para ser assassinada em Auschwitz; o papel de Oscar Romero ou Nelson Mandela (ou de vários dos premiados com o Nobel da Paz dos últimos anos) na defesa da justiça como factor primeiro da paz manifestam atitudes criativas que se podem resumir na afirmação de Luther King relacionando não-violência e fé cristã (e que aqui poderia ser adaptada a outros credos): «Para mim, cedo se tornou claro que a doutrina cristã do amor, posta em prática pelo método da não-violência de Gandhi, era uma das armas mais poderosas de que o Negro podia dispor na sua luta pela liberdade.»

Neste quadro, só o questionamento da «violência justificada de cada tradição» a partir das suas próprias doutrinas pode permitir abrir caminhos de ruptura com o que hoje se passa, absorvendo o impulso violento com os princípios não violentos. Ou seja, buscar o fim comum, em vez de insistir nas razões próprias.

3. Um testemunho

Como sair destas encruzilhadas? Vale a pena procurar o testemunho de alguém que vive no centro de um dos mais intensos conflitos contemporâneos. Palestiniano, árabe, cristão, cidadão israelita, o agora bispo Elias Chacour publicou em livro[22] o seu testemunho de como, ainda padre e apesar de envolvido pelo conflito israelo-palestiniano, é possível construir pontes entre povos diferentes e ter iniciativas concretas para romper o círculo vicioso da violência.

Elias Chacour deixou a sua aldeia natal, Bar-am, há décadas, forçado pelo êxodo dos refugiados palestinianos. Radicou-se em Ibillin (Galileia), onde construiu um complexo escolar que começou por ser uma pequena escola primária e inclui já uma universidade e mais de

---

[22] CHACOUR, Elias, *op. cit.*

seis mil alunos (na sua maioria muçulmanos, mas também cristãos, judeus e drusos).

Homem de convicções profundas, mas, ao mesmo tempo, aberto ao diálogo, Chacour é também um acérrimo adepto de um caminho pacífico para acabar com a violência. O seu testemunho é um exemplo de como a fé em Deus pode ser factor de construção efectiva da paz, contra os que usam o mesmo nome de Deus para fazer a guerra. Vale a pena verificar a convicção e frontalidade deste homem, resumindo o que aconteceu numa visita do então ministro dos Negócios Estrangeiros de Israel, Shimon Peres, à escola de Ibillin. Peres espantou-se com o que viu e perguntou ao padre Chacour se não era melhor assumir que a sua vida estava na escola de Ibillin, esquecendo a ideia do regresso à aldeia natal. «Não pensa que é já tempo de esquecer? Quando é que vai esquecer Bar-am?» Perante a pergunta, Elias Chacour interpelou por sua vez o ministro israelita: «Perdoe-me se o que vou dizer é um pouco ousado. Mas não se recorda? Vocês deixaram a Palestina há dois mil anos e regressaram para fazer da nossa vida um inferno. Diga-me, senhor Peres, quando vão esquecer que a Palestina é o vosso país?» Shimon Peres, por sua vez, pede desculpa e diz: «Eu mereci essa resposta.»[23]

4. O problema da terra

O problema da terra é uma das causas mais importantes de vários conflitos (veja-se o caso mais recente da Ucrânia), mas assume proporções violentíssimas no caso do Médio Oriente. Num curto espaço de terra, numa pequena cidade — a Jerusalém de há séculos — nasceram e vivificaram os três credos monoteístas. Hoje, a Mesquita de Al-Aqsa está construída sobre o Muro do Templo de Jerusalém e a Basílica do Santo Sepulcro está a escassas centenas de metros dos outros dois lugares simbólicos.

Para os judeus, a terra foi dada por Deus e Israel-Palestina é a terra prometida. Do mesmo modo, os muçulmanos têm o princípio de que toda a terra tornada muçulmana assim deve permanecer eternamente.

---

[23] *Ibidem*, p. 44.

Para os cristãos, a terra não tem uma importância decisiva, mas nem sempre foi assim ao longo da história, como as Cruzadas evidenciam. A tese de que «fora da Igreja não há salvação» remetia para uma terra identitária, não geográfica, que provocou várias guerras religiosas. Mas um exemplo de como um lugar físico acaba também por ser valorizado pelos cristãos é a própria Basílica do Santo Sepulcro, ou outros sítios ligados à vida de Jesus Cristo. Ali dentro, os espaços partem-se em mil e um recantos e capelas a servir de montra de como as sucessivas divisões, tensões e guerras entre cristãos tinham de ter tradução num espaço físico concreto.

Jerusalém, cidade que se tornou símbolo de Deus no meio da humanidade, lugar onde tantas mulheres e homens descobriram Deus no mais fundo de si mesmos, tornou-se, afinal, com estes conflitos pela posse da terra, no mais desastrado símbolo da incapacidade humana para dialogar e da falta de vontade política para resolver os nossos dramas mais intensos.

Elias Chacour, que também aborda a questão da terra, reflecte a propósito: «Não há terra santa para mim. Há apenas um povo que é necessário santificar. [...] Uma terra não é muçulmana nem judaica. Ela não pertence nem ao islão nem ao judaísmo. Mas é ao islão e ao judaísmo que cabe aprender a pertencer a uma certa terra, a viver em conjunto, a partilhar e a ser parceiros.»[24]

5. Um povo eleito

O mesmo padre Chacour recordava um convite que fez ao professor Verblovski, da Universidade Hebraica, para uma conferência na escola de Ibillin, sobre o significado de eleição do povo judeu: O convidado — israelita — perguntou: «Quer que eu ensine qual é a fonte de toda a segregação?» Se a afirmação pode parecer chocante, Elias Chacour tomava esse episódio para afirmar que a noção de Israel como povo eleito deve ser repensada para não ser transformada em noção de segregação. Os judeus dizem que o Messias está para vir, os cristãos

---

[24] *Ibidem*, p. 101–103.

acreditam que ele já veio. «Trabalhemos juntos para que ele apareça. Assim, ele nos dirá se voltou, se volta ou se vem.»[25]

Também a noção de eleição é assumida pelos vários credos. Os cristãos designam-se muitas vezes como o Novo Israel e defenderam durante muito tempo, já se disse, a ideia de que «fora da Igreja não há salvação». O islão fala de crentes e não-crentes, sendo estes tolerados, porque não pertencem à família. Mas quem serão os verdadeiros eleitos de Deus? «Nem judeus, nem muçulmanos nem cristãos, mas todo o homem e toda a mulher criados à imagem e semelhança de Deus. [...] Não há condenados nem salvos. Não é senão depois de ter vivido que sabemos se merecemos ser salvos ou não. [...] Digo aos judeus para continuarem judeus e aos muçulmanos que continuem muçulmanos.»[26]

6. Caminhos para um agir diferente

A educação tem um papel fundamental na evolução das mentalidades. A propósito, vale a pena reter mais uma história de Elias Chacour. Uma mãe palestiniana foi à praia com a sua criança e, num dado momento, esta brincava com uma criança judia. A mãe não resiste ao impulso: «Vem cá, porque brincas tu com um judeu?» A resposta é deconcertante: «Não é um judeu, é uma criança.» A sua experiência numa escola multicultural e pluri-religiosa levava o padre Chacour a concluir: «Antes de ser judeu, muçulmano, palestiniano, somos homens e mulheres. Não podemos esquecer a nossa identidade comum. O problema é que nós não educamos as nossas crianças a tornar-se homens ou mulheres, mas a tornar-se sionistas, de direita ou de esquerda, ou palestinianos fanáticos, reivindicando um direito através do ódio. Deixemos de nos atirarmos pedras e de utilizar fuzis, e dêmo-nos a mão, nós adultos, a fim de dar uma educação diferente aos nossos filhos, uma educação que lhes permita familiarizar-se, conhecer-se,

---

[25] *Ibidem*, p. 105.

[26] *Ibidem*, p. 110–113.

apreciar-se. David, que está na minha escola, não é mais um judeu, mas o meu judeu, meu amigo.»[27]

Um outro episódio será talvez mais significativo. Um grupo de sete rabis foi ter com Elias Chacour para dialogar sobre a paz. Este respondeu: «Não tenho interesse em discutir a paz. Mas preciso de fazer chegar toneladas de víveres que a Beith Jala, onde há pessoas a morrer de fome.» Os rabinos estranham: «O que o impede? Isso não é proibido.» «Não, mas é caro. Precisamos de dois camiões e cada camião custa 700 dólares», é a resposta. Num instante, os sete colocam 1400 dólares sobre a mesa. Mas não chegava: é preciso passar a fronteira. «Não há fronteira.» Mas o exército israelita podia disparar, desconfiava Chacour, e «sobre rabinos não o fará». O jogo está cada vez mais aberto, os rabinos percebem onde o interlocutor quer chegar.

«Quem recebe os víveres?»

«Os terroristas que vos atiram pedras, jovens palestinianos, virão receber esses alimentos das vossas mãos.»

Os rabis ainda não acreditavam, enquanto Chacour telefona a Zogbi, um cristão de Belém, partidário da não-violência, pedindo-lhe que arranjasse vinte jovens para descarregar e distribuir comida. Do lado de lá, após a desconfiança inicial, fica acertado: «Serão rabinos que vos irão entregar a comida.» No dia seguinte, às sete menos um quarto da manhã, o padre recebe um telefonema: «Chegámos e não está aqui ninguém.» «Faltam 15 minutos, esperem.» Às sete em ponto, os jovens saem de trás do muro, descarregam os camiões e oferecem de beber. O chá dura duas horas e meia. Mais tarde, dois rabinos vão rever Elias Chacour de lágrimas nos olhos. «Tentámos fazer o bem toda a nossa vida, mas o bem que nos fez fazer vale muito mais que aquele de toda a vida que tivemos até ao presente. Estamos convencidos que podemos fazer a paz.»

Judeus e palestinianos, conclui Chacour, são capazes de misericórdia. «Mas quando só falam as armas, o ruído que elas provocam impede que se entendam. Depois vem a morte. É possível caminharmos juntos. Não temos escolha se escolhermos viver.»[28]

---

[27] *Ibidem*, p. 87.

[28] *Ibidem*, p. 89–94.

7. O tempo para a paz e as utopias. A unificação europeia, opção pela paz e pela justiça

A coragem protagonizada em 13 de Setembro de 1993 por Yitzhahk Rabin e Yasser Arafat, ao assinarem os acordos de paz de Washington, parece, à primeira vista, que não tem hoje seguidores. Nessa tarde, a comoção atravessou-nos a muitos, os que assistimos pela televisão àquele gesto, quando Rabin sonhou o tempo em que cada pessoa da região poderia «construir uma casa, plantar uma árvore, amar, viver lado a lado, em dignidade, como seres humanos». A comoção atravessou-nos quando Rabin se voltou para os olhos de Arafat e disse: «Nós, que lutámos contra vós, palestinianos, deixem-me dizer-vos, com uma voz ela própria também comovida: Chega! Chega de sangue e lágrimas. Chega.» Essa comoção, quando Rabin disse, citando o Eclesiastes, «Há um tempo para a guerra e um tempo para a paz. O tempo da paz chegou», essa comoção, temos de voltar a senti-la.

As histórias e reflexões de Elias Chacour provam que é possível continuar a experimentar a utopia dos grandes homens. E que a prática religiosa da não-violência, mesmo em graves conflitos, continua a ser válida, depois das experiências de Gandhi e Luther King. A não-violência implica uma atitude pessoal e colectiva. No âmbito pessoal, o caminho interior de respeito pelo outro, pela alteridade, é o passo que as religiões propõem e que os seus responsáveis devem propor cada vez mais, também como forma de recuperar o melhor de cada tradição.

No âmbito colectivo, os caminhos são diversos. Um dos mais importantes é o combate ao fabrico e comércio de armas. Outro pode ser a multiplicação de gestos e iniciativas comuns como os encontros de oração pela paz de Assis (Outubro de 1986 e 24 de Janeiro de 2002), prolongados pelos encontros inter-religiosos anuais promovidos pela Comunidade de Santo Egídio e por múltiplas iniciativas de debate científico ou cultural que servem, pedagogicamente, para mostrar que as religiões e os crentes se podem encontrar na atitude fundamental de procurar a paz para a humanidade.

Depois da Segunda Guerra, Robert Schuman recordou-se de quando era pequeno e, cada vez que pegava na sua bicicleta para passear, tinha de cruzar uma fronteira — ele vivia no norte da Lorena, onde se cruzam os limites da Alemanha, França e Luxemburgo. Jurou, ainda criança, que se alguma vez tivesse ocasião de suprimir as fronteiras, o faria, como contaria, anos mais tarde, um seu companheiro, Robert Muller.[29] A ideia era simples: regulando em conjunto os preços do carvão e do aço, causas primeiras da guerra, poderia chegar-se a formas de entendimento e evitar o conflito; e depois de andarmos há séculos a matar-nos uns aos outros, poderíamos tentar resolver as tensões pelo diálogo; a opção do processo de construção europeia foi uma escolha clara pela paz, fundada na preocupação pela justiça social e pela vontade de assegurar uma vida com dignidade a todas as pessoas. E foi assumida por políticos normais, quase todos cristãos, e com visão de futuro.

Hoje, provavelmente, a questão da água seria mais central. Já o é, aliás, no Médio Oriente, nas tensões que surgem periodicamente entre Portugal e Espanha; e será cada vez mais premente em África, e na Ásia, também por causa das alterações climáticas. Levar a União Europeia a ter um papel cada vez mais interventivo na resolução dos conflitos existentes, a reduzir armamentos, democratizar e pacificar o mundo será ser fiel à sua matriz. Levá-la por caminhos opostos a estes será trair essa herança fundadora.

* * *

A síntese para estas reflexões pode ser dada pelo Documento sobre a fraternidade humana em prol da paz mundial e da convivência comum, assinado em Fevereiro de 2019 pelo Papa Francisco e pelo Grande Imã de Al-Azhar, Ahmad Al-Tayyeb, que marca uma nova etapa na reflexão sobre este tema.[30] Mas também se pode trazer aqui um outro texto importante, a Declaração de Assis — Compromisso Comum para a Paz, proclamada a 24 de Janeiro de 2002, em Assis, por líderes das religiões mundiais. Vale a pena reter o texto, menos acessível e porventura menos conhecido:

---

[29] Entrevista publicada inicialmente no *Público* e disponível em https://setemargens.com/a-presidencia-portuguesa-da-uniao-europeia-comecou-na-bicicleta-de-robert-schuman/.

[30] O texto está disponível em linha, no endereço https://www.vatican.va/content/francesco/pt/travels/2019/outside/documents/papa-francesco_20190204_documento-fratellanza-umana.html. (Consultado em 29 de Abril de 2023).

Nós, reunidos aqui em Assis, reflectimos em conjunto sobre a paz, dom de Deus e bem comum de toda a humanidade. Ainda que pertencendo a tradições religiosas diversas, afirmamos que, para construir a paz, é necessário amar o próximo, respeitando a regra de oiro: «Faz aos outros aquilo que quererias que te fizessem a ti.»

Animados por esta convicção, não nos cansaremos de trabalhar na grande empresa da paz, e para isso:

1. Comprometemo-nos a proclamar a nossa firme convicção de que a violência e o terrorismo contrastam com o autêntico espírito religioso; e, ao condenarmos todo o recurso à violência e à guerra em nome de Deus ou da religião, comprometemo-nos a fazer tudo o que é possível para eliminar as causas do terrorismo.
2. Comprometemo-nos a educar as pessoas no sentido de se respeitarem e estimarem reciprocamente, para que possa haver uma convivência pacífica e solidária entre pessoas pertencentes a etnias, culturas e religiões diferentes.
3. Comprometemo-nos a promover a cultura do diálogo, para que a compreensão e a confiança recíprocas cresçam entre indivíduos e povos, como premissas de uma paz autêntica.
4. Comprometemo-nos a defender o direito de cada pessoa humana a viver uma existência digna segundo a sua própria identidade cultural, e a constituir livremente a sua própria família.
5. Comprometemo-nos a dialogar com sinceridade e paciência, não considerando como um muro intransponível aquilo que nos diferencia, mas, pelo contrário, reconhecendo que o confronto com as diversidades dos outros pode tornar-se ocasião para uma melhor compreensão recíproca.
6. Comprometemo-nos a perdoar uns aos outros pelos erros e preconceitos do passado e do presente; a apoiarmo-nos num esforço comum para ultrapassar o egoísmo e a arrogância, o ódio e a violência, e para aprender do passado que a paz sem a justiça não é verdadeira paz.
7. Comprometemo-nos a estar do lado de quem sofre na miséria e no abandono, sendo nós a voz de quem não tem voz e trabalhando concretamente para superar tais situações, na convicção de que ninguém pode ser feliz sozinho.

8. Comprometemo-nos a fazer nosso o grito de quem não se resigna perante a violência e o mal, e a contribuir com todas as nossas forças para dar à humanidade do nosso tempo uma verdadeira esperança de justiça e paz.
9. Comprometemo-nos a encorajar todas as iniciativas que promovam a amizade entre os povos, certos de que, sem entendimento solidário entre os povos, o progresso tecnológico expõe o mundo a riscos crescentes de destruição e morte.
10. Comprometemo-nos a pedir aos responsáveis das nações que façam todos os esforços para que, a nível nacional e internacional, se edifique e consolide um mundo de solidariedade e de paz, sobre o fundamento da justiça.

Nós, pessoas de tradições religiosas diversas, não nos cansaremos de proclamar que a paz e a justiça são inseparáveis; e que a paz na justiça é a única via em que a humanidade pode caminhar para um futuro de esperança. Estamos convencidos de que, num mundo com fronteiras cada vez mais abertas, com distâncias menores e relações facilitadas por uma densa rede de comunicações, a segurança, a liberdade e a paz não poderão ser garantidas pela força, mas só pela confiança recíproca.

Deus bendiga estes nossos propósitos, e dê ao mundo justiça e paz.
Nunca mais a violência!
Nunca mais a guerra!
Nunca mais o terrorismo!
Em nome de Deus, todas as religiões tragam à terra
Justiça e Paz,
Perdão e Vida, Amor!

DURKHEIM REVISITADO: RELIGIÃO, ANOMIA E A GÉNESE DA VIOLÊNCIA

DONIZETE RODRIGUES[1]

Introdução

Uma indagação que sempre inquietou todas as sociedades é a maldade humana: porque somos maus? A maldade faz parte da natureza humana, é inata, nascemos maus ou é algo que apreendemos na nossa vivência dentro do grupo, da sociedade?

Há questões centrais para as ciências sociais que, devido ao seu alto grau de complexidade, provavelmente nunca serão suficientemente esclarecidas: são as relações entre «natureza-cultura», «indivíduo-sociedade» e «sociedade-religião». No caso específico da religião, uma pergunta fulcral é se contribui com mais violência social e menos promoção da paz entre os povos (Rodrigues, 2007).

Há vários pensadores que se debruçaram sobre a questão da maldade humana; no entanto, não há um consenso entre eles e o resultado é que há diferentes ideias sobre este tema. Sem a pretensão de esgotar o assunto, vejamos alguns exemplos.

As bases filosóficas: Hobbes, Rousseau, Comte

Thomas Hobbes (1588–1679), filósofo inglês, na sua obra *Leviatã* (1651), defende a teoria de que o «estado natural» do Homem é ser

---

[1] Professor Associado (com Agregação) do Departamento de Sociologia da Universidade da Beira Interior e Investigador-Sénior do Centro em Rede de Investigação em Antropologia/Universidade Nova de Lisboa.

egoísta/egocêntrico, impulsivo, inseguro e mau por natureza; valoriza somente os ditames de suas paixões e desejos imediatos e tem uma violência inata. Seguem esta linha de pensamento, Immanuel Kant (1724–1804), Georg Friedrich Hegel (1770–1831) e, posteriormente, de carácter existencialista, pensadores como Søren Kierkegaard (1813–1855), Fiódor Dostoiévski (1821–1881), Friedrich Nietzsche (1844–1900), Edmund Husserl (1859–1938), Martin Heidegger (1889–1976) e Jean-Paul Sartre (1905–1980).[2]

Segundo esta corrente filosófica, sendo os indivíduos tendencialmente maus, são necessárias regras sociais rigorosas para contrapor e controlar a natureza humana. Antecipando as premissas da Sociologia, estes autores defendem que as sociedades só funcionam por causa da força moral coerciva exercida pelo Estado/sociedade sobre os indivíduos, levando-os a abandonar seus interesses pessoais e agir em prol do colectivo; neste contexto, a religião desempenha um papel fulcral na manutenção da obediência e, consequentemente, da ordem social.

Para contrapor esta corrente filosófica da «maldade humana», iniciada por Hobbes, destaca-se o filósofo francês Jean-Jacques Rousseau (1712–1778). Na sua obra *Discurso sobre a origem e os fundamentos da desigualdade entre os homens* (1754), precursora da teoria sociológica da colectividade social, Rousseau defende a ideia de que o Homem nasce bom, mas a sociedade o corrompe. O ser humano não é mau/perverso por natureza, é produto da sua própria sociedade: a forma como a sociedade está organizada/estruturada, com maior ou menor desigualdade social, produzirá maus ou bons indivíduos.

---

[2] Esta corrente filosófica irá influenciar o escritor alemão-suíço Hermann Hesse (1877–1962), prémio Nobel de literatura em 1946. Hesse tem uma obra magistral, *Der Steppenwolf/O Lobo da Estepe* (1927). Neste livro, de carácter existencialista, com destaque na relação entre o indivíduo e a sociedade, aborda a luta do ser humano contra a «besta interior» e defende a ideia de que o Homem é naturalmente selvagem, estranho e alienado da sociedade. Para ele, o indivíduo define a sua realidade — vivência, ações e sentimentos — a partir da dualidade natureza/cultura, materializada no eterno conflito entre o instinto (representado pelo lobo) e as normas sociais; daí uma das suas famosas frases — «queria apenas tentar viver aquilo que brotava espontaneamente de mim. Porque isso me era tão difícil».

A partir das discussões teóricas de Rousseau, o filósofo francês Auguste Comte (1798–1857), na sua obra *Sistema de Filosofia Positiva* (1848), precursora da Sociologia, formula a sua influente teoria positivista: defende a premissa da busca de conhecimento científico sobre a forma de funcionamento da sociedade para a reestruturar, visando resolver as desigualdades, que são as causas dos conflitos sociais. Desenvolve a concepção sistémica da sociedade como metáfora do corpo — partes (elementos/agentes sociais) compondo um todo (sociedade).

Mas este texto é fundamentalmente sobre as contribuições de Durkheim sobre religião, anomia e a génese da violência. Então vejamos.

As bases sociológicas: Émile Durkheim

O francês Émile Durkheim (1858–1917) é um dos *founding fathers* da Sociologia: os outros dois são os alemães Karl Marx (1818–1883) e Max Weber (1864–1920).

Na obra *Da Divisão do Trabalho Social* (1893) Durkheim defende que a determinação de normas morais, limitações sociais e implementação de regras jurídicas são elementos importantes na intermediação da divisão do trabalho. Esta torna objetivamente o indivíduo mais dependente de outrem em virtude do carácter parcelar do seu trabalho. Por outro lado, isso reforça a consciência da sua diferença, da sua individualidade. Apesar de ser um factor de diferenciação social, a divisão social do trabalho — apreendida pela aprendizagem/socialização — é o elemento agregador da sociedade: os indivíduos, juntos, organizados, realizando a mesma tarefa, numa dependência mútua, numa lógica de solidariedade, reduzindo, desta forma, os conflitos sociais.

Em *As Regras do Método Sociológico* (1895) elabora as primeiras regras metodológicas sistemáticas, a aplicação do método científico na investigação empírica: a delimitação do objeto de estudo, a afirmação da cientificidade e objetividade do conhecimento sociológico, o rigor metodológico e a exigência da neutralidade do investigador.

Na obra *O Suicídio* (1897) defende que o suicídio é um *facto social* ligado às motivações individuais permeadas pelas influências do coletivo. Assim, o suicídio deve ser explicado em termos das características da sociedade em que os indivíduos se encontram inseridos e da sua pertença social e religiosa.

As Formas Elementares da Vida Religiosa (1912) é uma obra magistral, onde cria a teoria funcionalista do sistema simbólico-religioso. Há uma forte valorização da história e da etnografia no estudo da religião. Defende que a religião é a chave para a compreensão da sociedade. Portanto, o objectivo central da sociologia é estudar as múltiplas formas de inter-relações existentes entre religião e sociedade. As colectividades humanas não produzem apenas «bens materiais», mas também sistemas de representações simbólicas-religiosas, formando o *ethos*[3], a essência do grupo/sociedade. A sua definição de religião centra-se, fundamentalmente, na função social da religião — como «coisa» colectiva, é um elemento de integração social, um subsistema de crenças e práticas que unem a comunidade. Segundo Durkheim, a religião ajuda os indivíduos a pensar-se como grupo, como sociedade.

Dentro do possível (ou como uma enorme ousadia académica), tentarei sintetizar as principais ideias e contribuições durkheimianas sobre o assunto aqui em análise.

Podemos dizer que, enquanto Marx desenvolveu uma teoria sociológica do *conflito*, Durkheim desenvolveu uma teoria sociológica da ordem social, ou seja, preocupa-se especialmente com os fatores/fenómenos que envolvem a estabilidade e a manutenção da organização/ordem social.

Segundo Durkheim, na sociedade há várias inter-relações que se estabelecem, em diferentes níveis, entre os diferentes elementos do fenómeno (social) não suscetíveis de isolamento e fragmentação.

Uma das suas principais contribuições sociológicas é o conceito de *fato social*. Durkheim define e caracteriza *fatos sociais* da seguinte forma: são entidades reais, autónomas e passíveis de constatação empírica. Os fatos sociais podem ser observados e compreendidos nos modos de pensar, agir e sentir que são regularmente adotados pelos indivíduos no contexto do grupo/sociedade. A regularidade só é possível por causa (e é resultante) da *consciência colectiva*, da pressão

[3] Veja o conceito de *ethos*, um tipo-ideal, magistralmente explicado por Max Weber (1997), entendido como mentalidade, costumes, traços comportamentais.

exterior (coerção) que as formas coletivas de pensar, agir e sentir exercem sobre os indivíduos.

Segundo Durkheim, os fatos sociais apresentam três características ou três princípios fundamentais: a) generalidade, repetem-se em todos os indivíduos ou, pelo menos, na sua grande maioria; b) exterioridade, existem e atuam sobre os indivíduos, independentemente se a adesão aos mesmos é consciente ou não; c) coercibilidade, exercem força sobre os indivíduos, levando-os a adequarem-se (quase que mecanicamente) às regras morais da sociedade em que vivem. Os fatos sociais são geradores de uma solidariedade social e o grau de coerção pode ser identificado pelas sanções sociais (legais e espontâneas) que o fato social provoca. Resumindo: os fatos sociais, aspetos da vida social que moldam as ações dos indivíduos, possuem um caráter de exterioridade em relação às consciências individuais e exercem uma ação coercitiva sobre os sujeitos.

Outro conceito importante é o de papel social: designa um conjunto de comportamentos associado à posição de cada pessoa na teia de relações sociais.

O foco também de Durkheim é estudar/explicar o papel do Estado e do direito na «ordenação» coletiva; a função da escola na «socialização» das crianças e a função da religião na promoção da «coesão social». Segundo ele, a «integração social» deriva, principalmente, da comunhão de «ideais coletivos» (valores, princípios, juízos, prescrições), que penetram nas consciências individuais, organizando-se aí de modo duradouro, e fixando-se também nas instituições sociais (família, direito, sistema educacional) e noutros fenómenos de base social, como símbolos nacionais, costumes, etc. Serão esses ideais coletivos que, se consensuais e efetivamente respeitados, garantirão uma adequada normatização da vida social. Ou seja, uma situação de vida coletiva onde seus membros comungam, aceitam consensualmente um importante conjunto de valores, de normas, de regras de conduta e prescrições, promovendo, desta forma, a ordem, estabilidade, harmonia e coesão social.

Um conceito chave durkheimiano é o de *consciência coletiva*, que ele define como força moral exterior que se impõe/sobrepõe ao puro interesse do indivíduo — submissão do indivíduo ao grupo. Conjunto de normas morais, regras, condutas, valores, atitudes, prescrições, costumes, crenças, signos e símbolos, partilhados pelo grupo/ /comunidade/sociedade/religião, que a sociedade espera sejam compartilhados pelos seus membros, criando, deste modo, formas padronizadas de comportamento. Este conjunto de valores, ideais coletivos, que regulam a vida colectiva, são considerados/respeitados pelos indivíduos como sendo de caráter sagrado/religioso, onde o deus supremo é a própria sociedade; ou seja, a sociedade é a fonte divina de autoridade moral, até porque é ela a entidade que o protege e garante sua sobrevivência. A ausência, ou apenas enfraquecimento da consciência colectiva, pode provocar crise, caos, sinais evidentes de desregulação da sociedade, que Durkheim denomina de *anomia*: desestruturação do marco normativo que regula as relações entre os distintos subsistemas sociais.

As obras, teorias e ideias de E. Durkheim marcaram todo o pensamento científico do século XX e continuam a influenciar até aos dias de hoje. Neste pequeno texto, gostaria de destacar apenas duas importantes influências sociológicas.

Uma delas é a Sociologia do conhecimento de Peter Berger & Thomas Luckmann, apresentada na obra *The Social Construction of Reality: A Treatise in the Sociology of Knowledge* (1966). Segundo estes autores, as coisas reais são construídas socialmente e não dependem da vontade dos indivíduos. No quotidiano, poderá haver uma intenção para modificar a realidade, mas não depende do poder, iniciativa e vontade — consciente ou não — do indivíduo para realizar uma modificação total da sociedade. Essa transformação depende da interação recíproca, dialética, entre indivíduos e entre o indivíduo e sociedade. No entanto, o indivíduo internaliza as normas, as ideias da sociedade e constrói e externaliza a sua própria visão sobre a realidade social.

A outra notável influência é sobre o pensamento de Pierre Bourdieu (1930–2002), nomeadamente na formulação/estruturação do conceito de *habitus*.

Habitus pode ser entendido como um instrumento conceptual que auxilia pensar a relação, a mediação entre os condicionamentos sociais exteriores e a subjetividade dos sujeitos. É um sistema que envolve maneiras de sentir, pensar, agir, que são interiorizadas e incorporadas pelos indivíduos, em função das suas específicas condições de vida e trajetórias pessoais. Embora seja visto como um sistema engendrado no passado e orientando para uma ação no presente, é um sistema em constante reformulação; está, portanto, em constante construção ao longo do tempo.

No sentido antropológico, o *habitus* refere-se às práticas e ações próprias de uma cultura. É uma noção que auxilia a pensar as características de uma identidade social, ou seja, é uma matriz cultural que predispõe os indivíduos a fazerem suas escolhas no contexto do grupo//sociedade onde estão inseridos.

Aplicado ao processo educativo, *habitus* refere-se às disposições duráveis, matriz de percepções, juízos e ações que configuram uma «razão pedagógica», ou seja, à lógica e às estratégias que uma cultura/grupo desenvolve para transmitir seus valores. Bourdieu considera que o estudo do *habitus* permite não somente entender os comportamentos individuais, como mostrar de que forma os *modelos de comportamento* são interiorizados pela educação, participando assim na *reprodução social*. Remete para as aprendizagens dos modelos de conduta, dos modos de perceção e de pensamento, adquiridos durante a socialização, onde a instituição *escola* tem um papel muito importante. A educação tem um papel muito importante na aceitação da ordem e regras de convivência, transformando o indivíduo num ser social.

Após esta breve (mas necessária) introdução às ideias de E. Durkheim e algumas das suas contribuições e influências sociológicas, é altura de falar sobre o tema central deste texto: o fenómeno da violência.

A violência como fato social

As características gerais do fenómeno violência variam no tempo histórico, no espaço geográfico e segundo os padrões culturais de cada sociedade. Por isso, devido à sua enorme variedade e complexidade, para um melhor entendimento, é necessária uma abordagem interdisciplinar, envolvendo a Filosofia, Teologia, Sociologia, Antropologia, Biologia/Medicina, Psicologia-psicanálise e Direito.

A primeira dificuldade em abordar este assunto é a própria definição de violência. De maneira geral, violência pode ser definida como toda e qualquer forma de privação de direitos, individuais e colectivos. É uma ação que gera, de maneira intencional, dano ou intimidação moral ao indivíduo e/ou ao grupo. Pode implicar traumas, danos psíquico-psicológicos ou até mesmo a morte.

O conceito de violência é tão amplo que dificilmente as classificações abrangem todas as formas e prováveis inter-relações. Apesar disso, a tipologia de violência pode ser útil para visualizar suas modalidades. Então vejamos.

Classificação/Tipos de violência:

1. Estado/institucional: ações de violência — *bullying*, humilhação, ameaça, ofensa, discriminação, agressão física, assédio-agressão sexual, tortura, privação da liberdade — produzidas por agentes públicos no âmbito das suas atividades profissionais, desenvolvidas em espaços-locais sob a tutela do Estado, como escola, hospital, esquadra de polícia, sistema prisional, forças de segurança, forças armadas. Neste caso, a violência é utilizada como «justificativa» para manter e/ou restabelecer a ordem social.
2. Política: violência legitimada pelo sistema político, que está ligado (ao) e derivado (do) Estado/governo. Exemplos: regime ditatoriais — comunismo, fascismo/nazismo; assassinato de um líder; conflitos armados; revoluções; guerras.
3. Étnico-racial: violência como consequência da discriminação, do racismo, atingindo mesmo, em alguns casos, o genocídio (morte/ /extermínio de um grupo). Os grupos que mais sofreram (e continuam a sofrer) este tipo de violência são os negros, os judeus e minorias étnicas em determinados contextos sociais.
4. Religiosa: violência derivada da intolerância, materializada em perseguições e, em casos mais graves, no terrorismo religioso, que objectiva provocar dor (*sacred pain*) e/ou matar o (in)fiel, aquele que professa uma outra religião.
5. Económica: corrupção, nepotismo, extorsão, tráfico de influência são formas de violência económica porque criam injustiça social, desigualdade social e pobreza.
6. Criminal: partindo da ideia durkheimiana de crime como fato social, são ações de violência sobre a população, resultantes,

por exemplo, do crime organizado, das milícias, dos gangues de jovens.

7. Urbana: violências provocadas no contexto de conflitos entre pessoas, acidentes de trânsito, vandalismo, delinquência — muitas vezes ligadas ao consumo de drogas.
8. Doméstica/género: na nossa sociedade, a casa é idealizada como o espaço de proteção, de segurança, do aconchego, de ternura, lugar de acolhimento. No entanto, muitas vezes, infelizmente, a casa torna-se um espaço de risco, de traumas e até mesmo de morte. As maiores vítimas são os idosos, crianças e, principalmente, as mulheres.
   Segundo Hannah Arendt (1985) — que é contra a tese do instinto humano, inato, de dominação e agressividade (de Hobbes), o espaço doméstico é o *locus* por excelência da violência contra o género feminino. A violência contra a mulher, normalmente praticada em ambiente familiar, causa graves danos físicos e até mesmo a morte.
9. Psicológica: há uma ideia generalizada de que a violência só se caracteriza por agressões físicas, mas há também outra que é muita traumática: a psicológica. Este tipo de violência é um processo de silenciamento, mina a autoestima, destrói o ego, a personalidade. Manifesta-se por meio de ofensas morais e humilhação, chacota sobre o corpo, atitudes e comportamentos considerados fora do «padrão». Este tipo de violência provoca medo, pânico e temor, traduzidos na privação da liberdade, impotência e perda de autonomia como pessoa.
10. Violência ritual: exercendo coação ou não, é um instrumento//cerimónia para integrar o indivíduo a um grupo específico, buscando uma maior coesão, solidariedade de grupo e reprodução social/cultural. Acontece no contexto de um rito de passagem (no sentido preconizado por Victor Turner): mudança de estatuto, como, por exemplo, praxe em ambiente militar, praxe académica (estudantes universitários) e ritos de puberdade em sociedades indígenas.
11. Simbólica: segundo Pierre Bourdieu, este tipo de violência acontece quando a classe alta, a elite, impõe a sua cultura, estilo de vida, ideias morais (sobre o ideal de família, sexualidade, por

exemplo) aos dominados, que são resignados — entendem a hierarquia social como legítima e natural. Por exemplo, as mulheres pertencem ao espaço privado (a casa) e os homens ao espaço público (a rua, o trabalho).

Considerações finais

Considerando a (quase) impossibilidade de esgotar uma problemática sociológica tão complexa, o objetivo deste texto foi apenas discutir algumas ideias de E. Durkheim, nomeadamente sobre religião, anomia e a génese da(s) violência(s). A partir de uma (re)visitação das suas obras, nomeadamente, *A Divisão do Trabalho Social* (1893), *As Regras do Método Sociológico* (1895), *O Suicídio* (1897) e *As Formas Elementares da Vida Religiosa* (1912), pretendeu-se analisar as suas teorias/explicações sobre a forma de (re)organização e funcionamento da sociedade, a dinâmica da construção sócio-moral-religiosa e o processo de (des)regulação social (anomia). O «sistema simbólico-religioso», o «positivismo» e a «teoria da integração social» — solidariedade socio-moral exibida pela sociedade/grupo social onde o indivíduo está inserido — e o conceito de *habitus* — práticas sociais que os indivíduos incorporam de forma não consciente — foram importantes instrumentos analíticos para se entender o fenómeno da violência nas sociedades contemporâneas.

Bibliografia

Arendt, Hannah, *On Violence*, Nova Iorque: Harvest Books, 1970.

Bourdieu, Pierre, *Economia das Trocas Simbólicas*, São Paulo: Editora Perspectiva, 1986.

Chauí, Marilena, «Ensaio ética e violência», *Revista Teoria e Debate*, ano 11, n.º 39, 1998.

Durkheim, Émile, *De la division du travail social*, Paris: Félix Alcan, 1893.

Durkheim, Émile, *Les Règles de la méthode sociologique*, Paris: Payot, 1895.

Durkheim, Émile, *Le Suicide: étude de sociologie*, Paris: Payot, 1897.

DURKHEIM, Émile, *Les Formes élémentaires de la vie religieuse*, Paris, Félix Alcan, 1912.

FOUCAULT, Michel, *Vigiar e Punir: História da Violência nas Prisões*, Petrópolis: Vozes, 1978.

MALINOWSKI, Bronislaw, *Crime e Costume na Sociedade Selvagem*, Petrópolis: Vozes, 2015.

MODENA, Maura Regina (org.), *Conceitos e Formas de Violência*, Caxias do Sul/RS: EDUCS, 2016.

RODRIGUES, Donizete, *Sociologia da Religião: Uma Introdução*, Porto: Edições Afrontamento, 2007.

WEBER, Max, *Sociología de la Religión*, Madrid: ISTMO, 1997.

ZIZEK, Slavoj, *A Violência*, São Paulo: Boitempo, 2010.

HOSPITALIDADE E RELIGIÃO NÓMADA. IDENTIDADE PARA ALÉM DA VIOLÊNCIA

JOÃO DUQUE[1]

Introdução

O circuito entre religião, identidade e violência parece instaurar um círculo vicioso omnipresente e inevitável. E de facto, na história da Humanidade, até à atualidade, os processos exacerbados de autoidentificação têm-se servido, muitas vezes, da dimensão religiosa, nomeadamente para intensificar o seu potencial violento, demonizando o outro em nome do endeusamento do mesmo. A factualidade deste esquema, contudo, pode não justificar a sua inevitabilidade fundamental. Não será possível pensar o religioso de outro modo, precisamente como fundamento e impulso para a superação de certa tendência humana factual para a violência?

No sentido de tentar responder positivamente a esta questão — e essa será a tese escondida nas linhas que se seguem — propõem-se aqui os seguintes passos: em primeiro lugar, colocaremos em questão o conceito de sagrado, devido às suas ambiguidades; depois, precisamente como alternativa, apresentar-se-á o que se poderia denominar o princípio da responsabilidade, enquanto articulação da santidade como superação da sacralidade; nesse contexto hermenêutico, far-se-á uma aproximação ao que possa significar a referência a Deus, como núcleo do religioso; por último e em jeito de conclusão, propõe-se uma

[1] Professor Catedrático da Faculdade de Teologia da Universidade Católica Portuguesa, Braga, investigador integrado do Centro de Investigação em Teologia e Estudos de Religião (CITER) e colaborador do Centro de Estudos Filosóficos e Humanísticos (CEFH), ambos da mesma Universidade.

conceção nómada do religioso, baseada na categoria da hospitalidade, que supera as reduções da identidade a processos violentos de afirmação da mesmidade.

1. Ambiguidades do «sagrado»

Uma primeira abordagem ao fenómeno religioso poder-nos-ia conduzir à sua compreensão como sujeição do humano ao «sagrado». Seja pelo temor seja pelo fascínio, os humanos sentir-se-iam de tal modo afetados por uma dimensão ou uma realidade de tal modo indomável, que se limitariam a aceitar uma inevitável sujeição a esse *tremendum et fascinosum* originário, que parece comandar as suas existências. Uma das suas manifestações primordiais seria o próprio destino, implacável fado que tudo determina e do qual os humanos não seriam senão o efeito.

Mas a sua presença dominadora pode manifestar-se também na atuação de outras forças, naturais ou culturais, exteriores ou interiores a cada um, que representam uma dimensão *demoníaca* que domina os humanos e que eles não podem dominar, mesmo que o tentem através de vários processos, nomeadamente rituais ou sacrificiais. Assistimos, a este nível, a uma espécie de violência do sagrado sobre os humanos, como violência originária, anterior e independentemente da liberdade e de qualquer iniciativa pessoal ou grupal. Assumido o religioso como a própria dimensão desta violência originária, a sua aplicação concreta, nomeadamente cultural e política, resulta em inevitável transferência dessa violência para as relações do sujeito ou do grupo com o outro diferente de si, precisamente como aplicação da referência ao sagrado violento originário.

O reverso da medalha desta subjugação ao sagrado como demoníaco é, normalmente, a pretensão de propriedade sobre o sagrado. Dessa posse é que resultaria a afirmação de uma identidade por oposição a uma alteridade. Aquele ou aqueles que possuem acesso a uma experiência do sagrado, mesmo como demoníaco, consideram-se idênticos por serem eleitos e possuírem um privilégio que os distingue de todos os outros, encontrando aí precisamente a sua identidade. O outro diferente surge como ameaça a essa identidade, tanto mais quanto afirma também a sua pretensão à posse do sagrado, ainda que de outro modo. De uma forma algo complexa e subtil, o outro passa a ser demonizado e, estranhamente, identificado com o sagrado que subjuga e domina — e provoca medo, mesmo que também possa provocar fascínio. Nesse emaranhado mecanismo psicossocial, a identidade, apoiada no religioso, passa a originar uma forte confinação do mesmo à sua mesmidade e, inevitavelmente, uma agressiva exclusão do outro, pretensamente como único modo de afirmação da identidade própria. A relação violenta entre os diferentes parece assim inevitável. A identidade — pessoal, cultural e também religiosa — surge, desse modo, como limitação e exclusão, seja na dimensão territorial, seja na dimensão étnica, seja mesmo na dimensão ideológica.

Mas a violência pode surgir, não apenas da ameaça do outro sobre o mesmo pelo facto de ser diferente, mas também do facto de o outro constituir, de algum modo, um rival no acesso à posse do sagrado — ou ao seu favor. É a isso que, no seu sentido mais genérico, René Girard chama do «desejo mimético»[2], que pode ser exemplificado de forma exemplar na narrativa de Gn 4, relativa ao episódio entre Caim e Abel. De facto, os dois irmãos lutam pela posse do mesmo sagrado, que é, segundo eles, o agrado ou o favor do pai (representado aqui por Deus). Trata-se, de facto, de um arquétipo psíquico corrente, verificável frequentemente na relação entre irmãos, sobretudo na infância. Nesta narrativa surge, sobretudo, como representação mítica da origem da própria violência inter-humana. Só por isso, já se encontra no âmbito da dimensão religiosa, uma vez que esse âmbito nos conduz à dimensão mais originária daquilo que somos.

Girard, além disso, situa a dimensão explicitamente religiosa do problema na forma como dele deriva a organização das comunidades humanas. O desejo mimético conduziria à violência indiferenciada de todos contra todos, já que todos são filhos do mesmo pai e todos o desejam exclusivamente para si. Para sair dessa indiferenciação mortal, será necessário organizar a violência e, por essa via, organizar a vida

---

[2] GIRARD, René, *La Violence et le Sacré* (Paris: Grasset,1972); Id., *Le Bouc emissaire* (Paris: Grasset, 1982); Id., *Des choses cachées depuis la fondation du monde* (Paris: Grasset, 2001).

social. Isso acontece pelo sacrifício de uma vítima, que funciona como bode expiatório do potencial de violência total. Sobre essa vítima, que depois é representada ritualmente no sacrifício religioso, funda-se a possibilidade da convivência humana. A superação da violência mortal exige, por isso, um outro tipo de violência, precisamente a violência do religioso.

Mas é possível encontrar, na mesma narrativa, a formulação de um outro princípio, o qual poderá não apenas controlar a violência provocada pelos mecanismos do desejo mimético, mas superá-la completamente, fazendo assentar a identidade dos sujeitos e das sociedades, e a respetiva dimensão religiosa, precisamente numa outra fonte, que não a da violência sacrificial. Esse outro princípio seria o princípio da *responsabilidade pelo outro*.

É com base nesse outro princípio que se funda uma humanidade alternativa, representada na eleição de um Povo, o Povo de Israel — no caso da narrativa referida, fundado não sobre Caim e sobre o sacrifício vitimatório sacralizado, mas sobre Set, filho de um outro início, que substitui (e eventualmente reabilita) a vítima, dando-lhe futuro. Esse outro início aponta para uma convivência possível, em que a relação ao outro não origina violência, mas a supera.

Para formular e fundamentar esta proposta de leitura, pode partir-se do que poderia considerar-se o centro do texto, precisamente a pergunta de Deus: «Onde está o teu irmão Abel?» (Gn 4, 9). Esta pergunta pode não ser interpretada apenas como juízo, em ordem a um eventual castigo. Nesse caso, a pergunta mais adequada seria: «O que fizeste ao teu irmão?» Mas essa pergunta só vem depois, já é segunda em relação à pergunta primordial. A resposta de Caim, pela negativa, leva a pensar numa outra interpretação: «Sou porventura guarda do meu irmão?» Precisamente, é isso que o novo princípio exige de um irmão, ou seja, de qualquer humano em relação ao outro. Caim não entende esse princípio e, por isso, cai na violência.

Trata-se da revelação, neste condensado textual, de um imperativo que precisamente constituirá a identidade humana. E esse imperativo originário da identidade humana é o imperativo da responsabilidade pelo outro. Antes de tudo, é um imperativo pessoal, dirigido a cada um. Emmanuel Lévinas, que exprimiu esta hermenêutica alternativa como ninguém, refere-se-lhe do seguinte modo: «No dizer da responsabilidade — que é exposição a uma obrigação em que ninguém me poderá substituir — sou único. A paz com o outro é, antes de tudo, tarefa minha. A não-indiferença — o dizer — a responsabilidade — a aproximação — é a realização do único responsável — de mim... Eu coloco-me na passividade de uma convocação indeclinável — em acusativo — si.»[3] A identidade pessoal deixa de estar assim relacionada primordialmente com a substância individual de cada um ou com o impulso de afirmação de si, seja no instinto de sobrevivência, seja no instinto de vitória num conflito insanável de concorrência. Nas palavras de Lévinas, esta outra matriz da identidade pessoal considera o sujeito «como se o eu, enquanto responsável de outro, tivesse um passado imemorial, como se o Bem fosse antes do ser, antes da presença»[4].

Assim, a violência pretensamente originária — nomeadamente a violência baseada no desejo mimético, que especialmente afeta os semelhantes, nomeadamente os crentes das diversas religiões — é superada, na medida em que é proposta uma origem mais originária. O estatuto originário da violência seria assim substituído pelo estatuto originário da responsabilidade. Esta seria, ou propriamente não-sacrificial — na medida em que não implica o sacrifício violento do outro como condição da identidade pessoal ou coletiva — ou então significaria a referência a um outro modo de sacrifício — o sacrifício de si mesmo e da pretensão absoluta do desejo próprio, para encontrar a identidade na dádiva de si, como refém do outro, até à substituição. Ainda nas palavras de Lévinas, «a eleição do eu, a sua própria ipseidade, revela-se como privilégio e subordinação — porque não o põe entre os outros eleitos, mas precisamente em frente deles, para os servir, e porque ninguém se pode substituir a ele para medir a extensão das suas responsabilidades»[5]. Manifesta-se assim um outro tipo de violência pacificadora, que é a que resulta da sujeição de mim ao outro, em liberdade finita. «A relação ética não é revelação de um dado, mas exposição de mim ao outro... Aqui, há uma espécie de violência

---

[3] Levinas, Emmanuel, *Autrement qu'être et au-dela de l'essence* (Paris, Grasset, 1974), 217.

[4] Levinas, Emmanuel, *Dieu, la mort et le temps* (Paris, Grasset, 1993), 207.

[5] Levinas, Emmanuel, *Totalité et Infini* (La Haye: Martinus Nijhoff, 1971), 238.

sofrida: um traumatismo no coração de mim mesmo, uma reivindicação deste Mesmo pelo Outro...»[6]

Para exprimir a distinção entre este princípio e o princípio da violência, presente numa outra leitura das origens, Levinas recorre à distinção entre o Sagrado e o Santo.[7] Por seu turno, o filósofo checo Jan Patocka situa aqui, precisamente, a sua definição do religioso, compreendendo-o como responsabilidade, por oposição ao pré-religioso, considerado como sacralidade demoníaca.[8]

Esse sagrado demoníaco pode ainda manifestar-se de outra forma, que pode ser reconhecida de igual modo no episódio de Gn 4. Sem forçar demasiado o texto e sem recusar outras interpretações, nomeadamente aquela que opõe o modelo de atividade assente na pastorícia ao modelo agrícola, nessa diferença entre Caim e Abel pode ver-se uma representação simbólica da relação entre técnica e cuidado. O pastor exerce a sua atividade cuidando do rebanho e respeitando os processos da natureza; o agricultor introduz o elemento da técnica, para dominar a natureza. É claro que, por um lado, é no recurso à técnica que o

---

[6] LEVINAS, *Dieu*, 219.

[7] Penso ser legítimo interpretar, no contexto desta leitura alternativa do mundo (entre o princípio sacrificial e o princípio da responsabilidade), esta distinção entre o Sagrado (naturalista e potencialmente violento) e o Santo (assente na interpelação ética à responsabilidade pelo outro), proposta por Emmanuel Levinas, *Du Sacré au Saint. Cinq nouvelles lectures talmudiques* (Paris, Ed. de Minuit, 1977).

[8] Sobre a distinção entre o Sagrado e o Religioso, ou entre o pré-histórico e o histórico, ver PATOCKA, Jan, *Essais hérétiques sur la philosophie de l'histoire* (Paris, Ed. Verdier, 1999),162. «La religion n'est pas le sacré, elle ne tire pas son origine directement de l'expérience des cérémonies et des orgies sacrés. Elle émerge là où l'on dépasse expressément le sacré en tant que démonie. Les expériences du sacré deviennent expériences religieuses dès lors qu'on tente l'intégrer la responsabilité dans le sacré ou d'assujettir le sacré à des règles dictées par la responsabilité.» Cf.: RICŒUR, Paul, «J. Patocka et le nihilisme», in Id. *Lectures 1* (Paris, Seuil, 1991), 89. Essa é também a proposta de Jacques Derrida, inspirada explicitamente em Patocka; Cf.: DERRIDA, Jacques, *Donner la mort* (Paris, Galilée, 1999), 16–17: «Il y a religion, au sens propre du mot, à partir de l'instant où le secret du sacré, le mystère orgiaque ou démonique seraient sinon détruits, du moins dominés, intégrés et enfin assujettis à la sphère de la responsabilité. Le sujet de la responsabilité serait le sujet qui a pu s'assujettir le mystère orgiaque ou démonique... La religion est responsabilité ou elle n'est pas. Son histoire n'a de sens que dans un *passage* à la responsabilité».

humano revela a sua humanidade, na medida em que supera a natureza e exerce o reino da liberdade. Mas também é verdade que o uso da técnica abre possibilidades de violência sobre a terra, sobre os animais, mesmo sobre os outros, que poderão vir a configurar-se como uma forma de sacralidade pretensamente religiosa.

Mais uma vez, o princípio da responsabilidade exige a superação radical desta atitude violenta de domínio. Mas exige, de certo modo, o sacrifício de si — o que, aliás, se virá a revelar de forma mais clara no sacrifício de Jesus. Encontrar o fundamento da sua subjetividade e da sua liberdade — o que significa encontrar o Santo, que dá sentido à existência, enquanto dimensão religiosa — precisamente na responsabilidade pelo outro, até à dádiva da vida, não deixa de ser uma manifestação da violência. Poderíamos, neste caso, considerar que a responsabilidade como religião equivale à afirmação da «violência» da responsabilidade contra e para além da irresponsabilidade da violência sacral ou demoníaca, assumida como uma força que domina o humano, exercendo violência sobre ele, e levando-o à violência sobre os outros.

2. O excesso do terceiro

No episódio bíblico referido, não se apresentam propriamente os atos de responsabilidade de um irmão pelo outro — aliás, nem sequer a resposta dessa responsabilidade é apresentada. O que surge é apenas a questão, colocada por Deus: «Onde está o teu irmão?». Questão que é corretamente interpretada por Caim como interpelação à responsabilidade: «Sou porventura guarda do meu irmão?», mesmo que não a assuma como constituição da identidade para além — ou anterior — da violência.

O que se revela, aqui, é a possibilidade de uma «hermenêutica» fundamental do religioso, que neste caso coincide com os processos de originação de identidade pessoal, assente na resposta livre. A religião da responsabilidade — ou mesmo a religião *como* responsabilidade — interpreta-se como correspondência, enquanto *respondência* a um apelo originário. Esse apelo originário, em realidade, não pertence diretamente ao mundo dos fenómenos. Torna-se fenómeno apenas na mediação da resposta.[9] Mas esta é resposta — e não o ponto de partida — precisamente porque é «religiosa», porque se religa a uma dimensão anterior, ainda que não dada diretamente como fenómeno. Na relação de um ao outro — do irmão ao irmão — a interpelação à responsabilidade surge assim como uma terceira dimensão — ou uma «terceira pessoa» — que origina o apelo e a exigência à responsabilidade, apelo e exigência que se tornam fenómeno na presença do outro e na resposta responsável dada ao/pelo outro.

Por não ser fenómeno — pelo menos segundo a modalidade habitual dos fenómenos imanentes ao mundo, determinados pelo espaço e pelo tempo — o terceiro que origina a responsabilidade é da ordem do excesso. Este excesso pode ser interpretado como índice de negatividade, ou seja, como insinuação, através de um processo a que Levinas chama «rasto» (*trace*)[10] — e que em Derrida poderá significar o núcleo da própria *desconstrução* — segundo o qual não é possível absorver a alteridade na mesmidade, porque o terceiro «infinito» e sempre «ausente», ao investir a alteridade de uma dimensão excessiva, não o permite.[11]

Esta leitura apofática da referência ao «terceiro» — que pode até ser relacionada com a tradição da teologia negativa e de certas correntes místicas — permite, de facto, contrariar a noção de religioso como posse do sagrado, em conflito com outras pretensões de posse. O fundamento divino do religioso é precisamente o que fundamenta e exige a impossibilidade de qualquer pretensão de posse, seja sobre o próprio divino, seja sobre tudo aquilo que se situa no seu «rasto». Contudo, esta leitura negativa — desconstrutiva — parece não permitir (ou pelo menos parece dificultar) a instauração de uma atitude positiva em relação ao fundamento do religioso ou em relação ao sujeito ou à comunidade por ele fundamentada. O que, aliás, pode correr o risco

---

[9] Cf. Chrétien, Jean-Louis, *L'appel et la réponse* (Paris, 1992), 42; Marion, Jean-Luc, *Étant donné. Essai d'une phénoménologie de la donnation* (Paris, PUF, 1997), 460ss.

[10] Cf. Levinas, Emmanuel, *L'Humanisme de l'autre homme* (Paris, Fata Morgana, 1972), 83ss.

[11] Cf. Derrida, Jacques, *L'Écriture et la différence* (Paris, Ed. du Seuil, 1967), 104ss.

de reconduzir, de novo, a uma compreensão demoníaca dessa impossibilidade, se passar a significar, simplesmente, uma absoluta indisponibilidade do outro e da origem, sobretudo se essa indisponibilidade for interpretada como *tremendum et fascinans*, devido ao seu poder praticamente mágico.[12]

O filósofo alemão Jörg Splett acrescenta um elemento importante à referência ao «terceiro», na relação inter-humana ou na relação do humano ao mundo.[13] Reconhecendo a importância da posição de Levinas, através do conceito de «Illeité»[14], explora, na relação à terceira pessoa, a dimensão da exigência ética — que, aliás, não está ausente do pensamento de Levinas, como é sobejamente sabido. Assim, o «terceiro» transcendente à pura relação binária não significa apenas a impossibilidade de posse — ou a própria *impossibilidade* enquanto tal, na sequência de Derrida — mas também a possibilidade de uma exigência positiva, que orienta para a segunda pessoa. Exigência que conduz, sempre, ao princípio da responsabilidade. *Eu*, perante um *tu*, sou interpelado, por *ele*, ao respeito e à responsabilidade pelo tu. Aplicado este «esquema» ético ternário à dimensão religiosa, diríamos que é precisamente a sua origem transcendente e excessiva que fundamenta a relação ao diferente, como relação não apenas de respeito, mas sobretudo de responsabilidade — o que parece coincidir com a noção de religião como responsabilidade, proposta por Patocka.

Paul Ricœur, por seu turno e embora admita uma possível ligação entre esta noção de excesso com uma atitude violenta, sobretudo originada pelo medo em relação ao sagrado, propõe uma leitura diferente.

---

[12] Este paradoxo do regresso do sagrado demoníaco como indisponibilidade mágica, provocado pelas diversas tentativas de domínio do real, nomeadamente através da técnica, é explorado de forma muito sugestiva por Hartmut Rosa, *Unverfügbarkeit* (Viena, Residenz Verlag, 2019): «Em muitos aspetos, o mundo da vida da modernidade tardia torna-se cada vez mais indisponível, incompreensível e inseguro. Isso leva a que, em muitos âmbitos da vida, regresse a indisponibilidade pragmática, contudo em formas transformadas e que provocam mais medo, quase como se tivéssemos criado um monstro... Uma indisponibilidade resultante de processos que procuram tornar tudo disponível origina alienação radical» (124.130).

[13] Cf. Splett, Jörg, *Denken vor Gott* (Frankfurt a. M., Knecht, 1996), 108ss.

[14] Cf. Caspar, Bernhard, *Angesichts des Anderen. Emmanuel Levinas, Elemente seines Denkens* (Paderborn, Ferdinand Schöningh, 2009), 33ss.

Por um lado, reconhece o problema: «É pois em mim mesmo que experimento essa desproporção que existe entre a minha capacidade finita de adesão e o reconhecimento de algo fundamental que sempre me excede e, pelo seu excesso, me ameaça, o que me faz sofrer. A violência torna-se, então, uma tentativa de proteção contra o perigo de desenraizamento, de cuja ameaça iminente surdamente me apercebo.»[15] E vai ainda mais longe, pois admite que esta violência, por seu turno, não se fica pela relação a Deus, enquanto violência sobre o transcendente, manipulado eventualmente em conceitos (doutrina) e, por extensão (ou ainda antes), em ritos e normas de conduta; o prolongamento direto desta atitude violenta primeira é a violência sobre os outros que se referem a Deus de modo diferente, mas segundo mesmo o mecanismo do desejo mimético. «Todas as outras comunidades históricas que se reclamam de um mesmo transcendente, mas nos termos de uma outra confissão, aparecem como rivais na luta pela apropriação do Ser, do Outro absoluto, tratado como um mesmo, a possuir com exclusão dos outros.»[16] Lendo este mecanismo à luz da sua origem primeira, poder-se-ia então dizer: «O excesso de ser converte-se em ter, objeto do desejo de apropriação, projetando nas outras comunidades o mesmo gesto de apropriação-expropriação por rivalidade que se prolonga até mesmo no processo de acolhimento.»[17]

No entanto, por outro lado e em clara crítica à posição global de René Girard, que liga a religião, originária e constantemente, com a violência, Ricœur questiona-se pertinentemente: «Ora, porquê perceber aquilo que funda como uma ameaça e não como gratuidade e generosidade? É isso que ele é, fundamentalmente. Não é a projeção do nosso desejo de apropriação, sobre a própria origem da nossa convocação ao ser, que transforma em ameaça aquilo que não é senão doação, alargamento da minha capacidade de acolhimento?»[18]

---

[15] Ricœur, Paul, «A Religião e a Violência», *Revista Portuguesa de Filosofia* 56 (2000): 25–35, 29.

[16] *Idem*, 33.

[17] *Idem*, 34. É essa uma das leituras interessantes que Ricœur faz da tese de René Girard, sobre o carácter violento do sagrado.

[18] *Idem*, 34.

Este originário alargamento da capacidade de acolhimento, se levado até ao infinito, como correspondência a uma origem incondicional da existência, aproxima-nos da questão da *hospitalidade*, enquanto fundamento de uma atitude incondicional, ou seja, enquanto eventual fundamento religioso da existência.

3. Hospitalidade e religião nómada

Jacques Derrida, enquadrando-a no seu conhecido programa de desconstrução — que entende precisamente como uma espécie de redução fenomenológica que nos conduz a um «não-lugar» primordial — considera que a ética da hospitalidade constitui o mais originário nível da compreensão do humano e da relação inter-humana.[19] A característica mais funda desta ética é precisamente o carácter incondicional da sua interpelação. E a presença mais própria deste carácter incondicional da hospitalidade dá-se sobretudo na relação ao estrangeiro e no paradoxo que aí se torna manifesto.

O estrangeiro é, de facto, outro, estranho. Mas a sua alteridade e estranheza são medidas pela sua relação ao um lugar, uma cultura, uma nação, até um estado — um horizonte que condiciona a própria relação. Essa condição é determinada por esquemas, por leis, por reduções do outro à mesmidade dessas identificações. «A diferença entre o acolhimento do estrangeiro e o acolhimento do outro absoluto é a diferença entre a hospitalidade jurídico-político-moral e a hospitalidade incondicional a que alude Derrida. Enquanto a hospitalidade cosmopolita é regulada pelo cálculo que se impõe à tradução da língua estrangeira, a hospitalidade incondicional é sempre uma relação aneconómica e dissimétrica com a alteridade absoluta: é a impossibilidade da tradução do idioma singular do outro. Assim sendo, a hospitalidade incondicional é impossível.»[20] Essa «impossibilidade» fenoménica

---

[19] A par de Derrida, há a considerar o notável contributo — mais desenvolvido até que o primeiro — do filósofo alemão Hans-Dieter Bahr, *Die Sprache des Gastes. Eine Metaethik* (Leipzig, Reclam, 1994).

[20] Zagalo, Gonçalo, «Hospitalidade e soberania — uma leitura de Jacques Derrida», *Revista Filosófica de Coimbra* 30 (2006): 318.

radica, precisamente, no seu carácter incondicional. O que significa precisamente que a hospitalidade, em sentido estrito, é anterior e posterior — porque é exterior e diferente — ao condicionamento do outro pela estrutura política, jurídica, cultural ou religiosa que o pretende determinar como outro. A alteridade passaria assim a ser definida a partir da mesmidade, pela diferença/identidade de estruturas constituintes de identidades diferentes. Mas a (meta)ética da hospitalidade — o apelo que nela ressoa — é anterior às definições da identidade a partir de horizontes. Ela situa-se «*antes* e *para além* das *normas* e das *leis* — das *leis da hospitalidade*, do *dever* e do *direito de hospitalidade* inerentes ao espaço da *polis*. Antes portanto, e diferentemente, da sua *assimilação* numa determinada comunidade»[21].

O outro como hóspede é infinitamente mais do que o outro como estrangeiro ou como estranho. De facto, «diferentemente do *estrangeiro* que o é portanto sempre a partir de um *lugar* delimitado — a partir de uma *ipseidade* ou de um *eu próprio*, de uma *família*, uma *cidade*, um *Estado*, um *direito*, uma *nação,* uma *língua* e, portanto, de uma *cultura* —, e que é também acolhido pelo *direito* de um determinado lugar, pelo *direito* que faz esse lugar, o *recém-chegado* "é" e é acolhido a partir de si próprio enquanto *alteridade absoluta* ou *secreta. Infinita. Irredutível. Incalculável. Indecidível.* E o *acolhimento* da sua *estranheza*, a abertura ao inesperado da sua *vinda* é, para Derrida, *a ética da/como hospitalidade*»[22].

Muito à semelhança da categoria do *rosto* nu, proposta por Emmanuel Levinas para incarnar o carácter incondicional da interpelação ética originária, Derrida fala da obrigação da hospitalidade como uma resposta perante outro, mesmo antes das suas definições identitárias, que já o enquadrariam em categorias discriminatórias: «Na hospitalidade sem condição, o hospedeiro que recebe deveria, em princípio, receber antes mesmo de saber o que quer que seja do hóspede que ele acolhe. O acolhimento puro consiste não apenas em não saber ou em fazer como se não soubéssemos, mas em evitar toda a questão a

[21] BERNARDO, Fernanda, «A ética da hospitalidade ou o porvir do cosmopolitismo por vir I», *Revista Filosófica de Coimbra* 20 (2001): 370.

[22] *Idem*, 372.

respeito da identidade do outro, o seu desejo, as suas regras, a sua língua, as suas capacidades de trabalho, de inserção, de adaptação...»[23] O acolhimento é, aqui, enquanto resposta ética primordial, uma ação imediata e incondicional, antes do pensamento que deduz e calcula, antes da análise das condições de identidade, muito antes sobretudo de qualquer intencionalidade subjetiva ou contextual (político-cultural). A ética da hospitalidade surge então como uma dimensão além do político e do cultural, porque lhes é anterior e mais fundamental. A pessoa, enquanto tal e apenas pelo facto de ser pessoa humana, na sua unicidade irrecondutível a qualquer redução generalizante ou determinante, é anterior à *polis*; cada ser humano, na sua particularidade, é anterior e mais fundamental do que o cidadão.

Uma primeira e importante consequência desta precedência refere-se à relativização do enquadramento nacional, estatal e mesmo religioso da identidade, com a correspondente determinação de direitos, deveres e pertenças. O estado-nação, atual referência para a identificação jurídico-político-cultural — e também individual — do cidadão, é assim suplantado por uma dimensão primeira, que o coloca mesmo em questão. Essa dimensão terá encontrado, segundo Derrida, uma realização muito própria na tradição das denominadas «cidades-refúgio». «Uma tradição na qual a *polis* não era, de uma certa maneira, o horizonte último das cidades que, quanto à *hospitalidade*, podiam elevar-se acima do Estado, constituindo-se assim como uma espécie de santuários ou de asilos. Independentemente das nações e do Estado, independentemente da legislação estatal, tais cidades podiam acolher quem desejassem. E o filósofo lembra que o texto fundador de uma tal jurisprudência, aquela que outorga às cidades um singular direito à *imunidade* e à *hospitalidade* é sobretudo *Números*, 35, 9–32, onde Deus ordena a Moisés a instituição de seis «cidades de refúgio» ou «de asilo» para *acolher todos aqueles* que eram perseguidos por uma justiça cega e vingativa, ou por crimes de que eram os autores involuntários»[24]. Ou seja, a Bíblia hebraica — na qual se enraíza uma antropologia ética assente no valor

[23] DERRIDA, Jacques, *De l'hospitalité* (Paris: Calmann-Lévy, 1997), 98.

[24] BERNARDO, Fernanda «A ética da hospitalidade ou o porvir do cosmopolitismo por vir II», *Revista Filosófica de Coimbra* 22 (2002): 431.

absoluto da pessoa do outro, frente a qualquer enquadramento imanente, seja ele de que ordem for — é que terá introduzido, na história da humanidade, a perspetiva fundamental da ética da hospitalidade. Mesmo que muitas outras culturas e outros textos tenham articulado práticas de hospitalidade, essas estavam, contudo, condicionadas pelas leis da respetiva *polis*, não se reportando à dimensão da «meta-ética» e da antropologia que determina o horizonte dos escritos bíblicos — o que evoca a sua dimensão religiosa ou mesmo teológica. De facto, neste horizonte, a «lei» ética supera — e por vezes contradiz — a lei positiva elaborada no contexto da *polis*, colocando em questão, desse modo, a sua validade última ou absoluta. «A lei rompe, ao mesmo tempo, com *as leis*, ou seja, com o pacto da hospitalidade como direito ou obrigação, assim como tenta superar a vertente institucionalizada da hospitalidade. Esta forma da hospitalidade *incondicional* deve ser entendida, portanto, como a «lei na sua singularidade universal», que tenta superar (ou subverter?), de modo hiperbólico, as codificadas leis do hóspede. Ela não tem de condenar a hospitalidade condicionada, mas é-lhe tão heterogénea como o é a justiça em relação ao direito e, contudo, do mesmo modo inseparavelmente ligada.»[25] Esta paradoxal ligação à lei, mesmo à lei sobre o acolhimento do estranho — normalmente do estrangeiro já determinado enquanto tal pela própria lei — transforma a ética da hospitalidade e a sua incondicionalidade numa utopia sociopolítica. Como todas as utopias, está habitada por uma impossibilidade radical, que não deixa, contudo, de ter enorme efeito sobre as possibilidades reais. O hóspede representa um caso de «impossibilidade lógica e simultaneamente de manifesta presença. O hóspede é a figura paradoxal do terceiro: em realidade não deveria existir, mas existe. Desta situação aporética resultam simultaneamente a sua incomodidade e a sua indisponibilidade»[26].

Aplicando esta visão fundamental à dimensão religiosa da relação com o estranho, a atitude religiosa de fundo acaba por coincidir com a meta-ética da hospitalidade. Tornar-se-á, portanto, numa espécie de

---

[25] FOUNTOULAKIS, Evin e PREVISIC, Boris (orgs.), *Der Gast als Fremder. Narrative Alterität in der Literatur* (Bielefeld, Transcript Verlag, 2011), 16.

[26] FOUNTOULAKIS e PREVISIC, *Der Gast*, 13.

religiosidade nómada, não confinada a territórios organizados politicamente, nem aos modelos de poder que os sustentam, nem sequer aos modelos de identidade que origina. Na religião nómada da inter-humanidade hospitaleira, Deus é acolhido como hóspede primordial, não como propriedade a defender. Por seu turno, o próprio sujeito do religioso assume-se como permanente hóspede em qualquer lugar, não como proprietário, nem de Deus, nem do lugar em que o adora. Como consequência deste outro modo de ser e de ver as coisas, o outro — qualquer outro, sem aceção — é acolhido como hóspede, não como inimigo, porque todos somos hóspedes de todos; e na hospitalidade que nos une revela-se o hóspede primordial — ou a própria hospitalidade, como modo primordial de ser.

É claro que, como já muito bem viram os filósofos da hospitalidade — de modo mais evidente, talvez Derrida — há uma espécie de aporia que lhe é inerente. Porque a hospitalidade, como superação (porque anterior) de toda a regra hospitaleira, não passará de utopia; e a hospitalidade realmente existente, determinada por leis ou preceitos de hospitalidade, já não é incondicional e por isso já não é hospitalidade em sentido puro. Se identificarmos a meta-ética da hospitalidade com a fundamentação religiosa da existência — e da constituição do social e do político — parece que ambas estão marcadas por uma impossibilidade sócio-política, o que pode equivaler a uma impossibilidade religiosa, se entendermos a religião como sistema político-cultural identitário. Essa impossibilidade poderia permanecer na sua negatividade radical; ou então, na esteira de Ricœur, poder-se-ia tornar fértil precisamente nessa tensão. Nesse sentido, o político — enquanto espaço da ideologia, no sentido positivo que lhe atribui Ricœur — constitui a possibilidade de articulação humana da utopia, seja ela referida à meta-ética fundamental ou ao religioso.

A questão do sentido da ação e das decisões — e da sua fundamentação originária — enraíza-se no mundo simbólico de uma comunidade social concreta, com as suas tradições, os seus costumes, os seus valores, as suas convicções, também as suas regras — e por isso está sempre marcada por um limite, que a distingue de outras comunidades, originando o sentido do estrangeiro ou estranho. Ora, se a meta-ética ou a religiosidade nómada da hospitalidade necessitam de uma realização identitária para ganharem corpo realmente histórico — e por isso realmente eficaz no contexto das relações inter-humanas — não é menos importante que essas realizações sejam sempre relativizadas, por relação ao seu fundamento incondicional e, nesse sentido, nunca realizável. É na tensão destes elementos que um sistema identitário ou religioso se mantém humano e não se transforma em articulação divina ou absoluta do puro poder; e é também aí que a utopia da hospitalidade pode ganhar corpo, sem se limitar a ser a ideia negativa do impossível. Para terminar com Ricœur, quando aplica esta tensão à relação entre amor e justiça, poderíamos dizer: «A incorporação tenaz, passo a passo, de um grau suplementar de compaixão e de generosidade nos nossos códigos — código penal e código de justiça social — constitui uma tarefa perfeitamente razoável, se bem que difícil e interminável.»[27]

[27] Ricœur, Paul, *Amour et justice. Liebe und Gerechtigkeit* (Tübingen, J. C. B. Mohr, 1990), 66.

O QUE NIETZSCHE TERIA A DIZER-NOS SOBRE O FUNDAMENTALISMO RELIGIOSO?

Uma incursão pelas manifestações contemporâneas do niilismo e do ressentimento

JOÃO PAULO SIMÕES VILAS BÔAS[1]

I

A intensa atuação hodierna de grupos fundamentalistas, seja nos parlamentos, nos teatros de operações militares, seja nos meios de comunicação, nas escolas, nas ruas e também nos tribunais tem mostrado ao mundo que estas modalidades de extremismo religioso situam-se entre os grandes desafios enfrentados por governos, sociedades e instituições democráticas na atualidade.

A violência sectária e os discursos fanáticos de intolerância e de ódio que vicejam com força e rapidez impressionantes em todas as principais religiões representam graves dilemas para nações em todo o planeta. A despeito das particularidades inerentes a cada contexto religioso, é seguro afirmar que os fundamentalismos são unânimes na insistência obstinada em impingir suas visões de mundo particulares ao resto da humanidade, não poupando esforços para se contraporem a uma série de princípios que estão na base das instituições que formam a estrutura jurídica, política e social das democracias ocidentais, tais como a liberdade de expressão, a igualdade de direitos, o Estado laico, a liberdade religiosa, entre outros.

---

[1] Professor Adjunto da Universidade Federal do ABC — UFABC (Santo André, São Paulo, Brasil), na área de Ensino de Filosofia e docente do programa de Mestrado profissional em filosofia.

O significativo impacto das consequências geradas pela explosão de discursos e ações fundamentalistas em anos recentes acabou por atrair a atenção de pesquisadores de diversas áreas do conhecimento. Embora a maior parte das publicações sobre o assunto esteja situada nos campos da sociologia da religião, da teologia e da ciência política, também é possível encontrar abordagens filosóficas sobre os fundamentalismos. Em publicações recentes, pensadores como Jürgen Habermas e Jacques Derrida buscaram oferecer contribuições valiosas para a compreensão desse fenômeno, cada um tratando de certos aspectos dos fundamentalismos conforme seus próprios interesses e pressupostos teóricos.[2]

Considerando-se a sua natureza complexa e multifária — fato amplamente reconhecido e enfatizado por estudiosos do assunto[3] —, é seguro afirmar que o desenvolvimento de abordagens teóricas diferenciadas sobre os fundamentalismos tem o potencial de contribuir de maneira decisiva para a ampliação das suas possibilidades de entendimento. Diante deste quadro, o presente artigo se propõe a investigar em que medida as reflexões de Friedrich Nietzsche podem contribuir para ampliar a compreensão e a avaliação dos fundamentalismos.[4]

---

[2] As consequências dos eventos de 11 de setembro de 2001 geraram tamanha repercussão a ponto de unir, numa mesma publicação, Jürgen Habermas e Jacques Derrida. Cf. (Derrida & Habermas, 2003) e também (Borradori, 2004).

[3] A coletânea «*The Fundamentalism Project*», organizada por Martin E. Marty e R. Scott Appleby e publicada pela editora da Universidade de Chicago, EUA, comprova a complexidade característica dos fundamentalismos não apenas pelo seu grande volume e diversidade (mais de 100 capítulos redigidos por autores diferentes, totalizando mais de 3500 páginas), mas também pela preocupação explícita dos organizadores em justificar o emprego do termo «fundamentalismo» como um denominador comum para se referir a fenômenos com características significativamente diferentes entre si. Cf. a introdução do primeiro volume: (Marty & Appleby, 1991).

[4] Todas as citações das obras de Friedrich Nietzsche foram realizadas segundo as abreviaturas empregadas no periódico internacional *Nietzsche Studien*, com os títulos devidamente adaptados ao português. Assim, «GC» = *A Gaia Ciência* e «BM» = *Além de Bem e Mal*, sendo que as abreviaturas são seguidas de vírgula e do número do respectivo aforismo. Para as citações da *Genealogia da Moral*, a abreviatura «GM» é seguida pelo número da dissertação em algarismos romanos e o número do parágrafo em algarismos arábicos. Por fim, as citações de *Fragmentos Póstumos* são feitas com a abreviatura «FP» seguida pelo código do fragmento de acordo com a edição crítica de Colli e Montinari e acompanhada da data.

Tendo surgido na virada do século XIX para o século XX, num contexto de disputas entre grupos de cristãos protestantes nos EUA, o fundamentalismo cristão sofreu um baque significativo com a repercussão negativa gerada pelo julgamento do professor John Scopes, em 1925, por ter desafiado uma lei estadual que proibia o ensino do evolucionismo nas escolas públicas do Tennessee.

Rotulado a partir de então como um movimento retrógrado de minorias supersticiosas, ele parecia relegado ao esquecimento até seu assustador ressurgimento nas décadas de 1970–1980, o qual marcou o retorno de fundamentalismos dos mais diversos matizes aos palcos da geopolítica global como forças impossíveis de serem negligenciadas, condição que permanece vigente até os dias atuais.

A hipótese que pretendemos desenvolver no presente trabalho toma como ponto de partida a ideia de que o surgimento e o fortalecimento de discursos e práticas fundamentalistas em várias regiões do planeta a partir do século XX podem ser entendidos como reações tardias e desesperadas contra o aprofundamento do niilismo, isto é, da crise generalizada dos ideais, verdades e valores de natureza metafísica e/ou transcendente, bem como do *ethos* religioso tradicional, a qual foi acompanhada pela crescente racionalização e secularização das sociedades e de suas principais instituições.

A centralidade do niilismo como primeiro fio condutor de nossa aproximação entre Nietzsche e o fundamentalismo decorre do fato de que as críticas deste filósofo ao cristianismo se apoiam numa reflexão genealógica acerca do desenvolvimento dos discursos e dos valores que influenciaram diretamente a constituição das principais estruturas e instituições que estão na base da civilização ocidental, a saber: a política, a cultura, a justiça, a ciência, a religião e a filosofia. Nesse desenvolvimento, a atuação do cristianismo desempenhou papel imprescindível na medida em que ele foi o principal responsável pela desqualificação de todas as outras perspectivas de verdade e valor[5], o que resultou na absolutização de uma única moral: a moral socrático-platônico-cristã.

---

[5] Como exemplos históricos deste tipo de ocorrência, podem-se destacar os anátemas e a condenação das heresias no início da era cristã; a conversão forçada de povos pagãos na Europa medieval e também, séculos mais tarde, na colonização da Ásia, das Américas e da África; as Cruzadas e também a atuação do tribunal do Santo Ofício.

Ao teorizar sobre as condições de surgimento e as transformações sofridas pelos valores socrático-platônico-cristãos ao longo da história do Ocidente, Nietzsche traça um panorama do desenvolvimento dos discursos religiosos que articula a dimensão histórica e sociopolítica da religião com a dimensão fisiopsicológica[6] e existencial dos indivíduos de uma forma inédita, o que possibilita o entendimento de determinadas características dos fundamentalismos a partir de uma perspectiva bastante fecunda.

II

É n'*A Gaia Ciência* que o niilismo aparece como uma temática chave para o entendimento da crise da modernidade. O conhecido anúncio da morte de Deus, juntamente com outros aforismos desta obra, integra o diagnóstico de uma profunda crise nos fundamentos das civilizações ocidentais, pois os valores e as instituições que até então estruturavam o pensamento e a organização das sociedades perdem gradativamente a capacidade de continuar respondendo às aspirações e às necessidades humanas de maneira satisfatória. O gradual crescimento da dúvida e da desconfiança corrosivas perante os antigos cânones morais, metafísicos e religiosos, as quais colocam em xeque a crença na legitimidade e na solidez das antigas bases políticas, jurídicas, econômicas e sociais destas civilizações, trouxe como consequência não somente o advento de um clima de inquietação generalizada, mas também um processo crescente de desagregação e revolta nos campos social e político, buscando subverter a velha ordem.

Este momento de falência das verdades e valores do passado, a morte de Deus, é considerado pelo filósofo como o ponto culminante do percurso histórico de um conjunto estruturado de valores e crenças, cujas

---

Tais eventos tiveram importância decisiva na expansão e consolidação do paradigma socrático-platônico-cristão como a única moral em todo o Ocidente.

[6] «[...] fisiologia e psicologia não constituem dois campos distintos para Nietzsche, mas um todo que se reúne no corpo. O termo corpo, contudo, é ressignificado e ampliado por Nietzsche, passando a designar não apenas um feixe de músculos, ossos, etc., mas também instintos, impulsos, etc.» (Paschoal, 2014, p. 49).

origens remontam a Sócrates e Platão. Com a expressão «*Deus está morto!*» (Nietzsche, GC, 125) Nietzsche indica uma genuína catástrofe espiritual, um abalo profundo na visão de mundo da humanidade no momento em que ela se vê privada do antigo horizonte de referência a partir do qual sua existência ganhava sentido, passando a experimentar a vida «como se tudo fosse *em vão*» (Nietzsche, FP 5[71], 10 de junho de 1887).

Como se sabe, o período compreendido entre o final do idealismo alemão e o início do século XX foi palco de um significativo declínio nas publicações e debates filosóficos em torno de temas tradicionais da metafísica, os quais haviam ocupado o primeiro plano em séculos anteriores (tais como a existência de Deus, a teodiceia, a existência e a natureza da alma ou espírito, o papel preciso de Deus na criação e/ou na organização do universo, etc.). Por outro lado, essas mesmas décadas foram palco para a ascensão de uma série de teorias que procuravam explicar os mais variados aspectos da realidade sem qualquer recurso a elementos de natureza transcendente e/ou metafísica, com destaque para o socialismo, o positivismo e o materialismo, os quais, em maior ou menor grau, encontraram apoio no clima de otimismo generalizado diante das transformações da ciência, da tecnologia e da política na Europa.

As novas descobertas nos campos das ciências naturais e da matemática; a consolidação da sociologia, da linguística e da psicologia experimental, juntamente com os rápidos avanços da tecnologia contribuíram para alimentar uma compreensão da ciência materialista como âmbito do conhecimento capaz de combater toda forma de pensamento supersticioso (no qual todas as religiões eram incluídas) e corrigir os enganos do passado, alçando a humanidade a uma nova era de progresso, na qual a natureza não apenas teria os seus mistérios completamente explicados, mas também estaria inteiramente submetida ao controle humano.

A postura despreocupada e galhofeira dos ateus da praça do mercado perante a primeira fala do homem louco indica que estes seriam típicos representantes dos homens avançados da segunda metade do século XIX, adeptos das «ideias modernas» (Nietzsche, ABM, 202) que não viam qualquer problema na derrocada do antigo paradigma religioso justamente porque, em lugar dele, passaram a acreditar que algum dos ideais substitutivos surgidos com o declínio da visão de mundo religiosa tradicional — como por exemplo a ciência e a tecnologia, ou então o socialismo, o anarquismo, o nacionalismo, etc. — bastaria não apenas para esclarecer de modo definitivo as questões filosóficas do sentido da vida, do bem e do mal, etc., como também para oferecer as diretrizes de uma perfeita estruturação política, econômica e social das nações, a qual, por sua vez, conduziria a humanidade à conquista definitiva da felicidade perene e universal.

No entender de Nietzsche, a primazia da visão de mundo socrático-platônico-cristã como móbil determinante do desenvolvimento da civilização ocidental ao longo de dois milênios foi o resultado de uma complexa relação dinâmica entre forças, na qual este paradigma veio a conquistar o predomínio pelo fato de ser uma perspectiva de mundo capaz de responder às necessidades de segurança, de respostas capazes de fornecerem um sentido para a vida, para a finitude e para o sofrimento de um modo que se coadunava com as características fisiopsicológicas de um determinado tipo humano.[7]

A denúncia do homem louco desta dependência da humanidade em relação a um cânone externo de verdade e valor pode ser observada quando se atenta para a quantidade de referências à perda do centro de referência (o apagar-se do horizonte, a perda do Sol, a impossibilidade de apontar um «acima» e de um «abaixo», etc.) que integram boa parte do aforismo. Ao colocar tantas metáforas semelhantes em sequência, Nietzsche quer destacar o grau de indigência da humanidade, a qual, ao cabo de dois milênios, tornou-se permanentemente dependente de um conjunto de respostas específicas que ocuparam a posição de supremo centro de referência para os fundamentos da civilização e para o sentido da própria vida humana.

> [...] Que significa a aparição sempre renovada dos fundadores de morais e religiões [...]? [...] a natureza humana foi totalmente modificada por essa aparição sempre renovada dos professores da finalidade da existên-

[7] Naturalmente que não ignoramos a importância igualmente decisiva desempenhada pelas já mencionadas ocorrências de natureza geopolítica e/ou bélica na consolidação do cristianismo como religião e como paradigma moral predominante no Ocidente.

cia — agora ela tem uma necessidade a mais, justamente a necessidade da aparição sempre renovada de tais pregadores e doutrinas da «finalidade». O homem gradualmente se tornou um animal fantástico, que tem de preencher, mais que qualquer outro, uma condição existencial: de tempos em tempos o homem *precisa* acreditar saber, *por que* ele existe, sua espécie não pode florescer sem uma periódica confiança na vida! Sem crença na *razão da vida*! (Nietzsche, GC, 1).

Ao afirmar que a contínua ascensão de indivíduos de tipo sacerdotal até posições de poder e influência em todas as culturas acabou por operar uma modificação na natureza humana, o filósofo relaciona este anseio por verdades e certezas racionais a uma demanda artificialmente criada, cultivada e fortalecida durante milênios por esta mesma cultura sacerdotal, a saber: uma exigência pela «conservação da espécie humana» (Nietzsche, GC, 1).

A ideia de que a contínua necessidade de dar sentido à existência humana e também de justificar a finitude e o sofrimento inerentes à vida seriam sinais característicos de fraqueza e de declínio da humanidade é desenvolvida de modo mais aprofundado no aforismo GC, 347, o qual estabelece uma relação direta entre o desejo desenfreado por certeza e segurança e uma condição fisiopsicológica fraca e decadente. Para Nietzsche, a degeneração dos afetos e instintos de comando acaba por exigir, como contraponto, a subordinação dos indivíduos a algum conjunto de dogmas, a uma doutrina ou instituição que se mostre forte e decidida o suficiente para assumir o papel de voz de comando orientadora, capaz de oferecer firmeza, redenção e suporte aos indivíduos claudicantes e necessitados de uma definição inequívoca sobre o sentido da vida, o bem e o mal, o caminho para a felicidade, etc.

Nesse contexto, as já mencionadas promessas de felicidade e bem-aventurança associadas à crença no progresso científico, político, econômico e/ou tecnológico não passariam de meios adicionais através dos quais os princípios morais cristãos seriam novamente reafirmados[8] e inculcados nas mentes e nos corpos das massas.

---

[8] Acerca da vinculação entre a ciência e os valores morais cristãos, cf. GC, 344. Acerca da vinculação entre a democracia, o socialismo e o anarquismo com valores morais cristãos, cf. BM, 202.

No aforismo 347, além de mencionar a «impetuosa exigência de certeza, que hoje se descarrega de modo científico-positivista por grande número de pessoas» (Nietzsche, GC, 347), Nietzsche também se refere à intensificação do nacionalismo na Europa e ainda cita a perspectiva anarquista radical dos niilistas russos, colocando-os no mesmo patamar de substitutos derivados do antigo ideal cristão.

Com isso, o filósofo quer chamar a atenção para o fato de que a fé libertária que animava a coragem belicosa dos niilistas russos não se diferencia essencialmente da fé científica na razão esclarecida que queria destruir as superstições e combater o obscurantismo para o advento de uma sociedade tecnocrática de pleno controle sobre o ser humano e sobre a natureza, ou então da fé ufanista dos alemães exaltados com a construção do grandioso *Reich* pangermânico e igualmente dispostos a enfrentar com unhas e dentes todas as minorias e grupos dissidentes que, na sua limitada visão unidimensional, ameaçariam a consecução deste movimento integrador, pois todos eles seriam resultado do estímulo deliberado ao fanatismo em indivíduos de configuração instintual débil. (qualquer semelhança com os fanáticos fundamentalistas não é mera coincidência!)

Com isso, a despeito das diferenças entre as palavras de ordem específicas e entre a roupagem dos ideais defendidos por cada um dos três grupos — os nacionalistas alemães, os niilistas russos e os apóstolos da tecnociência —, e também a despeito das diferenças entre os respectivos alvos de enfrentamento de cada um deles, o ponto comum que os une indistintamente continua sendo a crença numa promessa de felicidade futura em moldes de rebanho.

Ao considerarmos o alcance e a relevância da reflexão nietzschiana sobre o fanatismo, torna-se possível entender que em GC, 347, o filósofo opera um aprofundamento das relações entre o niilismo e a vontade de verdade de maneira a ampliar as configurações fisiopsicológicas da vontade de verdade. Este conceito, que nos aforismos 1, 108 e 125 desta mesma obra aparecia como uma necessidade insuperável por certeza, apoio, sentido e segurança, caracterizada por uma postura passiva de obediência e subordinação aos cânones, passa agora a incluir também aquelas condições nas quais há um predomínio de afetos agressivos direcionados à eliminação das supostas ameaças à plena concretização do ideal redentor.

> *Novas lutas.* — Depois que Buda estava morto, durante séculos ainda se mostrou sua sombra numa caverna — uma sombra monstruosa e terrível. Deus está morto; mas, tal como é a espécie dos homens, durante séculos ainda haverá cavernas nas quais se mostrará sua sombra. — Quanto a nós — nós ainda temos de vencer também a sua sombra! (Nietzsche, GC, 108).

Contrariamente ao estereótipo do crente como um indivíduo covarde, que poderia ser evocado pelo uso da imagem dos passivos contempladores da sombra em GC, 108, os quais, incapazes de aceitar a morte de Deus e de enfrentarem a dureza do novo paradigma materialista, preferem fugir e se isolar do mundo no conforto acolhedor de uma caverna profunda que lhes permita continuar a adorarem candidamente seus ídolos, Nietzsche quer indicar que a debilidade fisio-psicológica e a consequente dependência existencial em relação a uma verdade externa se fazem igualmente presentes na postura ativa e belicosa dos defensores do patriotismo e nos niilistas russos.

A apurada investigação nietzschiana do fanatismo à luz da vontade de verdade e do niilismo mostra que as diferentes formas de militância agressiva e obstinada, ao lado da coragem temerária dos mártires revolucionários e/ou patriotas em defesa de seus respectivos ideais laicos — a despeito de aparentarem à primeira vista ser fruto de uma condição mais forte do que a cândida submissão a um ídolo sagrado —, não se diferenciam essencialmente das modalidades de dependência em relação a algum discurso de natureza religiosa que propugna valores externos à vida como forma de garantir segurança e sentido.

Para Nietzsche, a força e a coragem dos fanáticos não passariam, portanto, de um disfarce, visto que o grau de intensidade de todo comportamento belicoso e intolerante é diretamente proporcional tanto à importância que tais espíritos debilitados concedem ao respectivo ideal, como também ao temor de que a fonte da segurança possa vir a sucumbir às ameaças externas, o que demonstra o quanto eles ainda são desesperadamente carentes de uma «sombra», de uma «redenção» que lhes determine o sentido da vida.

Para Nietzsche, fica claro que todo fanático ambiciona, ao fim e ao cabo das lutas, a manutenção perene da condição mediocrizante e dependente prometida pelo seu respectivo ideal. Nesse sentido, toda luta, militância, sacrifício e hostilidade contra os inimigos só encontram razão de ser na medida em que contribuem para a efetivação de algum tipo de utopia gregária, que se apresenta sob diferentes roupagens, quer ela seja materializada na eliminação definitiva do pecado e/ou das heresias para que os escolhidos atinjam o reino dos céus, quer na supremacia incontestável do *Reich* ou então no pleno domínio tecnocientífico da vida.

III

A análise da investigação nietzschiana do fanatismo derivado da vontade de verdade mostra que suas reflexões sobre a agressividade obstinada, que não se exime em defender incondicionalmente um artigo de fé mesmo após «mil refutações» (Nietzsche, GC, 347), guardam uma proximidade surpreendente com o quadro de emergência e de incremento de variadas modalidades de fundamentalismos em anos recentes.

Nascido a partir da nefasta combinação do niilismo com uma profunda debilidade fisiopsicológica, o fundamentalismo se constitui num genuíno fruto doentio do fim da modernidade, cujas consequências assustadoras, além de apresentarem graves dilemas para cidadãos, instituições e governos em todo o planeta, também refletem a magnitude do impacto existencial causado pelo vazio que esta crise da religiosidade tradicional legou para as sociedades contemporâneas.

Como foi visto, a gradual desqualificação do caráter absoluto e universal dos antigos princípios normativos de sentido, de verdade e de valor vinculados a um referencial transcendente fez com que eles fossem relegados ao status de meras perspectivas privadas. Paralelamente a isso, o fim da modernidade também assistiu à rápida ascensão de um paradigma técnico e científico materialista, o qual passou a determinar não apenas a produção do conhecimento, a aplicação da medicina e as atividades econômicas, mas também a política e a justiça.

Conquanto o acelerado desenvolvimento na ciência e na tecnologia a partir da revolução industrial tenha proporcionado uma série de transformações benéficas nos campos da saúde, do acesso à informação, da comunicação, do entretenimento e do transporte, além da produção de um sem-número de bens de consumo que eram inimagináveis há cem anos atrás, por outro lado, é certo também que o usufruto dessas benesses ficou restrito às parcelas minoritárias da população mundial economicamente favorecidas.

Se apenas um reduzido grupo de privilegiados pôde de fato gozar desses benefícios, é de se esperar que o contraste gritante entre a abundância ostentada pelas minorias e a penúria material enfrentada pelas massas economicamente desfavorecidas, socialmente ameaçadas e culturalmente fragilizadas em todo o mundo tenha reforçado o sentimento de repúdio por aquilo que os discursos fundamentalistas rotulam como «a modernidade».

Para esses povos que se encontram à margem do desenvolvimento científico, econômico e tecnológico, em nações pobres e exploradas ou nas periferias das grandes metrópoles dos países desenvolvidos, a experiência niilista do desencantamento do mundo é vivenciada como uma dupla exclusão: tanto existencial como econômica.

Como se não bastasse o impacto existencial do solapamento das referências de identidade, de sentido, de verdade e de valor gerado pela passagem abrupta de um *ethos* agrícola, tradicional, cíclico, comunitário e religioso para uma realidade mutável, secularizada, impessoal, mercantilizada, competitiva e tecnológica, na qual tudo — até mesmo a própria vida — foi devidamente instrumentalizado, as massas economicamente desfavorecidas ainda se veem privadas da fruição do único sentido existencial oferecido pelas sociedades capitalistas contemporâneas, a saber: a busca da felicidade através do consumo.

Diante desse quadro, é natural esperar que as modalidades de discursos fundamentalistas que associam uma condição de segurança material — isto é, uma garantia de emprego, moradia e um padrão de consumo considerado «confortável» — como complemento da segurança espiritual proporcionada pela reinstituição do sagrado, tenham conseguido conquistar grande adesão entre os mais pobres. Exemplos emblemáticos podem ser apontados tanto nos fundamentalismos sunita e xiita como também na teologia da prosperidade, «uma mistura única de consumismo, imaginário bíblico e propaganda sobre as recompensas materialistas da liberdade e democracia» (Maldonado, 1993, p. 221).

Num contexto de profunda insegurança material e existencial, tal como enfrentado pela maioria das populações das nações subdesenvolvidas da África, das Américas e do Oriente Médio, a proposta de igrejas fundamentalistas de substituírem o individualismo competitivo por uma vivência comunitária sustentada na ajuda mútua e alimentada por promessas de conforto, estabilidade e riqueza material representa um verdadeiro oásis em meio ao deserto de instabilidade, pobreza e exploração. Não surpreende, portanto, a afirmação dos pesquisadores Martin E. Marty e R. Scott Appleby de que «tornar-se um fundamentalista significava unir-se a um grupo — uma comunidade local, visível, apoiadora. Viver num mundo hostil exigia nada menos do que isso» (Marty & Appleby, 1991, p. 832).

Se a pobreza estimula a adesão a grupos fundamentalistas, é preciso destacar, todavia, que ela não é condição necessária e suficiente. Prova disso é a presença marcante de discursos fundamentalistas também entre as parcelas da população economicamente privilegiadas nos países desenvolvidos, como entre os cristãos protestantes dos EUA e os judeus em Israel. Tanto o medo do desenraizamento cultural proporcionado pela secularização, como também o temor de desorientação existencial e de perda da própria identidade em uma sociedade marcada por constantes mudanças, são ocorrências que independem da situação econômica.

Conquanto a já mencionada crença otimista no progresso da razão esclarecida tenha sido fortalecida tanto pelos inegáveis e significativos avanços na melhoria das condições de vida material das populações economicamente privilegiadas, não é menos verdadeiro que o presente monopólio da racionalidade científica e tecnológica jamais chegou a corresponder de fato à crença utópica de que bastariam a razão, a ciência e a técnica como instâncias necessárias e suficientes para garantir a superação de todos os males e a consequente emancipação plena de toda a humanidade.

A despeito de todo o conforto e segurança materiais proporcionados pela riqueza, o vazio niilista, terrível e insuportável para a grande maioria dos homens, permanece como uma ameaça constante a assombrar também as populações dos países desenvolvidos. A presença quase que obrigatória entre fundamentalistas, ricos ou pobres, de um tipo de discurso alertando para o grande perigo representado por uma suposta conspiração mundial que teria o objetivo de aniquilar suas respectivas religiões e/ou povos serve como indicativo da intensidade da paranoia e do medo da aniquilação que os movem.

Impulsionados pelo desespero ante a perda de suas referências valorativas e identitárias mais importantes, a única saída que resta aos fundamentalistas é o mergulho na cegueira do fanatismo, o qual, como bem diagnosticado por Nietzsche, «é a única "força de vontade" para a qual também os fracos e inseguros podem ser conduzidos» (Nietzsche, GC, 347).

O terror e a frustração dos fundamentalistas tanto em face do secularismo da ciência, justiça, política e economia, como também perante as reivindicações democráticas de tolerância religiosa, liberdade de expressão e de igualdade de direitos para todos, incluindo as mulheres e os grupos LGBT+, são resultados da crença de que esses princípios se contraporiam diretamente aos valores mais sagrados, verdadeiros e importantes que existem. Para eles, tanto a base da identidade comunal e individual como as orientações que regulam a vida só estariam garantidas contra as transformações, mudanças e intempéries da atualidade enquanto estiverem fundadas numa verdade eterna e incorruptível, a saber: o discurso religioso. Esta é a principal causa da sua postura segregacionista e violenta.

IV

Se, como foi visto, o niilismo contribui para esclarecer as dimensões psicológica e existencial dos fundamentalismos, por outro lado, o ressentimento se relaciona com a dimensão prática das ações destes grupos, isto é, com a agressividade e o segregacionismo dos fundamentalistas perante as sociedades secularizadas e também as outras religiões.

Independentemente das especificidades de cada crença, é certo que todos os fundamentalismos são intrinsecamente marcados por uma postura combativa (Marty & Appleby, 1991, pp. 820–826). O enfrentamento do feminismo, da política e ciência laicas, da tolerância religiosa, da democracia, da igualdade de direitos para os grupos LGBT+, da liberdade de expressão, etc. exige obediência inquestionável, disciplina rigorosa e disposição para qualquer sacrifício. A paradoxal criminalidade destes defensores ferrenhos da «moral e dos bons costumes» — que recorrem sem qualquer escrúpulo à violência brutal, à sabotagem da política, à discriminação e assassinato de dissidentes e opositores, bem como à destruição de símbolos e/ou templos religiosos alheios — encontra justificativa na crença de que a perfeição e a justeza da causa pela qual lutam automaticamente redimiria suas transgressões.

Diante disso, nossa hipótese é a de que a disposição para a violência entre os fundamentalistas é fruto de uma condição fisiopsicológica doentia, marcada por um profundo grau de debilidade e insegurança perante si e também perante a alteridade.

> [...] a difusão e a intensidade do fundamentalismo são indicadores do grau da dúvida e do desespero daqueles, que lhe vendem a sua alma. Quem tem certeza da sua fé, do seu «deus» e não precisa, por conseguinte, temer muito, pode demonstrar tolerância, compreensão e mesmo amor aos que seguem outro credo, que pensam diferentemente. Na sua autocompreensão, esses outros não ameaçam a sua fé; por que ele haveria então de ameaçá-los, constrangê-los? A segurança, que a sua fé lhe dá, confere-lhe uma soberania anímico-espiritual, que não necessita de nenhuma agressividade e de nenhuma violência para afirmar-se. (Künzli, 1995, pp. 66–67)

Quando se considera o papel desempenhado pela agressividade no *modus operandi* fundamentalista, pode-se afirmar que o emprego da violência é tido como um meio para a consecução de um entre dois principais objetivos: combater as outras religiões para homogeneizar uma população ou então garantir a segregação dos fundamentalistas em relação ao restante do mundo.[9] No caso de enclaves fundamentalistas em sociedades onde o isolamento total não é possível, os esforços de segregação se concentram em controlar o mais rigorosamente possível a influência de costumes, práticas ou de instituições julgadas

[9] Este anseio segregacionista dos fundamentalistas é semelhante à distopia cinematográfica do filme *A Vila* (2004), onde um grupo de pessoas profundamente traumatizadas decide se afastar do mundo para construírem o sonho de uma sociedade perfeita. Cf. (Gallo & Veiga-Neto, 2009).

como desvirtuadoras, tais como os meios de comunicação, agremiações sociais e instituições educacionais.

Apesar de parecerem distintos à primeira vista, ambos os objetivos derivam de um mesmo impulso homogeneizador. Conforme as condições históricas, políticas e sociais, os fundamentalistas podem se dedicar à eliminação da alteridade que existe fora do grupo ou à prevenção do surgimento da alteridade no interior do próprio grupo.

Esse impulso homogeneizador, que é incapaz de lidar com a alteridade de uma forma que não seja conflituosa, origina-se a partir da constatação dos próprios fundamentalistas de que as sociedades secularizadas seriam locais simultaneamente ameaçadores e sedutores, caracterizados por vícios, depravações e apostasia, exercendo uma espécie de apelo sedutor e desencaminhador irresistível para eles.

É justamente na identificação das raízes da belicosidade fundamentalista numa profunda insegurança e incômodo perante o outro que se encontra a base para o estabelecimento de uma relação teórica destes fenômenos com o ressentimento. Quando considerada à luz do ressentimento, a incapacidade dos fundamentalistas em lidar com a alteridade de uma forma que não seja agressiva revela-se como o resultado de uma profunda suscetibilidade fisiopsicológica associada a um princípio moral que defende a eliminação das diferenças em favor da absolutização de uma única perspectiva de sentido, verdade e valor.

Em *A Genealogia da Moral*, Nietzsche subsume sob a rubrica «ressentimento» um amplo conjunto de reflexões, que podem ser didaticamente divididas em quatro sentidos principais, todos eles presentes na primeira dissertação. Em primeiro lugar, o termo se relaciona com a caracterização de um tipo de constituição fisiopsicológica, na qual o ressentido é apresentado como um indivíduo fraco e decadente, em contraposição a outros mais saudáveis e felizes.

> [...] Os «bem-nascidos» se *sentiam* mesmo como os «felizes»; eles não tinham de construir artificialmente a sua felicidade, de persuadir-se dela, *menti-la* para si, por meio de um olhar aos seus inimigos (como costumam fazer os homens do ressentimento); e do mesmo modo, sendo homens plenos, repletos de força e portanto *necessariamente* ativos, não sabiam separar a felicidade da ação — para eles, ser ativo é parte necessária da felicidade (nisso tem origem εὖ πράττειν [fazer bem: estar bem]) — tudo isso

> o oposto da felicidade no nível dos impotentes, opressos, achacados por sentimentos hostis e venenosos, nos quais ela aparece essencialmente como narcose, entorpecimento, sossego, paz, «sabbat», distensão do ânimo e relaxamento dos membros, ou, numa palavra, *passivamente*. (Nietzsche, GM I, 10).

O segundo sentido com que Nietzsche emprega o ressentimento é, de longe, o mais conhecido devido à estreita associação com as características do protagonista do romance *Memórias do Subsolo* de Dostoiévski. Aqui, o filósofo se refere ao modo de reagir às contrariedades, infortúnios e reveses inevitáveis da vida: enquanto que nos indivíduos bem constituídos as respostas se dariam por meio de uma ação imediata, os ressentidos teriam um «*sentimento de obstrução fisiológica*» (Nietzsche, GM III, 17). Perante uma situação ou um estímulo externo que provoca uma determinada reação, o indivíduo ressentido é total ou parcialmente incapaz de fazê-la devido a esta inibição, de forma que a carga pulsional, ao invés de se descarregar para fora, descarrega-se para dentro. Como consequência, os ressentidos seriam obrigados a se contentar com uma resposta meramente imaginária. «A rebelião escrava na moral começa quando o próprio ressentimento se torna criador e gera valores: o ressentimento dos seres aos quais é negada a verdadeira reação, a dos atos, e que apenas por uma vingança imaginária obtêm reparação.» (Nietzsche, GM I, 10)

A impossibilidade de eliminação e/ou assimilação dos afetos negativos somada à excessiva vulnerabilidade fazem com que os ressentidos continuem sentindo e sofrendo as consequências de perturbações passadas há muito tempo. Como resultado previsível, tem-se uma profunda «desordem psíquica» (Paschoal, 2014, p. 33) caracterizada por um ódio e rancor crescentes, acompanhados de um anseio doentio por vingança, por fazer sofrer aqueles considerados responsáveis pela miséria dos ressentidos. No entanto, a própria natureza debilitada e inibida desses indivíduos faz com que este anelo vingativo permaneça, na prática, irrealizável (Paschoal, 2014, pp. 33–34).

Se o termo ressentimento tivesse sido empregado por Nietzsche apenas nos dois sentidos anteriormente mencionados — ambos situados no âmbito de uma descrição das características psíquicas, fisiológicas e pulsionais de um determinado tipo humano —, é certo que nossa proposta de empregá-lo como chave de leitura do *modus operandi* fundamentalista não seria capaz de abarcar a amplitude e as peculiaridades deste fenômeno.

Conquanto a suscetibilidade doentia dos ressentidos possa servir como recurso para pensar tanto a origem da enorme dificuldade dos fundamentalistas em aceitar a alteridade, como também a facilidade com que eles se sentem profundamente ofendidos com provocações de qualquer natureza[10], ainda assim os fundamentalistas não se enquadrariam nem de longe na categoria nietzschiana de indivíduos inibidos na sua capacidade de reagir às ofensas. Pelo contrário, o que se pode observar entre eles é o cultivo de uma postura permanente de militância ativa e de agressividade explícita, cuja temeridade alcança as raias do autossacrifício, sem se deter ante qualquer perigo ou ameaça.

É preciso ressaltar, todavia, que além de realizar uma caracterização fisiopsicológica, Nietzsche também emprega esse termo em suas reflexões sobre a moral. Para que se consiga compreender de que forma uma constituição fisiopsicológica doentia e inibida se relaciona com o desenvolvimento de valores morais que sustentam um discurso radicalmente intolerante e segregacionista, é preciso refletir sobre o modo como os fundamentalistas se relacionam com a alteridade.

Toda alteridade é um obstáculo, e isso vale para todos os seres vivos. Desde a infância somos confrontados com indivíduos e situações que limitam a satisfação de nossos desejos e a realização plena de nossas vontades. Além disso, é de amplo conhecimento que o enfrentamento dos obstáculos representados pela alteridade é parte fundamental do processo de desenvolvimento psicológico e emocional de todo ser humano.

No entender de Nietzsche, o fato dos ressentidos não terem condições de reagir à altura das perturbações sofridas priva-os da possi-

[10] Tomando como exemplo o ataque ao escritório da revista francesa *Charlie Hebdo* em janeiro de 2015, que teve como saldo 11 mortos e 11 feridos, é possível constatar que, se um grupo de indivíduos considera que a ofensa causada por algumas poucas caricaturas ordinárias é digna de morte e de fato leva esta ameaça às vias de fato, então não pode haver qualquer dúvida quanto à profunda vulnerabilidade da condição fisiopsicológica dessas pessoas. É inegável a diferença entre sentir-se incomodado com uma provocação de gosto duvidoso e responder a ela com um ataque armado.

bilidade de descarregarem para fora de si seus impulsos negativos e frustrações. Essa condição, quando somada à incapacidade deles em assimilar as energias psíquicas deletérias desses eventos, digerindo-as (incapacidade esta que, por sua vez, é uma consequência da sua fragilidade fisiopsicológica, referida no primeiro sentido do ressentimento), gera como resultado uma excessiva suscetibilidade, visto que o delicado equilíbrio desses indivíduos mórbidos acaba sendo perturbado até mesmo por ocorrências insignificantes.

Os ressentidos sofrem grandes dificuldades ao se confrontarem com o outro, com o diferente, com o imprevisível, de uma forma isenta de problemas porque sua debilidade fisiopsicológica faz com que o seu frágil equilíbrio venha a ser facilmente perturbado sempre que eles se chocam com uma alteridade que lhes é incontrolável e da qual não conseguem se desvencilhar por meio de uma reação adequada. Soma-se a isso o fato de que eles são incapazes de compreender (ou, se compreendem, relutam em aceitar) que a causa de seus malogros, frustrações e experiências negativas reside primordialmente na sua própria fraqueza e debilidade, o que os leva a impingir a culpa das suas misérias à existência e/ou à ação dos diferentes.

A consequência previsível da repetição de ocorrências deste tipo é o surgimento de um ódio profundo perante a alteridade, acompanhado pelo anseio por desvalorizá-la, enfraquecê-la, controlá-la e/ou destruí-la.

A partir deste ponto, podemos então falar de um terceiro sentido do ressentimento, o qual se constitui numa diferenciação entre dois modos possíveis pelos quais os indivíduos seriam levados a afirmar a própria individualidade e, por conseguinte, estruturar seus juízos morais: enquanto que nos fortes e saudáveis o ponto de partida é a autoafirmação (constituindo uma moral que surge a partir de um olhar que se volta para o próprio indivíduo), nos ressentidos a criação de juízos morais se dá de forma secundária, reativa, derivada, pois eles têm necessidade de olhar primeiramente para fora de si, negando a alteridade para, só então, afirmarem a si próprios.

> [...] Enquanto toda moral nobre nasce de um triunfante Sim a si mesma, já de início a moral escrava diz Não a um «fora», um «outro», um «não-eu» — e *este* Não é seu ato criador. Esta inversão do olhar que estabelece

valores — este *necessário* dirigir-se para fora, em vez de voltar-se para si — é algo próprio do ressentimento: a moral escrava sempre requer, para nascer, um mundo oposto e exterior, para poder agir em absoluto — sua ação é no fundo reação. O contrário sucede no modo de valoração nobre: ele age e cresce espontaneamente, busca seu oposto apenas para dizer Sim a si mesmo com ainda maior júbilo e gratidão — seu conceito negativo, o «baixo», «comum», «ruim», é apenas uma imagem de contraste, pálida e posterior, em relação ao conceito básico, positivo, inteiramente perpassado de vida e paixão, «nós, os nobres, nós, os bons, os belos, os felizes!» (Nietzsche, GM I, 10)

É de se esperar que, em comunidades ou grupos sociais formados majoritariamente por indivíduos ressentidos, essa perspectiva de mundo acabe por assumir o papel de um conjunto de valores coletivamente compartilhados, de forma que os diferentes venham gradualmente a ser discriminados com intensidade cada vez maior.

Como se pode facilmente prever, o compartilhamento social da visão de mundo e dos valores dos ressentidos acaba, com o passar do tempo, por servir de base para um tipo de cultura profundamente marcada pela intolerância, pela exclusão e discriminação social e, nos piores casos, pelo extermínio dos diferentes, sendo que estas formas de violência são justificadas pela rotulação da alteridade como subversiva, criminosa, depravada, degenerada, pecaminosa, má, etc.

Por fim, o quarto sentido do ressentimento diz respeito a um fenômeno social criador de valores, o qual emerge como resultado das condições fisiopsicológicas doentias anteriormente mencionadas.[11] No livro *Nietzsche e o ressentimento*, Antonio Edmilson Paschoal avança no desenvolvimento deste sentido que foi primeiramente destacado por Max Scheler, afirmando que o ressentimento corresponde aí «a uma moral, a uma concepção de justiça e a um modo de intervenção social» (Paschoal, 2014, p. 42).

---

[11] Embora de forma menos explícita que os outros três sentidos mencionados, ainda assim a presença deste quarto sentido do ressentimento pode ser observada nos aforismos 6 a 9 da primeira dissertação, onde o filósofo aborda o surgimento da moral sacerdotal e o posterior conflito dela com a moral dos guerreiros, o qual é referido como a primeira transvaloração de todos os valores.

Na denominada «moral de animal de rebanho» (ABM, 202), expressão que Nietzsche utiliza para sintetizar aquela forma de valoração típica do ressentimento, a sede de vingança assume contornos de uma tentativa de domínio, de impor uma determinada forma de organização visando desestabilizar possíveis concorrentes e intensificar o próprio poder. Porquanto ela não se volta apenas para pretensos detratores ou para aqueles que são considerados culpados pelo sofrimento do fraco, mas contra todos aqueles que não sofrem como ele e que, portanto, não são seus iguais.

Universalizada, dessa maneira, a sede de vingança recebe o nome de «justiça», institucionalizando aquele princípio de igualdade que, de resto, conflui numa massificação disforme, espalhando-se por todo o corpo social como o veneno de uma tarântula que invade sua vítima. Em relação ao fraco, tal veneno funciona como um anestésico que lhe permite suportar seu sofrimento sem sucumbir a ele e, em relação ao forte, como um entorpecimento que visa enfraquecê-lo. Em ambos os casos, o propósito é um nivelamento do homem, a produção do rebanho universal e impedir o aparecimento de tipos diferentes de homem (Paschoal, 2014, p. 71–72).

A hipótese de que o ressentimento daria ensejo ao surgimento de um anseio pelo domínio absoluto de uma perspectiva unilateral de valores, a qual almeja, em última instância, a homogeneização da humanidade e dos discursos sob uma única bandeira, não apenas se coaduna com uma condição fisiopsicológica de excessiva fraqueza, como também parece corresponder ao *modus operandi* dos fundamentalismos.

Considerando-se que os fundamentalistas encaram a vida nas sociedades secularizadas, com seus princípios democráticos de igualdade, Estado laico, liberdade de expressão, etc. como uma experiência ofensiva e ultrajante de sofrimento e desestabilização existencial, e ainda, considerando-se que tanto os ateus como os religiosos liberais são vistos como cúmplices desta sociedade corrupta, então é certo que o desejo deles pela eliminação da alteridade pode perfeitamente ser considerado como um anseio doentio por vingança que rotula como culpados todos aqueles que não sofrem como os fundamentalistas, anseio este sintetizado por Nietzsche na conhecida sentença «Eu sofro: disso alguém deve ser culpado» (Nietzsche, GM III, 15).

À luz da presente reflexão, os esforços dos fundamentalistas para se afastarem do mundo não se contradizem com o ideal expansivo e homogeneizador da moral do ressentimento, visto que este ideal acaba por transparecer nos seus contínuos esforços para conquistar novos prosélitos. Por meio do amplo emprego de técnicas avançadas de comunicação, de propaganda e de psicologia de massas, os fundamentalistas vêm conseguindo engrossar suas fileiras veiculando discursos simplistas que, ao mesmo tempo em que apregoam a existência de uma crise religiosa e moral, também apontam quais os culpados a serem enfrentados e qual a recompensa que aguarda àqueles que seguirem fielmente o caminho redentor.

V

Por mais que os discursos fundamentalistas se esforcem por transmitir a imagem de que o principal objetivo desses movimentos seria o de restabelecer o contexto cultural, moral, discursivo, social e político preexistente ao niilismo, ou seja, uma condição pré-moderna, tudo o que a militância fundamentalista conseguiu realizar foi a substituição das estátuas despedaçadas dos antigos ídolos por novos construtos híbridos formados por uma calculada combinação de técnicas avançadas de propaganda e *marketing*, sacralização de objetos triviais ou de hábitos profanos, promessas de felicidade imanente e construção do paraíso na Terra. Tudo isso sustentado sobre um forte apelo em favor de uma militância agressiva, xenófoba e intolerante, as quais trazem, em seu cerne, a marca inegável da morte de Deus.

Com isso, pode-se concluir que os fundamentalismos nasceram e encontram-se sob a sombra do niilismo. Por mais que seus líderes busquem contestar a desvalorização generalizada dos cânones tradicionais e tentem erigir novamente uma fonte sagrada de legitimidade, a qual assumiria o monopólio interpretativo e dissolveria a pluralidade, eles jamais conseguirão efetivamente desembarcar do paradigma do fim da modernidade. A reversão tanto do declínio das verdades e valores metafísicos tradicionais, como também da crescente racionalização e tecnificação do mundo permanecem como anelos inacessíveis ao fundamentalismo.

A invenção de um fundamento artificial e sua consequente segregação, acompanhada da disposição em fazer uso de todos os recursos possíveis para defender sua sacralidade ante os discursos profanos, acaba por confirmar que o fundamentalismo é, de fato, uma consequência tardia do niilismo. Ele nasce como uma imposição arbitrária, artificial, fabricada, «demasiado humana» e só mantém sua sacralidade às custas de um esforço contínuo e ininterrupto de segregação social, censura discursiva e eliminação dos diferentes.

Esta surpreendente semelhança entre, de um lado, o anseio doentio dos sacerdotes ascéticos ressentidos por espalharem sua cura venenosa a todos, buscando deliberadamente adoecer os sadios e bem logrados com o objetivo último de transformar a humanidade num gigantesco rebanho de animais mansos e domesticados e, de outro lado, o repúdio escancarado de todos os discursos fundamentalistas pelo pluralismo político e religioso, pelo agonismo democrático e pela liberdade de expressão, evidencia o significativo potencial também do ressentimento para esclarecer aspectos importantes do fundamentalismo.

Bibliografia

ARMSTRONG, K., *Em Nome de Deus. O Fundamentalismo no Judaísmo, Cristianismo e Islamismo*, Companhia das Letras, 2001.

BORRADORI, G., *Filosofia em Tempo de Terror. Diálogos com Habermas e Derrida*, Jorge Zahar, 2004.

DE BONI, L. A. (org.), *Fundamentalismo*, EdiPUCRS, 1995.

DERRIDA, J.; Habermas, J., «Nach dem Krieg: Die Wiedergeburt Europas», *Frankfuter Allgemeine Zeitung*. http://www.faz.net/aktuell//feuilleton/habermas-und-derrida-nach-dem-krieg-die-wiedergeburt-europas-1103893.html, 2003, maio.

DUBIEL, H., O *Fundamentalismo da Modernidade*, in: L. A. D. B. (org.), EdiPUCRS (Ed.) *Fundamentalismo*, 1995.

FRANK, J., *Dostoiévski. Os Efeitos da Libertação, 1860–1865*, (G. G. de Souza, trad.), Edusp, 2009.

GALLO, S., & VEIGA-NETO, A. (orgs.), *Fundamentalismo & Educação. A Vila*, Autêntica, 2009.

GERMER, A. *Wissenschaft und Leben. Max Webers Antwort auf eine Frage Friedrich Nietzsches*, Vandenhoeck und Ruprecht, 1994.

GIACOIA, O., *Labirintos da Alma. Nietzsche e a Auto-supressão da Moral*, Ed. Unicamp, 1997.

GIACOIA, O., *Nietzsche. O Humano como Memória e como Promessa*, Editora Vozes, (2013).

HOBSBAWM, E. J., *A Era do Capital — 1848–1875*, (L. Costa Neto, trad.), Paz e Terra, 2009.

KÜNZLI, A., «Fundamentalismo — A Passagem de Volta da História», in L. A. D. B. (org.), EdiPUCRS (Ed.) *Fundamentalismo*, 1995.

MALDONADO, J. E., «Building "Fundamentalism" from the Family in Latin America», in *Fundamentalisms and Society: Reclaiming the Sciences, the Family, and Education* (p. 214–239), M. E. Marty & R. S. Appleby (orgs.), The University of Chicago Press, 1993.

MARTY, M. E. & Appleby, R. S. (orgs.), *Fundamentalisms Observed*, The University of Chicago Press, 1991.

MARTY, M. E. & Appleby, R. S. (orgs.), *Fundamentalisms and Society: Reclaiming the Sciences, the Family, and Education*, The University of Chicago Press, (1993).

NIETZSCHE, F. (n.d.), *Digitale Kritische Gesamtausgabe Werke und Briefe (eKGWB)*, in Paolo D'Lorio (org.), http://www.nietzschesource.org.

NIETZSCHE, F., *Além do Bem e do Mal*, Companhia das Letras, 2003.

NIETZSCHE, F., *Genealogia da Moral*, Companhia das Letras, 2004.

NIETZSCHE, F., *A Gaia Ciência*, Companhia das Letras, 2009.

PACOMIO, L. (org.), *LEXICON* — Dicionário Teológico Enciclopédico, Loyola, 2003.

PASCHOAL, A. E., *Nietzsche e o Ressentimento*, Humanitas, 2014.

VILAS BÔAS, J. P. S., *Niilismo, Fanatismo e Terror: Uma Leitura do Fundamentalismo a partir de Friedrich Nietzsche* [Tese de Doutoramento, Universidade Estadual de Campinas. Campinas, SP, Brasil]. Repositório Aberto Biblioteca Digital Brasileira de Teses e Dissertações — BDTD. http://hdl.handle.net/11612/484, 2016.

A REGULAÇÃO DA DIVERSIDADE RELIGIOSA PELOS ESTADOS EUROPEUS: ACOMODAÇÃO DO RELIGIOSO OU HEGEMONIA SECULAR?

JORGE MONIZ[1]

Introdução

A diversidade cultural[2] é, segundo os trabalhos de alguns dos principais cientistas sociais, um novo dado adquirido das sociedades modernas. A diversidade, entendida enquanto o grau de heterogeneidade cultural existente numa determinada sociedade ou num mesmo contexto social, é entendida como o «estado normal das coisas» (Ammerman, 2010: 19).

Embora não seja um fenómeno propriamente recente[3], com a acelerada globalização da segunda metade do século XX a diversidade

[1] Professor Auxiliar; Diretor de curso da licenciatura em Estudos Europeus e Relações Internacionais da Universidade Lusófona. Investigador associado do IPRI-NOVA e do Centro de Investigação em Política, Economia e Sociedade — CIPES (Lusófona).

[2] No geral, os autores vêm reivindicando uma separação entre os conceitos de pluralismo e diversidade (Vilaça, 2006; Berger, 2014). O âmago do seu argumento é que o pluralismo é um conceito normativo, enquanto a diversidade é uma noção descritiva. O primeiro, como denuncia o sufixo *ismo*, é um sistema de valores, instituições ou processos que aceita a diversidade como um valor positivo; o segundo diz respeito, descritiva, empírica e factualmente, ao grau de heterogeneidade cultural de uma determinada sociedade ou num mesmo contexto social. Neste contexto, optámos pelo conceito de diversidade. Por um lado, isto deve-se ao facto de considerarmos mais prudente evitar questões normativas, processualistas e filosóficas associadas ao *pluralismo* ou à *pluralização*. Por outro lado, isso também se prende com o facto de a *diversidade* estar, normalmente, associada a perspectivas científicas mais neutrais e, por consequência, metodologicamente mais pacíficas, operando apenas ao nível analítico-descritivo.

[3] Berger (2014) diz-nos, por exemplo, que a experiência da diversidade existiu em diferentes formas ao longo da história, citando, por exemplo: as culturas da Ásia

tornou-se, segundo Taylor (2007: 437), irreconhecível para e incomparável com qualquer época histórica anterior. O mundo contemporâneo tem-se tornado gradualmente mais diverso religiosa e etnicamente, sendo marcado por uma heterogeneidade inédita de cosmovisões que se multiplicam irrefreavelmente (Taylor, 2007; Vilaça, 2016).

De acordo com o estado da arte, esta é uma marca indelével da modernização. Para Berger (2014: 53), a modernidade e a diversidade estão inelutavelmente cruzadas, pois a primeira leva «necessariamente» à segunda, libertando todos os processos que a estimulam, nomeadamente a urbanização, as migrações em massa, a alfabetização e o desenvolvimento das tecnologias de comunicação. Todavia, esta crescente heterogeneidade não é passageira. De acordo com Vilaça (2006: 22), ela é a nova «norma e não uma mera situação transitória». Estas perspetivas são corroboradas por outros autores. Taylor (2007: 300) considera-a a «supernova» «galopante» da era moderna, Pickel (2017: 290) diz que é um dos «prognósticos seguros para a Europa» e Vilaça *et al.* (2014: 2) preveem que o seu crescimento se manterá como resultado dos efeitos da globalização.

Com efeito, os estudos empíricos, estatísticos, sobre tendências demográficas, projeções do crescimento populacional ou dinâmicas migratórias mundiais apontam para profundas mudanças e, consequentemente, para uma crescente complexificação das dinâmicas culturais, religiosas ou étnicas regionais. Por exemplo, o Pew Research Center (2015, 2017), nas suas previsões sobre o crescimento populacional e sobre o futuro das religiões mundiais até 2050, mostra o modo como o perfil religioso do mundo está a «mudar rapidamente» (Pew, 2015: 5).

Oriental ou da Índia pré-islâmica. A Reforma protestante e o crescimento dos Estados-nação, com regimes tendencialmente de separação da religião, é, porém, o momento histórico mais citado. Isso justifica-se pelo facto de a Reforma ter destruído o monopólio da cristandade ocidental e ter permitido a criação e coexistência territorial da diversidade religiosa. Taylor (2007) cita ainda a invenção do humanismo exclusivo, no século XVIII, como um fator que abre uma nova situação de diversidade, multiplicando as perspetivas do mundo em todas as direções (religiosa ou não religiosa). Mesmo que seja muito anterior ao século XXI, a diversidade (religiosa) é hoje, mais do que nunca, — pela globalidade, velocidade e capacidade de penetração dos processos da modernização — incontornável para a compreensão do cenário religioso contemporâneo.

Isto deve-se, sobretudo, à diferença entre as taxas de fertilidade, ao tamanho das populações juvenis e às conversões religiosas típicas de uma era global e plural.[4] Mas também se deve ao número de migrações internacionais. De acordo com o relatório das Nações Unidas sobre a migração internacional de 2017, entre 1990 e 2017 a percentagem de migrantes internacionais aumentou, ao nível global, 69 %. Esta é uma tendência crescente, dado que o volume de migrações internacionais cresceu a uma taxa média anual de 1,2 % entre 1990 e 2000 e a uma taxa de 2,4 % entre 2000 e 2017. As regiões consideradas desenvolvidas receberam 60 % do total desta migração durante a totalidade do período. Outra questão relevante aqui é o número de pedidos de asilo que, em 2015, bateu, ao nível europeu, o número recorde de 1,3 milhões de candidaturas (Pew, 2017).

Apesar de ser uma característica permanente das sociedades hodiernas, o crescimento da diversidade cultural atual, sobretudo, da religiosa e, principalmente, no continente europeu, não é reconhecível nem comparável com outro período histórico. Os seus desafios, ou pelo menos a dimensão dos seus desafios, são novos e arrostam os Estados democráticos de direito de uma forma nunca antes vista. Considerando as proposições do estado da arte e os dados estatísticos das agências especializadas, questionamo-nos sobre o modo como os Estados europeus têm lidado com este fenómeno social. Que estratégias foram e têm sido desenvolvidas por eles para regulá-lo? A regulação estatal, a existir, é uma ferramenta de controlo ou acomodação da diversidade religiosa? Existe algum risco de algumas destas ferramentas se hegemonizar e, se sim, quais as suas consequências políticas, legais, sociais e religiosas? Estas são algumas das perguntas que animam o nosso estudo e às quais, doravante, procuraremos dar resposta. Para tal, seguiremos uma metodologia analítico-descritiva — numa primeira fase, de cariz diacrónico, e, numa segunda etapa, de cunho mais empírico —, que será acompanhada de inúmeros exemplos legais e práticos. O estudo centrar-se-á, primeiramente, na realidade europeia em geral, e, poste-

[4] Uma das principais consequências será o crescimento e a disseminação do islão, acima de qualquer outra religião no mundo. Isto será particularmente evidente na Europa, onde, de acordo com as previsões, se espera que a comunidade muçulmana venha a compor 10 % da população geral.

riormente, num conjunto de países europeus, criteriosamente selecionados. Esta transição para uma lente de análise mais micro permitir-nos-á, derradeiramente, observar e interpretar as práticas realmente existentes nos Estados no que respeita à gestão da diversidade religiosa nos seus países.

1. Os Estados europeus e a diversidade cultural: uma perspetiva histórica

A diversidade[5] tornou-se, citando Triandafyllidou, Modood e Meer (2012: 2), num «facto incontestável» e numa «característica incontornável» das sociedades humanas. Enquanto no passado a *diferença* era tida como anormal, sendo sinónima de desrespeito e, no limite, de destruição, atualmente tornou-se num valor ou direito a ser afirmado. Esta é, segundo Harzig e Juteau (2003), a *nova narrativa mestre* da esfera sociopolítica, mas também das ciências sociais.

Para alguns autores (Bruce, 2002; Gregory, 2012), a origem desta narrativa surge, em particular, com a Reforma protestante e as Guerras de Religião dos séculos XVI e XVII. Com a primeira, o indivíduo (racional) é colocado no centro da sociedade, investindo-se na responsabilidade pessoal de interpretar o papel dos seres humanos na esfera temporal. Isto reflete, de acordo com Bruce (2002), a reafirmação do que estava implícito desde os inícios do cristianismo: todas as pessoas são iguais aos olhos de Deus. Após a Reforma, a ideia de igualdade divina evoluiu para uma equidade entre humanos, desdobrou-se numa igualdade diante da lei e culminou numa equidade de direitos individuais, protegendo assim as diferenças existentes entre os indivíduos (Bruce, 2002). Com as segundas desenvolve-se a codificação de um sistema legal de burocracias neutrais, fortalece-se uma ética protestante e um espírito capitalista, que operam dentro do Estado e fora da alçada

[5] Doravante, quando falarmos de diversidade estaremos, na maioria dos casos, a referir-nos à diversidade religiosa. Isto sucede não apenas porque ela é a mais relevante no contexto deste trabalho, mas também pelo facto de, tal como sublinham Triandafyllidou, Meer e Modood (2012: 29), os debates atuais sobre diversidade cultural na Europa serem «na verdade, frequentemente, sobre a diversidade religiosa».

religiosa, e garante-se um mínimo de liberdade religiosa. Recorde-se, neste contexto, o Édito de Turda de 1568.

A ideia de regulação da diversidade religiosa é reforçada com o tratado e a paz de Vestefália (1648) e com a consequente emancipação dos Estados-nação face ao escrutínio religioso.[6] A partir daí o discurso político adota a ideia de tolerância ou neutralidade relativamente à religião. Da necessidade do Estado regular e mediar o conflito teológico e assegurar a contenção das ameaças à ordem política legítima, emerge uma suspensão, por meio do direito público, das questões irresolúveis relativas à verdade religiosa, concedendo-se, para tal, reconhecimento jurídico e equidade às diferentes confissões. Apenas com a ideia do *cuius regio, eius religio* — que assevera literalmente «de quem [é] a região, dele [se siga] a religião» —, ou seja, com a afirmação da religião (pública) professada pelo soberano, os princípios da diversidade e não-interferência se tornam «dominantes» (Katzenstein, 2011: 161). A necessidade de controlar as paixões religiosas e de gerir a diversidade, sobretudo, religiosa, levou ao estabelecimento de um quadro, organizado em torno de linhas seculares, que via o Estado como soberano e a religião como matéria privada.[7]

Vestefália trouxe um discurso que levou a uma «ideia mal formada» (Calhoun, 2011: 80) de como a religião devia ser ou não imaginada na vida pública. Segundo Fernandes (2018), a partir daqui lançam-se as bases de um projeto secular moderno que, fundado no *mito* da violência religiosa (Cavanaugh, 2009), esvaziaram a esfera da crença religiosa ou neutralizaram o seu campo de ação. Este mito, segundo o autor, «prevaleceu na história», originando uma secularização política que conduziu «nuns casos à demonização, noutros a uma desconfiança estrutural do protagonismo da esfera religiosa» (Fernandes, 2018: 181).

[6] O tratado de Vestefália foi deficientemente encarado como um imperativo de secularização política. O tratado é mais um problema da emergência de uma razão estatal e da expansão da sua influência e controlo do que a tentativa de resolução de um problema de diversidade religiosa.

[7] Vestefália, porém, como indica Calhoun (2011), não tornou a Europa menos religiosa. O continente assumiu-se, gradualmente, como um conjunto de Estados confessionais. A religião nunca foi propriamente privatizada, mesmo com o pretexto de gestão da diversidade.

O acesso ao espaço público pela religião devia, portanto, ser fortemente limitado e controlado e, em certos casos (mais próximos do que se designaria, posteriormente, de laicismo), a sua influência devia ser combatida.

No século XVIII, com o advento do Iluminismo e das revoltas democráticas estas ideias são aprofundadas. Surge a conceção de que o Estado democrático liberal deve ser funcionalmente secular ou, no mínimo, neutro relativamente às expressões religiosas no espaço público. O «imaginário social» passa a ser, segundo Graham (2013: 39–40), «secular». Desenvolve-se uma cosmovisão dominada pelo racional, empírico e mundano, por oposição ao sobrenatural, e pela emancipação de esferas autónomas de ação humana. Esta rutura epistémica entre razão secular e pensamento religioso é, segundo Taylor (2007: 49), a resposta direta dos Estados à diversidade geral das sociedades ocidentais[8], sendo, ainda hoje, um dos valores constitutivos das democracias liberais.

Com efeito, a Reforma e as guerras religiosas, Vestefália e, sobretudo, o Iluminismo são os eventos históricos que, por norma, os autores citam para apoiar, implicitamente, o advento da *nova narrativa mestre* da diversidade a partir dos finais do século XX. Além destes acontecimentos históricos, eles focam as suas análises no período pós Segunda Grande Guerra, considerando-o o momento determinante para se começar a falar de diversidade nas sociedades ocidentais (Casanova, 2007; Vilaça *et al.* 2014; Fox, 2015). Este aparente anacronismo histórico, não raras vezes, omite, por vezes explicitamente (Taylor, 2007; Fox, 2015), os finais do século XVIII e o século XIX e alguns dos seus principais acontecimentos e implicações relativamente à diversidade cultural. Por exemplo, as revoluções liberais e o advento da decla-

[8] A rutura epistémica afigura-se ainda maior quando considerado o facto de o próprio termo religião ter sido usado poucas vezes no período pré-Iluminista, pois nada havia com o que contrastá-lo. Não havia o conceito de uma cosmovisão distinta que carecesse de designação. O espírito iluminista consagrou um modo dissemelhante de ver as coisas. A vida pública das sociedades era, sobretudo, a intocada por crenças, tradições, rituais e pelo poder clerical, normalmente ligados às instituições religiosas. Uma noção totalmente nova é criada — a nossa noção de religião — o que se podia fazer em privado, num dia de folga.

ração da independência norte-americana (1776) — «todos os homens são criados iguais [...] e foram investidos de certos direitos inalienáveis» —; da primeira emenda à Constituição dos EUA (1791) — «o Congresso não legislará no sentido de estabelecer qualquer religião, ou proibindo o seu livre exercício [...]» —; e da declaração francesa dos Direitos do Homem e do Cidadão (1789) — «Os homens nascem e morrem livres e iguais em direitos. [...] Ninguém deve ser perseguido pelas suas opiniões, mesmo religiosas [...]». Estes preceitos legais sobre liberdade de consciência e o seu alcance, protetores e disseminadores da ideia de diversidade, seriam aprofundados no século XIX, em particular com as ideias kantianas sobre o *rechtsstaat* e com a industrialização, as descolonizações americanas e o abolicionismo e a consequente necessidade de gestão da diversidade (lesta e livre) daí emergente. Esta proteção e disseminação teriam, porém, contornos limitados por conta da expansão dos nacionalismos e do Estado-nação e da sua ideia de pertença a um grupo com uma cultura, língua e história próprias e, frequentemente, consideradas etnocentricamente.

Não obstante a atualidade e preponderância dalguns destes e doutros princípios e práticas no imaginário cultural e político das sociedades ocidentais contemporâneas — nomeadamente a ideia iluminista de que a religião, em face da diversidade, deve ser afastada do espaço público (Casanova, 2009) — e o facto de a diversidade não ser propriamente uma novidade no mundo (Harzig & Juteau, 2003; Banchoff, 2007; Ammermann, 2010) — ela precedeu qualquer um destes acontecimentos históricos muito sucinta e humildemente elencados por nós —, é, de facto, com a segunda metade do século XX, e em particular com as duas últimas décadas da centúria, que os autores se sentem confortáveis para falar assertivamente de diversidade.

Existem duas razões principais para assumirem esta posição. A primeira tem a ver com o fenómeno das migrações transnacionais. Para Casanova (2007: 59), desde a década de 1960 que a Europa se tem tornado num dos «principais destinos de migração global» e isso tem sido um dos motores do «crescimento da diversidade». Outros cientistas sociais acompanham esta posição, afirmando que as «ondas de imigração» (Vilaça *et al.*, 2014: 2) ou a «migração global» (Graham, 2013: xiv, 49) para sociedades tradicionalmente de emigração e não de imigração, como muitas na Europa, fomentaram a diversidade e aumentaram a perceção do valor inerente às diferenças linguísticas, étnicas ou religiosas junto dos indivíduos em geral, mas dos governos nacionais em particular.

A segunda razão é concernente ao fenómeno da globalização. Com efeito, nas décadas de 1980 e 1990 (com a queda do muro de Berlim, o fim da Guerra Fria ou os novos meios, digitais, de comunicação de massa) há o sentimento de que uma nova era havia começado. Ao analisar este novo fenómeno, os cientistas sociais concluíram que as sociedades seriam marcadas por um crescimento da diversidade e não pela uniformidade (Berger & Huntington, 2002) e que a primeira se manteria como resultado dos efeitos da nova cultura global emergente (Vilaça *et al.* 2014).

O novo interesse público na religião deriva, precisamente, da interligação entre o crescimento global das migrações transnacionais (sentimento de que a diversidade cultural seria maior) e os processos gerais da globalização (sentimento de que o seu crescimento perduraria). O século XXI apenas adensaria estas proposições, dado que face à realidade da globalização da economia e dos *mass media*, dos hibridismos culturais e do crescimento geral da heterogeneidade das sociedades contemporâneas os autores passam a considerar que esta diversidade é diferente das anteriores, baseando-se mais em inter-relações e menos na autonomia (Berger & Huntington, 2002), falando agora de *super* (Vertovec, 2007) e *hiper* diversidade (Gregory, 2012). A diversidade torna-se, assim, definitivamente numa *questão* por conta da atenção política, social ou científica que é dada a um conjunto de fatores: a pressão demográfica das migrações internacionais, a disseminação dos princípios democráticos e das convenções internacionais sobre diversidade cultural, o próprio ativismo judicial do Tribunal Europeu dos Direitos do Homem a favor da diversidade religiosa e o facto de as minorias, que consubstanciam a diversidade das sociedades, se terem começado a unir para reivindicar certos direitos.

Este é, portanto, um dos desafios mais prementes que, sobretudo, a Europa enfrenta atualmente, como reconhecem vários autores (Banchoff, 2007; Casanova, 2009; Bhargava, 2011; Triandafyllidou & Modood, 2017). A ideia de como responder, política ou socialmente, à diversidade e o modo como isto pode afetar ou ser afetado pela religião é colocada hoje, segundo Triandafyllidou e Modood (2017: 2) com «urgência renovada». Com efeito, esta nova situação trouxe a ideia de que, tal como as teorias clássicas da secularização advogam, relativamente aos processos da modernidade, o crescimento e continuidade da diversidade cultural não podem decorrer sem efeitos (negativos ou positivos) para a religião. No entanto, diferentemente dos teóricos clássicos da secularização, os cientistas sociais que falam da diversidade não assumem categoricamente qualquer posição. Por reconhecerem dicotomias no binómio diversidade-religião e os revezes que esta relação pode ter, a sua posição atual parece algo paradoxal. Por um lado, acreditam que a globalização da diversidade cultural tende a favorecer estruturalmente a privatização da religião, mas, por outro lado, pode também contribuir para a sua desprivatização e influência renovada (Vilaça *et al.*, 2014). Como brilhantemente resume Graham (2017: 15):

> [Vivemos num] cenário cultural contemporâneo caracterizado por correntes de pluralismo e diversificação religiosa contraditórias e nunca vistas, acompanhadas de declínio institucional e forte resistência a expressões religiosas em público. O mundo testemunha a colisão entre a força irresistível da revitalização religiosa e o objeto inamovível da razão Iluminista. Qual será o resultado?

Para já, o que podemos adiantar relativamente à interpelação de Graham é que as *fronteiras turbulentas da modernidade*, como nos diz Taylor (2007: 711–27), tenderão a desafiar as tradições religiosas. Em particular, por conta do carácter secular dos Estados europeus e do modo como isso marca a sua forma de lidar com a diversidade. O problema subjacente, como já demos a entender, é o facto de a conceção europeia dominante relativamente à religião — a ideia de privatização — colidir com a desprivatização do religioso e com tradições religiosas menos adeptas da distinção público-privado. Como alguns autores indicam (Casanova, 2007; Cohen & Laborde, 2016), as sociedades e os Estados europeus foram desenhados, ao estilo do *cuius regio, eius religio*, enquanto sistemas de *uma religião-sociedade*, não tendo sido capazes de adotar um modelo sensível à profunda diversidade social. De acordo com Bhargava (2016: 177), esta é uma das suas «maiores falhas», pois o reconhecimento e resposta à diversidade é «o principal desafio das sociedades europeias». Analisemos melhor, na próxima secção, o modo como os Estados têm respondido à diversidade. Para isso, focaremos mais o nosso exame nas práticas legais e políticas dos países selecionados.

2. Hegemonias seculares? Da diversidade à acomodação e ao controlo do religioso

A diversidade, nomeadamente a religiosa, como já sublinhámos, tem nos últimos anos desafiado o Estado secular e a conceção de secularidade que lhe subjaz. Neste sentido, Bhargava (2011) diz que nas últimas décadas quase todos os Estados seculares têm sofrido forte pressão. Banchoff (2007) vai mais longe, asseverando que, em particular na Europa, um continente relativamente menos habituado à diversidade e imigração, se comparado com o americano, a diversidade põe em risco a coesão social e as próprias democracias.

Além da diversidade, *per se*, a sua presença e visibilidade na esfera pública tornaram-se características incontornáveis das sociedades ocidentais. Isto vem sucedendo, essencialmente, desde as décadas de 1980 e 1990 com a *desprivatização* da religião ou com o *ressurgimento* das *religiões públicas* que se envolvem em assuntos sociais, que criticam o poder secular e que têm capacidade de mobilização coletiva (Casanova, 1994). A ideia de que a religião se tornou, gradualmente, num elemento saliente no debate público é muito clara no estado da arte. Os atentados terroristas de 11 de Setembro de 2001 trouxeram uma consciência renovada sobre o lugar da religião no espaço público. Contudo, esta nova compreensão passou a enfatizar também os problemas inerentes à nova publicidade do religioso[9], amiúde associada ao *mito* da violência. Em face desta crescente diversidade e visibilidade que escapam às premissas e ao consenso do Estado secular, a persistência da religião

[9] Alguns estudos, como o de Hjelm (2015), mostram um crescimento do interesse público, mediático em assuntos religiosos. Todavia, frequentemente, os tópicos religiosos estão relacionados com a violência política.

tornou-se na «tempestade perfeita» (Graham, 2017: 41) ou no «desafio central» (Vilaça, 2014: 89) das sociedades europeias seculares.

Concordamos com Stepan e Taylor (2014) quando dizem que, neste contexto, uma das principais preocupações atuais é entender de que modo os Estados devem lidar e interagir com expressões religiosas fluidas, fragmentadas e que reivindicam espaço público. Todavia, a nossa preocupação neste artigo não será tanto refletir sobre a forma como devem agir, mas analisar o modo como os Estados europeus, no geral, e os nossos países selecionados, em particular, têm-no feito.

Grosso modo, na Europa, encontramos duas situações. Por um lado, há discussões sobre a vitalidade e visibilidade das religiões, sobretudo, por conta das migrações internacionais e da diversidade daí emergente; por outro lado, por conta de um certo *viés iluminista*, os Estados europeus continuam a lidar com a desprivatização da religião de uma forma cética e resistente (Graham, 2013, 2017; Cohen & Laborde, 2016). Enquanto historicamente, como nos relata Bruce (1996, 2002), os Estados tentaram forçar a conformidade cultural, exterminando, expulsando, convertendo ou isolando os *heterodoxos*, atualmente isso é impensável por causa das ideias de liberdade e igualdade, entre outras, que enformam as democracias. Com efeito, com o crescimento da diversidade e com as experiências negativas dessas práticas contra os *hereges* (Bruce, 1996; Fox, 2015), os Estados tornaram-se gradualmente menos hostis relativamente às religiões e mais adeptos da ideia de acomodação. A diversidade obriga o Estado a estabelecer várias ligações com vários atores sociais, incluindo os religiosos, conferindo-lhes personalidade jurídica. Este ato constituinte compele o Estado à cooperação com as instituições religiosas por ele reconhecidas.

Na Europa existem diferentes modelos de relação ou cooperação com o religioso.[10] No entanto, o sistema de separação com cooperação

[10] Segundo Stepan (2011), por exemplo, podemos identificar sobretudo quatro modelos: o separatista, no qual o Estado exerce um controlo muito reduzido sobre as religiões minoritárias ou maioritárias; o da religião estabelecida, característica dos países do Norte da Europa ou do Reino Unido, onde existem Igrejas de Estado; o da acomodação positiva, um modelo que estabelece as bases para um exercício governativo de intensa negociação e de indispensáveis partilhas de espaço (público ou sim-

é o mais comum. Não obstante a miríade de designações para este modelo — secularismo moderado (Modood, 2015), pluralismo institucional (Kymlicka, 2009); neocorporativismo (Bader, 2009) ou pluralismo não constitucional (Bader, 2017), sistemas híbridos de cooperação (Doe, 2011) ou acomodação positiva (Stepan, 2011) —, é latente uma preocupação geral essencial em gerir a diversidade. Para tal, os Estados centram-se em três aspetos essenciais: i) as *twin tolerations* ou autonomia mútua (Stepan, 2000) — o que é o contrário de exclusão mútua —, ou seja, o mínimo de tolerância que o *religioso* precisa receber do e dar ao *político* (por exemplo: direito de culto ou liberdade das religiões proporem os seus valores publicamente) de modo a que os valores democráticos não sejam violados, ii) a compreensão da religião como um bem público e não meramente privado e, por consequência, a legitimidade do Estado em se envolver positivamente com os elementos da religião organizada — e não apenas protegê-los de eventuais violações —, e iii) a cooperação seletiva ou *principled distance* (Bhargava, 2011), onde os Estados, por meio de acordos formais, reconhecem organismos específicos, frequentemente maiorias religiosas tradicionais e há muito estabelecidas, como representantes corporativos das diferentes religiões, conferindo-lhes apoios e direitos específicos para a concretização de tarefas comuns às do Estado.

Estes diferentes modelos ideais, apesar de úteis para enquadrarmos os tipos de relação/regulação existentes no continente europeu, não passam de abstrações conceptuais que dizem pouco sobre a realidade vivida em cada país. Acreditamos que a utilização de uma lente de investigação mais fina, micro, relativamente às práticas políticas e jurídicas atualmente existentes nos diferentes países europeus, é uma boa forma de se superarem eventuais ambiguidades epistemológicas típicas de conceptualização mais generalistas e abstratas.

Desde há uns anos que vimos estudando o fenómeno religioso num grupo de países europeus. Temos investigado os fenómenos da secularização e do secularismo (Moniz, 2016, 2017) na Áustria, Eslováquia,

---

bólico) com as igrejas e comunidades religiosas; e, enfim, o de respeito por todas as religiões, cooperação positiva e distância acordada. Neste modelo, mais idealizado que os anteriores, o Estado coopera, estabelece acordos e respeita de forma igual todas as confissões religiosas, maioritárias ou minoritárias, nas esferas pública e privada.

Espanha, Itália, Polónia e Portugal. Tal como exige o rigor científico, a seleção deste grupo de países respeita critérios amplos e objetivos. O primeiro prende-se com o facto de todos os países terem separação Estado-religiões. Ou seja, um secularismo positivo ou passivo, no qual o Estado promove e permite a atividade e visibilidade das religiões no espaço público. O segundo concerne à sua tipologia de relacionamento Estado-religiões. Os casos de estudo estão perto do conceito de *principled distance*, na medida em que é permitido, legalmente, ao Estado um tratamento diferenciado das várias igrejas e comunidades religiosas. Esta tipologia é baseada na separação com lei especial, hierarquização de igrejas e liberdade religiosa. Em terceiro lugar, a nossa escolha foi baseada na sua condição sociorreligiosa. Selecionámos apenas países de maioria católica apostólica romana, mas onde se têm verificado fenómenos de mutação religiosa. Em particular, com o crescimento de minorias religiosas e não religiosas e a fusão dos dois — o fenómeno dos *crentes sem religião*. Por fim, os países selecionados são todos europeus, fazendo parte da região que mais mudanças tem vivido ao nível dos fluxos migratórios. O continente europeu é e, segundo os autores citados previamente, espera-se que continue a ser, um local de crescente diversidade cultural, por conta dos fenómenos de (i)migração global. É, portanto, uma região privilegiada para se analisar a força do impacto destes fenómenos e a sua consequente regulação pelos Estados.

Assim sendo, a autonomia mútua é um princípio que vem plasmado ao nível constitucional em todos estes países, tendo também eco ao nível subconstitucional, como é o caso da Lei da Liberdade Religiosa (LLR) portuguesa. Os princípios da religião como um bem público e da cooperação seletiva são preconizados, sobretudo, ao nível subconstitucional, não apenas através de leis sobre liberdade religiosa, mas também por meio de acordos estabelecidos entre os Estados e as comunidades religiosas, mediante o nível de reconhecimento do primeiro relativamente às últimas (por exemplo: tratados concordatários, acordos especiais ou acordos não especiais).

Este modelo de secularismo é marcado por uma intensa negociação e por indispensáveis partilhas e (re)definições de espaço público ou simbólico com o *religioso*. Por um lado, isto demonstra um compromisso do *político* com a proteção da diversidade e, por outro lado, o reconhecimento do Estado quanto à natureza e missão das comunidades religiosas também no espaço público. Um exemplo claro disso, como já mostrámos em extensão noutro lugar (Moniz, 2017), são os mecanismos de apoio financeiro[11] direto a atividades das igrejas e comunidades religiosas como as capelanias, escolas ou instituições de solidariedade e indireto por meio de benefícios fiscais de ordem vária, previstos ao nível subconstitucional e extensíveis às minorias reconhecidas nos países.

A ideia de diversidade é, portanto, central para o desenvolvimento do Estado secular moderno (Bruce, 2002) e para a sua doutrina do secularismo. Para muitos autores, o modelo de secularismo europeu tornou-se numa «ideologia útil» (Fox, 2015: 238), numa característica «essencial» (Taylor, 2009: xxi) ou ainda na «melhor hipótese» (Bhargava, 2011: 94) para se lidar com a diversidade e com os seus desafios.[12]

Como assinala Woodhead (2012), o ressurgimento e a diversidade da religião levaram os Estados a reforçar as relações com as igrejas e comunidades religiosas. Com o aumento da visibilidade pública desta diversidade os Estados «entraram em pânico» (Woodhead, 2012: 24) e começaram a regulá-las mais ampla e profundamente. Essa tem sido uma tendência assinalada por diferentes autores (Doe, 2011; Modood, 2015; Stolz & Tanner, 2017), nomeadamente após os trabalhos de Jonathan Fox sobre o crescimento do envolvimento dos governos na religião.[13] Em Portugal, a título exemplificativo, apenas entre

---

[11] Muitos dos exemplos que, doravante, daremos terão como tópico os mecanismos de financiamento da religião. Esta escolha não é casual. Segundo Doe (2011) ou Fox (2015), o tipo mais comum e mais relevante de apoio à religião atualmente existente é o financiamento das igrejas e comunidades religiosas. A sua tangibilidade, associada à maior exposição e controlo estatal que as instituições religiosas sofrem, tornam-na num lugar de destaque para se analisarem os contornos do secularismo europeu.

[12] Isto não significa, tal como diz Stepan (2000), que o secularismo seja indispensável para a democracia e para o seu desenvolvimento.

[13] O trabalho de Fox (2015) conclui, essencialmente, três coisas: os governos de quase todos os Estados mundiais têm algum nível de envolvimento com o religioso e que, entre 1990 e 2008, essa foi uma tendência crescente; a neutralidade política é a exceção, sendo ainda a posição política mais difícil de manter; e o maior envolvimento estatal, quer signifique mais restrições e controlo, implica que a religião continua a ser política e socialmente relevante.

2010 e 2013, houve um aumento de 11 % dos cultos registados; na Eslováquia, entre 2002 e 2010, o número de organizações religiosas registadas e com direito a receber os 2 % da consignação fiscal, respeitante ao Imposto sobre o Rendimento das Pessoas Singulares aumentou 30% (Moniz, 2017). Este envolvimento é complexo, em particular pela dicotomia regulação-controlo. O Estado confere autonomia às igrejas e comunidades religiosas, mas esta independência está, paradoxalmente, dependente do *político* e da sua noção de autonomia institucional e da abrangência da aplicação desse princípio. O apoio ao *religioso*, por exemplo, por meio das contrapartidas financeiras já citadas, inclui elementos de controlo como a determinação de critérios para obtenção e aquisição de personalidade jurídica, a exigência de registo público e de prestação de contas ao Estado. Na opinião de Fox (2015: 65), exemplos como este mostram como o apoio às igrejas e comunidades religiosas está «inexoravelmente ligado» ao seu controlo por parte do Estado. Daí que o *político* possa determinar, juridicamente, a medida na qual o *religioso* é autónomo (Doe, 2011), tratar diferenciadamente determinadas igrejas e comunidades religiosas em detrimento de outras (Fox, 2015) e promover um tipo de religiosidade, normalmente com corpos representativos centralizados, que considere adequado (Woodhead, 2012).[14]

A diversidade e a consequente necessidade de proteção da liberdade e da igualdade de crenças e a indispensabilidade de encontrar consensos neste campo têm sido usadas como argumentos para os Estados proporem valores e instituições de natureza secular. O compromisso do Estado em acomodar a diversidade, normalmente, beneficia os desígnios seculares, como vários autores citam (Schuck, 2003; Casanova, 2009; Bruce, 2018). Inevitavelmente, o Estado secular promove determinadas identidades culturais, decidindo que tipo de normas — fomentadoras dos seus objetivos culturais e demográficos e que não ameacem a identidade nacional — regularão a diversidade. Com isso, segundo Casanova (2009: 226–227), os governos aproveitam a diversidade para promover alguns objetivos políticos, levando

[14] Veja-se, por exemplo, o n.º 1 do artigo 4.º da lei 308/1991, na Eslováquia ou o artigo 33.º da LLR portuguesa.

as pessoas a seguir motivos (seculares) comuns. Os autores destacam algumas «ortodoxias» seculares (Schuck, 2003: 274), em particular os princípios democráticos da liberdade, igualdade, justiça social, direitos humanos, desenvolvimento socioeconómico ou solidariedade (Casanova, 2009; Cohen & Laborde, 2016; Wolhrab-Sahr & Burchardt, 2017). A redação do artigo 5.º da LLR portuguesa, sobre o princípio da cooperação, ou o preâmbulo e artigo 1.º da concordata de 2004 são bons exemplos disso. Aí o Estado diz cooperar com as igrejas e comunidades religiosas, com vista especialmente à promoção dos direitos humanos, da dignidade humana, liberdade, justiça ou solidariedade. O artigo 1.º da concordata italiana de 1984, que cita explicitamente a colaboração entre as partes com vista à promoção do bem do país, ou ainda o n.º 3 do artigo 25.º da Constituição polaca ou o preâmbulo da sua concordata, são outros exemplos paradigmáticos. Apesar de os Estados aceitarem a diversidade, não aceitam uma diversidade de valores (cívicos). Existe algo semelhante a uma «cultura política prescrita», na opinião de Triandafyllidou, Modood e Meer (2012: 3), que obriga as igrejas e comunidades religiosas a uma forma de participação pública determinada pelo Estado secular.

A prescrição desta cultura torna-a dominante (Chaplin, 2008; Triandafyllidou, Modood & Meer, 2012; Driessen, 2014; Modood, 2015), porquanto passa a haver mais consenso e autoridade em torno de princípios e soluções seculares (Bruce, 2018). Afirma-se a força deste *poder ideológico* e, não raras vezes, *simbólico* na promoção de mensagens culturais ou políticas específicas ou na inculcação de princípios particulares e na sua naturalização ou interiorização. O *político* passa, não só, a determinar o conjunto de regras em torno das quais a sociedade se passa a organizar, mas também a enquadrá-lo, estabelecendo os próprios princípios e práticas através das quais as relações societais se compreendem e experienciam. Este poder é um produto de batalhas históricas e ideológicas que são eloquentemente descritas por Smith (2003), quando nos fala da *revolução secular*, ou por Driessen (2010), a propósito do estabelecimento e supremacia da autoridade política, racional e secular. Mas é também uma consequência da progressiva competição entre o religioso e o secular pela produção de bens ou normas (imanentes) que condicionam e conduzem a vida dos indivíduos (Fox, 2015; Stolz & Tanner, 2017).

Esta ideia geral pode ser entendida à luz do conceito de *hegemonias seculares*[15] de Wohlrab-Sahr e Burchardt (2012, 2017). Os autores, ao escreverem sobre as *secularidades múltiplas*, descrevem as formas de distinção e institucionalização das diferenciações entre o religioso e outras esferas sociais (consideradas não religiosas) e que privilegiam as soluções do Estado moderno e as ideias (seculares) que o fundam.

Muito sucintamente, para Wohlrab-Sahr e Burchardt, os Estados e as sociedades modernas têm uma série de problemas societais específicos que são entendidos como os seus problemas de referência. Existem, essencialmente, quatro problemas de referência: a liberdade individual, relativamente aos grupos sociais dominantes (religiosos ou não religiosos); a diversidade religiosa e o subsequente conflito social (hipotético ou real); a inclusão e o desenvolvimento social ou nacional; e o desenvolvimento livre das esferas institucionais. Não obstante as respostas sociais dominantes da religião e da secularidade sejam alvo de tensão e de negociação permanente, a todos os problemas de referência, incluindo o da diversidade religiosa, é oferecida normalmente uma solução baseada em ideias-guiadoras seculares. Por exemplo, para o primeiro, a solução passa pela defesa da liberdade e da individualidade; para o segundo, pela tolerância, respeito ou não-interferência; para o terceiro, pelo progresso ou iluminismo; e para o quarto, pela racionalidade ou eficiência.

As ideias de liberdade e individualidade, referentes ao primeiro problema de referência, são evidentes, por exemplo, genericamente, na LLR portuguesa e espanhola, na não imposição de uma igreja nacional ou de um ensino religioso público ou no princípio da separação presente na Constituição de todos os países selecionados.

---

[15] A ideia de *hegemonia* não deve ser interpretada como o domínio absoluto e derradeiro de uma maioria sobre uma minoria. Pelo contrário, o conceito deve ser entendido como a luta de uma minoria que procura supremacia, poder ou autoridade sobre uma determinada esfera social ou sobre todas, sendo por isso um processo contínuo e sempre incompleto. A própria ideia de secularização, nomeadamente a partir da década de 1960, e a sua hegemonização foi uma batalha cultural de uma minoria (secular) (Smith, 2003). O mesmo sucedeu com a defesa do positivismo e a revolução pela ciência, com o comunismo e a libertação do operariado ou com a laicidade e a emancipação pela escola laica.

Mais extensamente, o segundo problema de referência e as suas ideias guiadoras da tolerância, respeito ou não-interferência vêm plasmados, por exemplo, na Eslováquia, na alínea e) do artigo 12.º da lei 308/1991, alterada pela lei 201/2007, nos artigos 7.º e 6.º da LLR portuguesa e espanhola, respetivamente, ou no artigo 25.º da Constituição polaca. Assim sendo, as ideias de secularidade em favor do equilíbrio ou acomodação da diversidade são manifestas, a título exemplificativo, no auxílio financeiro direto a atividades das igrejas e comunidades religiosas registadas nos países (por exemplo: capelanias, escolas ou instituições de solidariedade) e indireto, por meio de benefícios fiscais de ordem vária (Moniz, 2017). Estes auxílios financeiros encontram-se, habitualmente, previstos ao nível subconstitucional, como no n.º 2 do artigo 10.º do estatuto da liberdade de consciência e religião polaco, de 1989; nos artigos 13.º; 24.º; 25.º; 31.º ou 32.º da LLR portuguesa; no acordo concordatário espanhol sobre assuntos económicos, de 1979, e o n.º 2 do artigo 7.º da sua LLR; nos artigos 13.º, 16.º e 17.º da concordata eslovaca; na convenção financeira de Latrão, modificada pela lei 121/1985, em Itália; e no Church Funding Act austríaco. Isto também é visível através dos tempos de emissão religiosa concedidos às diferentes religiões, mediante a sua representatividade, na televisão ou rádio pública. Em Portugal, isso vem plasmado no n.º 1 do artigo 25.º da LLR, e o mesmo sucede em Espanha ou Itália.[16] Também podemos aqui citar o estabelecimento de comissões interconfessionais e independentes (apesar de terem uma estreita ligação política — à Assembleia da República — e de serem compostas por membros do governo), como a da Liberdade Religiosa em Portugal, que visa dirimir conflitos da convivência religiosa, sobretudo aquela vivida pluralmente, e salvaguardar a liberdade de todas as religiões.

A tudo isto subjazem as ideias guiadoras dos outros dois problemas de referência que Wohlrab-Sahr e Burchardt associam mais

[16] Em Espanha há um grupo de religiões que tem acesso direto aos meios de radiodifusão, mormente as igrejas católica e protestante e a comunidade islâmica. A primeira e a terceira têm, aliás, espaços televisivos próprios financiados pelo Estado — *Pueblo de Dios* e *Islam hoy*. Em Itália o acesso à radiodifusão é mais restritivo, não garantindo o acesso direto às diferentes comunidades, presumivelmente, por conta da influência das religiões dominantes — a protestante, mas, principalmente, a católica.

frequentemente aos sistemas sociais e não ao mundo da vida, como é o caso dos dois primeiros já citados. Por exemplo, a ideia iluminista de progresso que é visível no artigo 5.º da LLR portuguesa, no preâmbulo da concordata polaca ou o artigo 1.º da lei 121/1985 em Itália, mas sobretudo as ideias da autonomia, eficiência e racionalidade. Destas três últimas, a primeira já foi suficientemente explicitada, quando falámos da separação Estado-religiões existente em todos os países. No entanto, as duas últimas ideias ficam mais bem enquadradas se entendidas à luz dos desenvolvimentos vestefalianos, onde o princípio do fortalecimento do poder político centralizado e a consequente expropriação dos bens eclesiásticos — primeiramente em áreas como a educação, a economia ou a administração interna e muito posteriormente no campo da saúde e assistência ou na tutela do registo civil —, passaram a estar associados às ideias de racionalidade e maior eficiência do *político* na gestão da coisa pública. Em todos os países analisados isto é patente precisamente por conta de todos os processos de espoliação e de nacionalização dos bens eclesiásticos ao longo do século XIX e da primeira metade do século XX; da perda de independência financeira do clero e do subsequente advento de sistemas de compensação e indemnização às igrejas e comunidades religiosas criados e controlados pelos Estados (Moniz, 2017: 153–154).

A hegemonia e institucionalização destas ideias guiadoras e a sua aplicação aos problemas de referência, seguindo a terminologia de Wohlrab-Sahr e Burchardt (2017), levaram à emergência de *culturas de secularidade* que são codificadas no direito, construídas dialeticamente no espaço público e compreendidas nos hábitos culturais das pessoas. Isto transformou-as num grupo de pressupostos dominantes que molda as perceções, práticas e sensibilidades dos indivíduos no concernente à religião. Esta «hegemonia» (Triandafyllidou, Modood e Meer, 2012: 8) ou «proeminência» (Calhoun, 2011: 77–78) das culturas de secularidade fica clara nos direitos nacionais, como fomos vendo ao longo da nossa dissertação, mas também, como vários autores apontam (Chaplin, 2008; Fokas, 2018; Boulden & Kymlicka, 2015), na posição secular gradualmente mais assertiva da jurisprudência emanada pelo Tribunal Europeu dos Direitos Humanos. Deste modo, os pressupostos e as práticas promovidas pelo *político* tornam-se autoevidentes, surgindo como a característica natural das sociedades. Chaplin (2008) diz que isto é o resultado de uma cultura excessivamente secular que coloca as pessoas e os princípios religiosos numa posição difícil, *nadando contra a corrente*, quando se tentam afirmar no espaço público.

Estas hegemonias seculares não são, porém, sinónimas de um total afastamento da religião da esfera sociopolítica. Para Fernandes (2018), mesmo dentro destas culturas de secularidade, a religião continua a ser «certamente importante», o Estado permite-lhe inspirar ou influenciar certas propostas de significado sociopolítico, mas com a condição de que as suas fontes inspiradoras (transcendentes) «apareçam amortecidas [...], [comportando-se] como fundos de reserva filantrópica, de preferência com um deus açaimado» (Fernandes, 2018: 179, 188). Ou seja, a sua contribuição deve ser primeiramente, senão exclusivamente, sociopolítica e só acessoriamente religiosa, sendo no máximo inspirada «algures numa deontologia da profissão da fé extrapolada para a vida comum» (Fernandes, 2018: 188). A religião é compelida a perder, em certa medida, aquando da sua intervenção no espaço público, o seu sentido propriamente religioso.

Estas reflexões de cariz mais filosófico têm, no entanto, respaldo empírico na forma como o *secular* trata o *religioso*, nomeadamente, através das *morality policies* — políticas públicas moldadas essencialmente por conflitos valorativos fundamentais e, só depois, por considerações instrumentais sobre o desenho dessas políticas (por exemplo, políticas sobre a eutanásia, aborto ou casamento entre pessoas do mesmo sexo). Embora não nos possamos alongar muito sobre o tópico, este campo de estudos é interessante porque mostra como as hegemonias seculares, na prática, na formulação de políticas públicas (com fundo moral), consideram (ou não) as doutrinas religiosas. Não obstante as comunidades religiosas, sobretudo as católicas europeias, tenham tido um papel relevante e ativo relativamente às *morality policies* (Resende & Hennig, 2015), vários estudos apontam para o facto de, desde a Segunda Grande Guerra, haver uma tendência geral de *permissividade* neste campo (Studlar & Burns, 2015). Isto sucede mesmo em sociedades maioritariamente católicas, apesar de aí poder haver um maior atraso na implementação destas políticas (Knill, Preidel & Nebel, 2014), porquanto as doutrinas religiosas são apenas relevantes quando a discussão das políticas de moralidade se encontra nas etapas iniciais do processo político, perdendo significado assim que se entra na sua etapa derradeira, aquando da sua chegada à agenda política. Nos casos austríaco ou português, por exemplo, a influência da Igreja católica ou das comunidades religiosas radicadas no país, respetivamente, foi importante nesta tal etapa inicial de discussão política das *morality policies* para abrandar ou impedir o ritmo das reformas (Knill, Preidel & Nebel, 2014; Monteiro, 2012; Resende & Hennig, 2015; Vilaça & Oliveira, 2015). É o caso do casamento entre pessoas do mesmo sexo na Áustria que será legalizado apenas a partir de 2019 — mas também da Eslováquia ou da Polónia onde ainda não é permitido —, da questão da interrupção voluntária da gravidez em Portugal, rejeitada em referendo (1998)[17], ou do chumbo do Parlamento português relativamente às propostas sobre a legalização da morte medicamente assistida (2018)[18].

No entanto, tal como o estudo longitudinal (1960–2010) de Knill, Preidel e Nebel (2014) prova, na Europa a resistência às reformas políticas típicas das *morality policies* só subsiste enquanto as estruturas de oportunidade cultural e institucional não promovem esforços seculares para politizá-las, logrando consenso suficiente para uma mudança política. Mas também só subsiste enquanto há uma vontade ou inclinação ideológica das lideranças religiosas para influenciar essas decisões políticas. Algo que, segundo Resende e Hennig (2015), não sucedeu em Portugal, explicando-se, assim, a tal *permissividade* quanto à maioria das políticas de moralidade, nomeadamente a procriação medicamente assistida (legalizada em 2006)[19], a interrupção voluntária da

[17] Relembrem-se alguns contramovimentos católicos da época, como o movimento «Juntos pela Vida» ligado à Igreja católica. Para mais desenvolvimentos, cf. Monteiro (2012).

[18] Recorde-se a Declaração do Grupo de Trabalho Inter-religioso Religiões-Saúde «Cuidar até ao fim com compaixão» (2018), assinada pelos líderes portugueses da Igreja católica, da Aliança Evangélica Portuguesa, da União Portuguesa dos Adventistas do Sétimo Dia, da União Budista Portuguesa, da Comunidade Hindu, da Comunidade Islâmica de Lisboa e da Comunidade Israelita de Lisboa.

[19] Não obstante a posição pública e explicitamente contrária da Igreja católica portuguesa. Cf. Comunicado final da 184ª Assembleia Plenária da CEP — Conferência Episcopal Portuguesa (2014).

gravidez (legalizada em 2007)[20], o casamento entre pessoas do mesmo sexo (legalizado em 2010)[21] ou o direito à autodeterminação de género (legalizada em 2018)[22]. O mesmo sucede, ainda que em menor escala, nos outros países selecionados. Por exemplo, a legalização da interrupção voluntária da gravidez, sem restrições, em todos os países analisados (à exceção da Polónia, onde só é permitida para preservar a saúde e a vida da mulher), do casamento entre pessoas do mesmo sexo em Espanha (legalizado em 2005) e na Áustria (a legalizar em 2019) ou da pressão política no concernente à morte medicamente assistida e das suas propostas de lei em Portugal e Espanha (2018) e da sua legalidade, se praticada de forma passiva, na Áustria e em Espanha.

Estas práticas de normalização secular são fruto de processos de regulação estrita e de unificação contra a diversidade. A diversidade é, direta ou indiretamente, o pretexto para um exercício sociopolítico e jurídico que promove e hegemoniza as culturas de secularidade, algo particularmente visível nas *morality policies*. Em linha com Bramadat e Seljak (2009), Calhoun (2011) ou Bruce (2018), isto tem como consequência uma certa marginalização do religioso, pois, para se lograr algum consenso social e/ou político, desenvolve-se sobretudo um acordo à volta de crenças (ou problemas de referência) e remédios (ou ideias-chave) seculares, recuperando a formulação de Wohlrab-Sahr e Burchardt.

3. Comentário final

Com a pressão que a diversidade exerce nas sociedades modernas, os Estados europeus (por imperativos de defesa da liberdade ou

---

[20] Apesar da influência da Igreja católica na Comissão do planeamento familiar (Monteiro, 2012: 600).

[21] Não obstante a defesa da perspetiva da doutrina católica no concernente à homossexualidade e do facto de a Igreja ter demonstrado, ainda que discretamente, a sua posição contrária relativamente a esta matéria no debate público (Vilaça & Oliveira, 2015).

[22] Apesar da oposição explícita da Igreja, por meio da CEP, sobretudo pelo facto de esta lei, inicialmente, permitir a mudança de género a partir dos 16 anos, sem relatório médico.

igualdade) têm constrangido os princípios e as práticas religiosas, institucionalizando-os, controlando-os ou, no limite, domesticando-os, de modo que fiquem o mais confinados possível ao respeito pelos princípios democráticos. Deste modo, as sociedades democráticas passam, no espaço público, a viver sobretudo de referências seculares. Com isto diminuem-se os níveis de *literacia religiosa* e o papel das religiões nas práticas quotidianas dos indivíduos. Daí que, já em meados da década de 2000, John Rawls e Jürgen Habermas identificassem uma necessidade *pós-secular* de *tradução* dos conteúdos religiosos que permitisse a sua compreensão, aceitação e utilização no espaço público.

Tendemos a concordar com a ideia de um certo défice de *literacia religiosa* nas sociedades europeias em geral. Todavia, pelo facto de que os nossos casos de estudo apresentam sistemas de cooperação seletiva ou *principled distance* e pelo facto de a tal competição religioso-secular envolver tanto a saída como a entrada dos indivíduos do e para o domínio secular, a religião, nomeadamente a maioritária, conserva um papel de relevo mesmo dentro desta *cultura* ou *era* (excessivamente?) secular. Como nos diz Hjelm (2015: 8), na sua reconsideração sobre a nova visibilidade do religioso no espaço público, a religião mantém-se «entrincheirada» em tradições regionais ou nacionais. Contudo, a legitimidade da sua presença pública é baseada nas funções que desempenha — na sua *utilidade pública* — e não necessariamente na proficuidade da sua doutrina.

Considerando que este é um campo de estudo relativamente recente, é ainda precoce adentrar nas eventuais consequências deste secularismo moderado e acomodatício, mas progressivamente intensificado pelos fenómenos de diversidade, no religioso. No entanto, não deixamos de nos interrogar sobre os efeitos do confinamento da diversidade no concernente aos princípios democráticos seculares. Quais os resultados das hegemonias seculares na religião: relativismo, resistência ou indiferença? Qual a consequência da iliteracia religiosa nos comportamentos dos indivíduos? Em que medida o sistema de acomodação positiva dos Estados consegue ou não atenuar algum efeito desta era, tendencialmente, secular? Estas são algumas das questões que deixamos em aberto para outros investigadores sociais que, analisando este contexto regional ou outro, pretendem compreender os métodos de regulação destas novas dinâmicas sociais, típicas da nossa contemporaneidade, pelos Estados e entender a amplitude dos seus efeitos potenciais na religião e vice-versa.

Bibliografia

AMMERMAN, Nancy T., «The Challenges of Pluralism: Locating Religion in a World of Diversity», *Social Compass*, vol. 57, n.º 2, 2010, pp. 154–167.

BADER, Veit-Michael, «The Governance of Religious Diversity: Theory, Research, and Practice», in Paul Bramadat & Matthias Koenig, *International Migration and the Governance of Religious Diversity*, Montreal, McGill-Queen's University Press, 2009, pp. 43–73.

BADER, Veit-Michael, «Secularisms or Liberal-Democratic Constitutionalism», in Phil Zuckerman & John Shook, *The Oxford Handbook of Secularism*, Oxford, Oxford University Press, pp. 333–353, 2017.

BANCHOFF, Thomas, «Introduction», in Thomas Banchoff (org.), *Democracy and the New Religious Pluralism*, Oxford, Oxford University Press, 2007, pp. 3–16.

BERGER, Peter, *The Many Altars of Modernity: Toward a Paradigm for Religion in a Pluralist Age*, Boston/Berlim, De Gruyter, 2014.

BERGER, Peter, HUNTINGTON, Samuel P., *Many Globalizations: Cultural Diversity in the Contemporary World*, Oxford, Oxford University Press, 2002.

BHARGAVA, Rajeev, «Rehabilitating Secularism», in Craig Calhoun, Mark Juergensmeyer & Jonathan Van Antwerpen, (orgs.), *Rethinking Secularism*, Nova Iorque: Oxford University Press, 2011, pp. 92–113.

BHARGAVA, Rajeev, «Is European secularism secular enough?», in Jean Cohen & Cécile Laborde (orgs.), *Religion, Secularism, and Constitutional Democracy*, Nova Iorque, Columbia University Press, 2016, pp. 157–180.

BOULDEN, Jane; KYMLICKA, Will, *International Approaches to Governing Ethnic Diversity*, Oxford, Oxford University Press, 2015.

BRAMADAT, Paul; SELJAK, David (orgs.), *Religion and Ethnicity in Canada*, Toronto, University of Toronto Press, 2009.

BRUCE, Steve, *Religion in the Modern World: From Cathedrals to Cults*, Oxford, Oxford University Press, 1996.

BRUCE, Steve, *God is Dead: Secularization in the West*, Cornwall, Blackwell Publishing, 2002.

Bruce, Steve, «Secularization: From Sacred Canopies to Golf Umbrellas», in Titus Hjelm (org.), *Peter L. Berger and the Sociology of Religion 50 Years after The Sacred Canopy*, Londres, Bloomsbury Academic, 2018.

Calhoun, Craig, «Secularism, Citizenship, and the Public Square», *in* Craig Calhoun, Mark Juergensmeyer & Jonathan Van Antwerpen (orgs.), *Rethinking Secularism*, Nova Iorque: Oxford University Press, 2011, pp. 75–91.

Casanova, José, *Public Religions in the Modern World*, Chicago: University of Chicago Press, 1994.

Casanova, José, «Reconsiderar la Secularización: Una perspectiva comparada mundial», *Revista Académica de Relaciones Internacionales*, n.º 7, 2007, pp. 1–20.

Casanova, José, «The Religious Situation in Europe», in Hans Joas & Klaus Wiegandt, *Secularization and the World Religions*, Liverpool, Liverpool University Press, 2009, pp. 206–227.

Cavanaugh, William, *The Myth of Religious Violence (Secular ideology and the roots of modern conflict)*, Oxford, Oxford University Press, 2009.

Chaplin, Jonathan, *Talking God: The Legitimacy of Religious Public Reasoning*, Londres, Theos, 2008.

Cohen, Jean L.; Laborde, Cécile (orgs.), *Religion, Secularism, and Constitutional Democracy*, Nova Iorque, Columbia University Press, 2016.

Doe, Norman, *Law and Religion in Europe: A Comparative Introduction*, Oxford, Oxford University Press, 2011.

Driessen, Michael, «Religion, State, and Democracy: Analyzing Two Dimensions of Church-State Arrangements», *Politics and Religion*, vol. 3, n.º 1, 2010, pp. 55–80.

Fernandes, António Teixeira, *Formas de vida religiosa nas sociedades contemporâneas*, Oeiras: Celta Editora, 2001.

Fokas, Effie, «The legal status of religious minorities: Exploring the impact of the European Court of Human Rights», *Social Compass*, vol. 65, n.º 1, 2018, pp. 43–61.

Fox, Jonathan, *Political Secularism, Religion, and the State: A Time Series Analysis of Worldwide Data*, col. Cambridge Studies in Social Theory, Religion and Politics. Cambridge: Cambridge University Press, 2015.

Graham, Elaine, *Between a Rock and a Hard Place: Public Theology in a Post-Secular Age*, Londres, SCM press, 2013.

Graham, Elaine, *Apologetics without Apology: Speaking of God in a World Troubled by Religion*, Eugene: Cascade Books, 2017.

GREGORY, Brad S., *The Unintended Reformation: How a Religious Revolution Secularized Society*, Cambridge, Belknap Press of Harvard University Press, 2012.

HARZIG, Christiane; JUTEAU, Danielle (orgs.), *The Social Construction of Diversity: Recasting the Master Narrative of Industrial Nations*, Nova Iorque/Oxford, Berghahn Books, 2003.

HJELM, Titus, «Is God Back? Reconsidering the New Visibility of Religion», *in* Titus Hjelm (org.), *Is God Back? Reconsidering the New Visibility of Religion*, Londres/Nova Iorque, Bloomsbury Academic, 2015, pp. 1–16.

KATZENSTEIN, Peter J., «Civilizational states, secularisms and religions», *in* Craig Calhoun, Mark. Juergensmeyer & Jonathan Van Antwerpen (orgs.), *Rethinking Secularism*, Nova Iorque, Oxford University Press, 2011, pp. 145–165.

KNILL, Christoph; PREIDEL, Caroline; NEBEL, Kerstin, »Brake rather than Barrier: The Impact of the Catholic Church on Morality Policies in Western Europe», *West European Politics*, vol. 37, n.° 5, 2014, pp. 845–866.

KYMLICKA, Will, «The Governance of Religious Diversity: The Old and the New», in Paul Bramadat & Matthias Koenig, *International Migration and the Governance of Religious Diversity*, Montreal: McGill-Queen's University Press, 2009, pp. 323–334.

MODOOD, Tariq, «Multiculturalism and Moderate Secularism», Robert Schuman Centre for Advanced Studies, Research Paper n.° RSCAS 2015/47, 2015. Disponível em em: https://ssrn.com/abstract=2631081. Último acesso a 14.07.2018.

MONIZ, Jorge Botelho, «A secularização na ultramodernidade católica europeia: uma proposta de análise contextual e multidimensional do fenômeno da secularização», *Em Tese*, Florianópolis, vol. 13, n.°. 1, 2016, p. 188–219.

MONIZ, Jorge Botelho, «European secularism: analysis of the funding mechanisms of churches and religious denominations in six European countries», *Revista Direito* GV, 3, 13, 2017a, pp. 921–948.

MONTEIRO, Rosa, «A descriminalização do aborto em Portugal: Estado, movimentos de mulheres e partidos políticos», *Análise Social*, vol. 204, n.° 3, 2012, pp. 586–605.

Nações Unidas, «International Migration Report 2017 — Highlights», Nova Iorque. Disponível em: http://www.un.org/en/development/desa/population/migration/publications/migrationreport/docs/MigrationReport2017_Highlights.pdf. Último acesso a 14.07.2018.

Pew Research Center, «The Future of World Religions: Population Growth Projections, 2010–2050 Why Muslims Are Rising Fastest and the Unaffiliated Are Shrinking as a Share of the World's Population», 2015. Disponível em: http://www.pewforum.org/2015/04/02/religious-projections-2010-2050/. Último acesso a 14.07.2018.

Pew Research Center, «The Changing Global Religious Landscape», 2017. Disponível em: http://www.pewforum.org/2017/04/05/the-changing-global-religious-landscape/. Último acesso a 14.07.2018.

Pickel, Gert, «Secularization — an empirically consolidated narrative in the face of an increasing influence of religion on politics», *Política & Sociedade*, vol. 36, n.º 16, 2017, pp. 259–294.

Resende, Madalena Meyer; Hennig, Anja, «Shunning Direct Intervention: Explaining the Exceptional Behaviour of the Portuguese Church Hierarchy in Morality Politics», *New Diversities*, vol. 17, n.º 1, 2015, pp. 145–160.

Schuck, Peter H., *Diversity in America: Keeping Government at a Safe Distance*, Cambridge: Belknap Press of Harvard University Press, 2003.

Smith, Christian, *The secular revolution: Power, interests, and conflict in the secularization of American public life*, Berkeley, University of California Press, 2003.

Stepan, Alfred, «Religion, democracy and the «"twin tolerations"», *Journal of Democracy*, vol. 11, n.º 4, 2000, pp. 37–57.

Stepan, Alfred, «The multiple secularisms of democratic and non-democratic regimes», *in* Craig Calhoun, Mark Juergensmeyer & Jonathan Van Antwerpen (orgs.), *Rethinking Secularism*, Nova Iorque, Oxford University Press, 2011, pp. 114–144.

Stepan, Alfred, Taylor, Charles, *Boundaries of Toleration (Religion, Culture, and Public Life)*, Nova Iorque, Columbia University Press, 2014.

Stolz, Jörg; Tanner, Pascal, «Elementos de uma teoria de competição religioso-secular», *Política & Sociedade*, vol. 16, n.º 36, 2017, pp. 295–323.

Studlar, Donley; Burns, Gordon J., «Toward the permissive society? Morality policy agendas and policy directions in Western democracies», *Policy Sciences*, vol. 48, n.º 3, 2015, pp. 273–291.

Taylor, Charles, *A Secular Age*, Cambridge, Harvard University Press, 2007.

TAYLOR, Charles, «Foreword: What is secularism?», *in* Geoffrey Brahm Levey & Tariq Modood (orgs.), *Secularism, Religion and Multicultural Citizenship*, 2009, pp. xi–xxii.

TRIANDAFYLLIDOU, Anna; MODOOD, Tariq, *The Problem of Religious Diversity: European challenges, Asian approaches*, Edimburgo, Edinburgh University Press, 2017.

TRIANDAFYLLIDOU, Anna; MEER, Nasar, «Introduction: Diversity, integration, secularism and multiculturalism», in Anna Triandafyllidou, Tariq Modood & Nasar Meer (orgs.), *European Multiculturalisms: Cultural, Religious and Ethnic Challenges*, Edimburgo, Edinburgh University Press, 2012, pp. 1–29.

VERTOVEC, Steven, «Super-Diversity and Its Implications», *Ethnic and Racial Studies*, vol. 30, n.° 6, 2007, pp. 1024–1054.

VERTOVEC, Steven, *Da Torre de Babel às Terras Prometidas — Pluralismo Religioso em Portugal*, Porto, Edições Afrontamento, 2006.

VERTOVEC, Steven, «Territorialidades religiosas em Portugal», *Mediações: Revista de Ciências Sociais*, vol. 21, n.° 2, 2016, pp. 197–217.

VERTOVEC, Steven, OLIVEIRA, Maria João, «Clivagens e cumplicidades entre e a Igreja Católica e o Estado: o casamento entre pessoas do mesmo sexo», *Sociologia Problemas e Práticas*, n.° 78, pp. 29–47, 2015.

VILAÇA, Helena, *et. al.*, *The Changing Soul of Europe: Religions and Migrations in Northern and Southern Europe*, Londres, Routledge, 2014.

VILAÇA, Helena, «How the Portuguese Catholic Church is Dealing with Newcomers: The Particular case of Eastern European Immigrants», *in* Helena Vilaça *et al.* (orgs.), *The Changing Soul of Europe: Religions and Migrations in Northern and Southern Europe*, Londres, Routledge, 2014, pp. 89–107.

WOHLRAB-SAHR, Monika; BUCHARDT, Marian, «Multiples Secularities: Toward a cultural sociology of secular modernities», *Comparative Sociology*, vol. 11, 2012, pp. 875–909.

WOHLRAB-SAHR, Monika, «Revisitando o secular: secularidades múltiplas e trajetórias para a modernidade», *Política & Sociedade*, vol. 16, n.° 36, 2017, pp. 143–173.

WOODHEAD, Linda, «Introduction», in Linda Woodhead & Rebecca Catto, *Religion and Change in Modern Britain*, Oxon, Routledge, 2012, pp. 1–33.

LA VIOLENCE DANS L'ISLAM. DIAGNOSTIC ET THÉRAPIE

SAMI A. ALDEEB ABU-SAHLIEH[1]

Mes propos sur l'islam ne doivent pas être compris comme un dédouanement des autres religions. La violence existe dans toute société à travers les siècles, et elle est associée à toute idéologie tant religieuse que non-religieuse.

Cette étude est divisée en quatre parties:

I. De l'islam non violent à l'islam violent
II. Violence à l'intérieur de la société musulmane
III. Violence extérieure envers les non-musulmans
IV. Thérapie de la violence[2].

---

[1] Chrétien d'origine palestinienne. Citoyen suisse. Docteur en droit. Habilité à diriger des recherches (HDR). Professeur des Universités (CNU-France). Responsable du droit arabe et musulman à l'Institut suisse de droit comparé (1980–2009). Professeur invité dans différentes universités en France, en Italie et en Suisse. Directeur du Centre de droit arabe et musulman. Auteur de nombreux ouvrages, dont une traduction du Coran par ordre chronologique en français, en italien et en anglaise, d'une édition arabe annotée du Coran par ordre chronologique, d'un ouvrage en arabe sur les erreurs linguistiques du Coran, d'une introduction au droit musulman en français, en italien et en anglais, et d'une introduction au droit arabe en français et en italien.

[2] Pour plus de développements, les lecteurs intéressés peuvent se référer à notre ouvrage: *La violence dans l'islam: diagnostic et thérapie*, Createspace (Amazon), Charleston, 2018.

Partie I. De l'islam non violent à l'islam violent

À chaque attentat commis par des musulmans, certains pointent du doigt l'islam, alors que d'autres affirment que «"ça n'a rien à voir avec l'islam"[3] ou que les auteurs des attentats sont des malades mentaux»[4]. Le Président français Emmanuel Macron affirme dans une interview: «L'extrémisme, le fondamentalisme religieux... c'est un problème dans notre pays», mais «il ne faut pas confondre ce problème avec tous nos concitoyens qui croient dans l'islam. Ce serait une erreur profonde... Ce fondamentalisme-là, cet islam radical..., cet islamisme, ce n'est pas l'islam.»[5]

Qui dit vrai?

Lorsqu'une voiture provoque un accident, on prend en considération au moins quatre facteurs: la faute ou la folie du conducteur, la faute d'un tiers, le défaut de la route et le défaut de la voiture. Tous ces facteurs sont importants, mais ce qui nous intéresse ici est de savoir si l'enseignement de l'islam comporte des normes qui poussent une personne à devenir violente.

En fait il faut distinguer entre deux islams: l'islam de la Mecque et l'islam de Médine. Retenons les dates suivantes:

570 — Naissance de Mahomet à la Mecque
610 — Début de la révélation : 86 chapitres de l'époque mecquois
622 — Départ à Médine : 28 chapitres de l'époque médinoise
632 — Mort de Mahomet

Le Coran disponible dans les librairies, les bibliothèques, les mosquées, les écoles et les foyers, tant dans les pays musulmans que dans le reste du monde, classe les chapitres plus ou moins selon leur longueur, avec beaucoup d'exceptions. De ce fait, on n'arrive pas à voir l'évolution de l'islam. Mais si on classe le Coran par ordre chronologique

[3] C'est le titre d'un ouvrage de Lydia Guirous, publié chez Plon, Paris, 2017. Voir son interview https://youtu.be/gXMJHtINnC8.

[4] https://goo.gl/uSoGtR.

[5] Voir l'interview du Président Macron sur TF1: https://goo.gl/RysVdb.

tel que je l'ai fait dans mes traductions en français[6], en anglais et en italien, ainsi que dans mon édition arabe annotée du Coran, on peut dire sommairement que le Coran mecquois est un Coran plus ou moins pacifique, alors que le Coran médinois est un Coran violent qui prône le jihad, discrimine les femmes et les non-musulmans, et établit des normes pénales jugées aujourd'hui contraires aux droits de l'homme. On y reviendra.

Pour résoudre les contradictions internes du Coran, les légistes classiques recourent à la théorie de l'abrogation: une norme postérieure abroge une norme antérieure. Ainsi le verset du sabre, qui représente le sommet de la violence politique, dit:

> Une fois écoulés les mois interdits, tuez les associateurs où vous les trouvez. Prenez-les, assiégez-les et restez assis aux aguets contre eux. Si ensuite ils sont revenus, ont élevé la prière et donné la dîme, alors dégagez leur voie (H-113/9:5).

Des juristes classiques estiment que ce verset à lui seul abroge 124, voire 140 versets tolérants du Coran.

En outre, ils distinguent entre l'abrogation de la norme et sa non-application. L'application d'une norme dépend de la faisabilité. Dans la période de faiblesse, Dieu a adressé à Mahomet le verset H-90/33:48: «N'obéis pas aux mécréants et aux hypocrites, repousse leur mal, et confie-toi à Dieu». Mais lorsqu'il est devenu fort, Dieu lui a adressé le verset H-113/9:73: «Ô Prophète! Lutte contre les mécréants et les hypocrites, et sois rude à leur égard. Leur abri sera la géhenne. Quelle détestable destination!» Si donc les musulmans se retrouvent en état de faiblesse, ils recourent au premier verset, et lorsqu'ils deviennent

[6] Nous utiliserons dans cet ouvrage notre propre traduction du Coran par ordre chronologique, en faisant usage de deux numérotations: le premier numéro renvoie à l'ordre chronologique du Coran, et le deuxième à l'ordre conventionnel. Ces deux numéros sont suivis du numéro du verset, et précédés d'un H (Hégire) pour les versets médinois, et d'un M pour les versets mecquois (*Le Coran, texte arabe et traduction française par ordre chronologique avec renvoi aux variantes, aux abrogations et aux écrits juifs et chrétiens*, Createspace (Amazon), Charleston, 3e édition, 2019).

forts, ils recourent au dernier. Dans les deux cas, ils appliquent la loi islamique.

Pour comprendre la violence dans l'islam, il faut savoir que cette religion impose au croyant une soumission absolue à la volonté divine. C'est le sens du terme *islam*. Partout dans le monde musulman, le muezzin scande cinq fois par jour l'appel à la prière, sans tenir compte de la nuisance qu'il fait subir aux enfants, aux malades et autres personnes en besoin de repos. Dieu passe avant tout, et tant pis pour les autres. Cet appel à la prière insiste sur la supériorité et l'unicité de Dieu. L'expression *allahu akbar* est dans la forme comparative. Il en manque donc une partie qu'on peut compléter à volonté: Dieu est plus grand que les autres dieux, plus grand que toute autre personne ou chose, plus grand que toute autre loi, plus grand que les parents et les enfants:

> Ô vous qui avez cru! Ne prenez pas vos pères et vos frères pour alliés s'ils ont aimé la mécréance plus que la foi. Quiconque parmi vous s'allie à eux, ceux-là sont les oppresseurs (H-113/9:23).
>
> Quiconque ne juge pas d'après ce que Dieu a fait descendre, ceux-là sont les mécréants ... ceux-là sont les oppresseurs ... ceux-là sont les pervers (H-112/5:44, 45, 47).
>
> Le musulman exécute les commandements d'Allah sans le moindre pincement de conscience. Il suivra en cela Abraham que le Coran institue comme modèle suprême:
>
> Vous aviez un bon modèle en Abraham et en ceux qui étaient avec lui, lorsqu'ils dirent à leurs gens: «Nous sommes quittes de vous et de ce que vous adorez, hors de Dieu. Nous avons mécru en vous, et l'inimitié et la haine apparurent entre nous et vous, à jamais, jusqu'à ce que vous croyiez en Dieu seul» (H-91/60:4).

On se rappellera ici qu'Abraham était prêt à sacrifier son fils sur simple vision, récit rapporté par l'Ancien Testament (Genèse, chapitre 22) et repris par le Coran (M-56/37: 102–107). Si le musulman tue quelqu'un en exécution d'un commandement divin, il estime que c'est Dieu qui agit à travers sa main, et donc il n'est pas responsable de son acte, tout en ayant la conviction qu'il en sera récompensé s'il meurt dans la voie de Dieu:

Combattez-les. Dieu les châtiera par vos mains, les couvrira d'ignominie, vous secourra contre eux, guérira les poitrines des gens croyants (H-113/9:14).

Ce n'est pas vous qui les avez tués, mais c'est Dieu qui les a tués. Lorsque tu as lancé, ce n'est pas toi qui as lancé, mais c'est Dieu qui a lancé. Afin qu'il teste les croyants d'un bon test de sa part. Dieu est écouteur, connaisseur (H-88/8:17).

Pour sortir de la situation tragique actuelle dans laquelle les musulmans se trouvent en raison de l'application des normes coraniques, le soudanais Mahmud Muhammad Taha propose aux musulmans:

— d'abandonner le Coran et l'islam médinois qui a été appliqué après l'hégire en 622, et qui n'est plus valable pour notre temps,
— et de revenir au Coran mecquois qui a précédé le Coran médinois et qui constitue le fondement de l'islam. Ce Coran aurait été reporté à une autre période, ultérieure, car il n'aurait pas été applicable au VIIe siècle.

Ce qui signifie que toutes les normes juridiques qui régissent la famille, les successions, les sanctions, l'économie et le jihad seraient caduques puisqu'elles appartiennent à l'islam médinois. Cette conception a conduit Taha à la potence en 1985 sur instigation de l'Azhar, des Frères musulmans et de l'Arabie saoudite.[7]

Partie II. Violence au sein de la société musulmane

La solidité d'une maison dépend de la solidité de toutes ses composantes, sans oublier nos frères animaux. Si on veut lutter contre la violence, il faut l'éliminer à tous les rouages. Nous commençons par les animaux.

---

[7] Voir sur ce penseur notre ouvrage: *Mahmud Muhammad Taha: Mahmud Muhammad Taha entre le Coran mecquois et le Coran médinois*, Createspace (Amazon), Charleston, 2018.

1) Violence envers les animaux. Les religions monothéistes peu favorables aux animaux

Les rapports entre les humains et les animaux varient d'une culture à l'autre. On remarquera à cet effet que les trois religions monothéistes sont moins respectueuses des animaux que les religions asiatiques, même si on relève ici et là des consignes d'empathie envers eux dans l'Ancien Testament dont nous citons le passage suivant:

> Lévitique 22:28: Veau ou agneau, vous n'immolerez pas le même jour un animal et son petit.

L'Église catholique consacre dans son nouveau catéchisme de 1992[8] les canons 2415–2418 aux animaux. Mais on peut se demander pourquoi le Catéchisme ne va-t-il pas plus loin et n'interdit pas l'abattage rituel sans étourdissement comme le fait la Suisse, la corrida, le combat des coqs, la chasse à courre, etc.

L'islam interdit de maltraiter les animaux, mais...

Si on visite certains pays musulmans, on s'étonne de la maltraitance des animaux. D'où vient cela? Rien n'est dit dans le Coran de la bienveillance envers les animaux. Mais les récits de Mahomet rendent hommage à celui qui est bienveillant envers les animaux et condamnent celui qui les maltraite. Ainsi, selon un récit, une femme est allée en enfer parce qu'elle a laissé mourir de faim une chatte.

Si la maltraitance est interdite envers tous les animaux, certains sont plus avantagés que d'autres en droit musulman. Certains sont considérés purs, d'autres pas. C'est le cas notamment du porc. Étrangement, le droit musulman considère aussi le chien comme animal impur et lui accorde autant, voire plus de place que le porc — alors que le chat est tenu en grand estime. L'âne est aussi peu apprécié.

Le chien et l'âne dans le Coran

Le Coran mentionne le chien dans trois passages. Dans un passage, il compare un personnage de l'Ancien Testament, probablement

---

[8] www.vatican.va/archive/FRA0013/_INDEX.HTM.

Balaam, à un chien. Ce personnage fut mis à mort par les Israélites pour avoir entraîné les enfants d'Israël à l'infidélité envers Dieu. Le Coran dit de lui: «Si nous avions voulu, nous l'aurions élevé par eux. Mais il s'attacha à la terre et suivit ses désirs. Il ressemble à un chien. Si tu portes contre lui il halète, ou si tu le laisses il halète aussi. Voilà la ressemblance des gens qui ont démenti nos signes» (M-39/7:176).

Une image négative est aussi véhiculée à propos de l'âne:

> Ceux chargés de la Torah, mais qui ne s'en sont pas chargés, ressemblent à l'âne chargé de livres. Quelle détestable ressemblance que celle des gens qui ont démenti les signes de Dieu! (H-110/62:5).
>
> Sois modéré dans ta marche, et baisse ta voix. La plus répugnante des voix est la voix des ânes (M-57/31:19).

Mahomet dit que trois annulent la prière: la femme, l'âne et le chien. Selon un autre récit, les anges n'entrent pas une maison où se trouve un chien. Le droit musulman n'autorise que les chiens utilitaires pour la protection des troupeaux ou de la maison, mais rejette le chien de compagnie.

La presse signale plusieurs cas de chauffeurs musulmans dans différents pays occidentaux refusant des voyageurs accompagnés de leurs chiens. L'interdiction de posséder un chien pose parfois un problème pour la cohabitation de personnes dont l'une est musulmane.[9]

Cette image négative à propos du chien et de l'âne se retrouve dans le langage courant, et explique pourquoi ils sont maltraités malgré leurs mérites.

Abattage des animaux

L'article 25*bis* de l'ancienne Constitution suisse de 1874 disait: «Il est expressément interdit de saigner les animaux de boucherie sans les avoir étourdis préalablement». Cette interdiction figure toujours dans la loi sur la protection des animaux. Ce qui irrite les juifs et les musulmans. Leur tentative de faire changer la loi a échoué. Mais en fait il

[9] Voir sur ce point notre livre: *La violence dans l'islam*, *op. cit.*, p. 28–43.

n'existe pas de normes juives ou musulmanes qui interdisent l'étourdissement. Tout est question d'économie. Cela rapporte beaucoup aux juifs et aux musulmans.[10]

Fête du sacrifice et égorgement devant les enfants

Les musulmans ont deux fêtes religieuses majeures:

— Aïd el-Fitr: fête de la rupture du jeûne;
— Aïd al-Adha: fête du sacrifice.

Cette dernière fête commémore la foi d'Abraham en Dieu, symbolisée par l'épisode où il accepte de sacrifier, sur l'ordre de ce dernier, son fils Ismaël (dans la tradition judéo-chrétienne, le fils à sacrifier est Isaac). Ce sacrifice est relaté par le livre de la Genèse 22:1–14, et repris par le Coran.

Comme Abraham est désigné par le Coran comme le modèle à suivre (H-91/60:4), les musulmans chez eux et les pèlerins sacrifient un animal, surtout un mouton. Lors de ces sacrifices, les animaux subissent les pires traitements, y compris à La Mecque. Des vidéos montrent les souffrances atroces auxquelles ils sont exposés. Certaines familles forcent leurs petits enfants à assister à l'égorgement des animaux pour les habituer à une telle scène.

Mahmud Muhammad Taha, dont nous avons parlé plus haut, s'est opposé à ces sacrifices. Un livret intitulé *Le sacrifice n'est requis ni du pauvre ni du riche*. Les informations y contenues sont absolument inconnues du grand public. Le contenu est résumé dans la dédicace.

«Pour le peuple. Ne sacrifiez pas! Le Prophète a aboli le sacrifice pour sa nation en sacrifiant pour elle. Cela a été compris par les grands compagnons, les savants et leurs riches qui ne sacrifiaient pas. D'autre part, le sacrifice est une coutume qui change selon les circonstances historiques, sociales et économiques. Aujourd'hui, ses dégâts économiques et sociaux sont évidents. Ainsi, aujourd'hui, le sacrifice n'est pas requis religieusement!»[11]

---

[10] *Ibid.*, p. 44–61.
[11] *Ibid.*, p. 61–65.

2) Violence envers les enfants : la circoncision

Alice Müller considère la circoncision comme «le plus grand crime de l'humanité»[12], crime que les législateurs, les juges, les universités, la presse et les autorités religieuses passent souvent sous silence, tout au moins en ce qui concerne la circoncision masculine. Si demain le Pape François condamnait la circoncision, le Vatican devra fermer boutique.

Signalons ici que la Déclaration universelle ne mentionne pas le droit à l'intégrité physique. On est à cet égard légitimé à se demander pourquoi l'ONU a oublié ce droit. Je vous laisse deviner la raison. Mme Merkel s'est opposée à une décision du tribunal de Cologne qui avait déclaré le 26 juin 2012 que l'ablation du prépuce pour des motifs religieux relevait de coups et blessures volontaires et était passible de poursuites pénales. «Je ne veux pas que l'Allemagne soit le seul pays au monde dans lequel les Juifs ne peuvent pas pratiquer leurs rites», dit la chancelière.[13] Ce faisant, elle viole le principe de la séparation des pouvoirs.

Le métier de circonciseur est surtout pratiqué par des médecins vieux, mâles et circoncis. Et on remarque que ce sont les femmes qui soutiennent et pratiquent la circoncision féminine. Le mutilé cherche toujours à mutiler autrui. Le non circoncis est considéré comme impur. On n'enterre pas un non-circoncis dans un cimetière musulman ou juif.

Goldman[14] se demande s'il y a un lien entre le fait que chaque laps de 25 secondes un enfant est circoncis aux États-Unis et chaque laps de 15 secondes un homme frappe une femme. Certains circoncis estiment que leurs mères ne les ont pas assez protégés et se retournent contre elles.

---

[12] Alice Miller: *Banished knowledge, facing childhood injuries*, Doubleday, New York, 1990, p. 135.

[13] Le Figaro, 17.7.2012: Circoncision: Merkel inquiète. https://goo.gl/P1azxg.

[14] Je renvoie le lecteur notamment à sa thèse de doctorat de Ronald Goldman: *Circumcision, The Hidden Trauma: How an American Cultural Practice Affects Infants and Ultimately Us All*, préfacée par Ashley Montagu, Vanguard Publications, Boston, 1997 (https://goo.gl/vNpSi1), et à son article: «The psychological impact of circumcision», *BJU international*, Volume 83 Supplement 1, pages 93–102, January 1, 1999 (https://goo.gl/4fskvc).

Certains estiment aussi que la circoncision contribue aux guerres. Ce que la société fait aux enfants, ceux-ci le lui rendent. Tout ce qui contribue à la violence individuelle contribue à la violence de la société et au penchant de cette dernière pour agresser les autres peuples. Ceci ne signifie nullement que seuls les circoncis font des guerres, mais on ne saurait non plus exclure de manière catégorique que la circoncision peut jouer un rôle, aussi minime soit-il, dans ces guerres. En tout cas comment veux-tu demander à une personne à aimer les autres si déjà il mutile son propre enfant? Il perd l'empathie.[15]

3) Violence envers les femmes

Le Coran institue la supériorité de l'homme sur la femme. Fille, la femme est sous l'autorité du père. Il peut la marier sans son consentement, parfois au plus offrant et en bas âge, à moins de dix ans, sur la base du verset H-99/65:4 et suivant le modèle de Mahomet qui, à l'âge de 50 ans, épousa Ayshah alors qu'elle n'avait que six ans. Des sites en arabe rapportent qu'au Yémen huit filles meurent chaque jour en raison de tels mariages.[16] Même majeure, la fille ne peut contracter mariage sans le consentement du père ou du tuteur mâle. Mariée, elle est sous l'autorité de son époux qui peut l'empêcher de sortir de la maison ou de travailler et l'obliger à porter le voile. Si elle désobéit, le mari peut la châtier. Son témoignage vaut la moitié du témoignage de l'homme (H-87/2:282) et elle reçoit généralement, mais pas toujours, la moitié de la part successorale que reçoit l'homme au même degré (voir H-92/4:11–12 et 176).

---

[15] Les personnes intéressées peuvent consulter mes ouvrages sur ce sujet, notamment: *Circoncision masculine et féminine: Débat religieux, médical, social et juridique*, Createspace (Amazon), Charleston, 2e édition, 2012, 528 pages; *Male and female circumcision: Religious, medical, social and legal debate*, Createspace (Amazon), Charleston, 2e édition, 2012, 530 pages; *Circoncisione: il complotto del silenzio*, Createspace (Amazon), Charleston, 2014, 102 pages; *Khitan al-dhukur wal-inath*, Createspace (Amazon), Charleston, 2012, 766 pages.

[16] https://goo.gl/xHMrz1; https://goo.gl/cCLa8T.

Le droit de l'homme de châtier sa femme se base sur le verset suivant[17]:

> Les hommes s'élèvent au-dessus des femmes par ce que Dieu a favorisé certains par rapport à d'autres, et ce qu'ils ont dépensé de leurs fortunes. Les femmes vertueuses sont dévouées, et gardent le secret que Dieu a gardé [pour elles]. Celles dont vous craignez la dissension, exhortez-les, abandonnez-les dans les couches, et frappez-les (*udribuhun*) (H-92/4:34).

Des traducteurs, surtout musulmans, traduisent souvent le terme *udribuhun* de façon erronée ou édulcorée.

Dans la fameuse exégèse Al-Manar, Rashid Rida dénonce la critique des occidentaux contre l'autorisation donnée au mari de frapper sa femme — alors qu'ils ne dénoncent pas le fait qu'une femme puisse désobéir et se montrer hautaine à son égard, le transformant ainsi en dominé et humilié alors qu'il est le chef de la famille — persistant dans sa désobéissance, se moquant de son honneur et l'abandonnant. Il cite Muhammad Abdou qui estime légitime de frapper la femme du point de vue de la raison ou de la nature. Ceci est nécessaire en cas de dissolution du milieu social et des mœurs. Mais ce n'est permis que si l'homme constate sa nécessité pour que la femme obéisse. Et dans tous les cas, nous devons bien traiter les femmes et éviter l'injustice à leur égard. Plusieurs récits invitent l'homme à bien se comporter avec sa femme. Un de ces récits dit: «N'avez-vous pas honte de frapper votre femme comme on frappe un esclave au début de la journée, et ensuite vous avez des rapports sexuels avec elle à la fin de la journée?»

Un autre exégète, Sayyid Qutb, dit que le fait de frapper la femme peut s'avérer nécessaire afin de sauvegarder l'institution familiale, lorsque la femme ne sent la virilité de l'homme qu'elle aime et ne l'accepte comme mari que s'il la soumet physiquement. Ceci n'est pas propre à toutes les femmes, mais de telles femmes existent. Et dans tous les cas, c'est à Dieu que revient la décision, étant le seul connaisseur

[17] Nous avons rédigé un ouvrage en français sur ce sujet: *Frappez les femmes: Interprétation du verset coranique 92/4:34 à travers les siècles*, Createspace (Amazon), Charleston, 2016. Ceux intéressés peuvent s'y référer pour plus de détails. Voir aussi notre ouvrage: *La violence dans l'islam*, *op. cit.*, p. 89–105.

de sa créature. Toute discussion de ce qu'il décide est une rébellion et constitue une sortie de la foi.

En raison de la norme coranique, les milieux religieux refusent de criminaliser la violence envers les femmes.

4) Violence dans le droit pénal

Chaque société prévoit des sanctions contre ceux qui violent ses normes. L'évolution tend cependant en général:

— à humaniser les sanctions portant atteinte à la dignité de l'homme en interdisant la torture et châtiments cruels et en abolissant progressivement la peine de mort), et

— à dépénaliser la liberté de pensée et d'expression entraînant ainsi la fin de la chasse aux sorcières et de l'inquisition contre les dissidents religieux, politiques et scientifiques.

Qu'en est-il chez les musulmans?

Sur la base du Coran et de la Sunnah de Mahomet, les juristes musulmans classiques distinguent entre deux catégories de délits:

— Les délits punis de peines *had*/fixes prévues par le Coran ou la Sunnah de Mahomet. Cette catégorie groupe les délits suivants, selon le Code pénal arabe unifié: adultère (puni de lapidation si le coupable est marié, et de flagellation pour les non-mariés), calomnie d'adultère (punie de flagellation), consommation d'alcool (puni de flagellation), vol (puni d'amputation de la main droite la première fois, du pied droit en cas de récidive), *haraba*/banditisme et *baghy*/rébellion (puni en cas de mort, par la peine de mort, qu'il ait pris des biens ou pas, par l'amputation de la main droite et du pied gauche s'il s'est attaqué aux biens, à l'honneur ou à la personne sans causer la mort), et apostasie (punie de mort). S'y ajoute l'atteinte à la vie et à l'intégrité physique (punie du *qasas*/rétorsion : peine équivalente à la catégorie et au degré du délit commis, pouvant être commuée en *diyya*/compensation ou en *arsh*/composition).

— Les délits punis de peines *ta'zir*/discrétionnaires. Cette catégorie comprend les délits susmentionnés dont une des conditions vient à manquer. Elle comprend aussi les délits qui ne sont pas prévus dans la première catégorie.

La plupart des pays arabes ont abandonné les sanctions coraniques, optant pour un système de sanctions moderne repris principalement de l'Occident. Il reste cependant quelques pays qui continuent de recourir aux sanctions dites islamiques ou y sont retournés. Ainsi, l'Arabie saoudite continue d'appliquer les sanctions islamiques contre des délits comme le vol, l'adultère, l'atteinte à la vie et à l'intégrité physique et l'apostasie[18], alors que l'Égypte, par exemple, a abandonné ces sanctions.

Une des revendications des mouvements musulmans est le retour pur et simple au droit musulman puisque le musulman est supposé suivre les enseignements de sa religion qui règlent ses rapports avec Dieu et avec les humains. Une telle revendication est reprise des pays musulmans à titre individuel et à titre collectif. Ainsi en Égypte, une série de codes censés être conformes au droit musulman (dont un code pénal musulman) ont été élaborés en 1978–1983 mais ne furent jamais adoptés.[19] La Ligue arabe a aussi entrepris une démarche en vue de l'unification des lois des pays arabes en partant du droit musulman. Elle chargea de cette tâche le Conseil des Ministres arabes de la justice qui constitue un organe spécialisé de la Ligue arabe. Ce Conseil a rédigé plusieurs codes, dont un code pénal arabe unifié adopté à l'unanimité en 1996 figurant sur deux sites de la Ligue arabe.[20]

Ce code, dont nous avons fait une traduction française[21], reprend les normes pénales islamiques susmentionnées, violant ainsi les droits

[18] Voir sur la pratique de l'Arabie saoudite concernant ces délits non codifiés: Ibn-Dhafir, Sa'd Muhammad: *Al-ijra'at al-jina'iyyah fi jara'im al-hudud fil-mamlakah al-'arabiyyah al-su'udiyyah*, Riyad, chez l'auteur, 1999.

[19] Voir ces codes dans https://goo.gl/7iGgJn.

[20] En un volume: http://goo.gl/wZc0kl, et en deux volumes: vol. 1: http://goo.gl/aivvUv (articles 1–192) et vol. 2: http://goo.gl/GqRqla (articles 193–618).

[21] *Les sanctions dans l'islam: avec le texte et la traduction du code pénal arabe unifié de la Ligue arabe*, Createspace (Amazon), Charleston, 2016.

de l'homme dans la mesure où il prévoit des sanctions jugées cruelles et inhumaines, notamment la loi du talion (œil pour œil, dent pour dent), la lapidation, la flagellation et la peine de mort pour abandon de l'islam. En outre, il fait une distinction entre l'homme et la femme dans le calcul de la compensation.

Malgré le fait que ce code comporte des dispositions qui définissent des délits et envisagent des sanctions en opposition avec ce que la plupart de ces pays signataires ont prévu dans leurs codes pénaux en vigueur, le fait qu'il ait été approuvé unanimement par tous les ministres arabes de la justice pose de nombreuses questions. C'est en tout cas un démenti cinglant pour les autorités étatiques et religieuses ainsi que les intellectuels des pays arabes, islamiques et occidentaux qui prétendent que ce que fait Daesh ne représente pas l'islam. Cette organisation criminelle ne fait qu'appliquer à la lettre les normes pénales islamiques, dont une grande partie est intégrée dans ce code.[22]

L'apostasie est un des défis majeurs que les pays musulmans doivent affronter. Youssuf Al-Qaradawi dit dans une interview:

> Sans le châtiment réservé à l'apostasie, l'islam n'existerait pas aujourd'hui.

Les musulmans ne cessent de répéter à qui veulent les entendre que l'Islam est une religion tolérante et que la liberté religieuse y est garantie. Trois passages du Coran sont souvent cités comme preuve:

> Nulle contrainte dans la religion (H-87/2:256).
>
> Dis: «La vérité est de votre Seigneur. Celui qui souhaite, qu'il croie. Et celui qui souhaite, qu'il mécroie» (M-69/18:29).
>
> Si ton Seigneur avait souhaité, ceux qui sont dans la terre auraient tous ensemble cru. Est-ce toi qui contrains les humains pour qu'ils soient croyants? (M-51/10:99–100).

[22] Il faut ici signaler que ce code ne codifie pas toutes les infractions et leurs sanctions prévues en droit musulman. Ainsi, à titre d'exemple, il ne tient pas compte de tous les délits touchant à la sexualité, dont l'inceste, la pédophilie, l'homosexualité, la nécrophilie et la zoophilie.

Ces versets, cependant, n'ont pas empêché les légistes musulmans classiques de prévoir la peine de mort contre toute personne qui quitte la religion musulmane notamment sur la base de récits de Mahomet, dont:

> Celui qui change sa religion tuez-le.

L'apostasie est réglée par les articles 162–165 du Code pénal arabe unifié susmentionné[23].

5) Liberté cultuelle

Mahomet dit: «Commandez vos enfants de prier dès l'âge de sept ans, et frappez-les à l'âge de dix ans». Ce récit est étendu au jeûne.

La presse rapporte plusieurs cas de maltraitances d'enfants, voire d'adultes qu'on force à observer les obligations religieuses, même en Occident. Une fatwa saoudienne va jusqu'à permettre à un fonctionnaire de tuer son collègue de travail s'il n'observe pas la prière.

L'imposition du voile aux femmes, et seulement aux femmes, constitue un acte de violence. Le refus de le porter est parfois sanctionné sévèrement. De plus c'est une discrimination à l'égard de la femme, et un jugement de valeur contre celles qui ne le portent pas, souvent qualifiées de prostituées.

Il est un genre particulier de violence qui se répète cinq fois par jour: l'appel à la prière qui agressent tout le monde: enfants, malade, travailleurs, étudiants, etc. Non contents de pratiquer cette violence dans les pays où ils sont majoritaires, des musulmans veulent l'exporter vers les pays non musulmans. En Suisse, un article constitutionnel interdit la construction de nouveaux minarets.

On ne compte plus les lieux de culte attaqués par des musulmans dans les pays musulmans et en Occident. Dans un livre de Ahmed Abdel Moneim Al-Damanhori qui a occupé la fonction de grand cheikh de

[23] Pour plus de développement, voir notre ouvrage: *La violence dans l'islam*, *op. cit.*, p. 107–136.

l'Azhar de 1768 à 1776 (publié 2 fois en 2012 et 2013) appelle à la démolition des églises. Il partage la Terre en quatre sections:

— Terre de l'Islam pure, dont la péninsule arabique : il y est strictement interdit de construire des églises, des lieux de culte ou des couvents.
— Terres conquises par la force, comme l'Égypte et le Maghreb, l'Irak et d'autres : il y est strictement interdit de construire de nouvelles églises, et celles qui existent déjà doivent être détruites.
— Terres conquises par un traité de paix, et dont les habitants peuvent y rester contre paiement de tribut (*jizya*) et l'impôt foncier: il y est permis de construire des églises si cela figure dans le traité de paix.
— Villes construites par les musulmans après la conquête comme le Caire, Bagdad, Wasit, Bassora, etc.: il y est strictement interdit de construire des églises parce qu'il s'agit de villes musulmanes qui étaient auparavant des déserts ou des ruines, et elles ont été construites par les musulmans.[24]

6) Liberté culturelle et artistique

La violence musulmane n'épargne pas l'art sous la plupart de ses formes: musique, chant, danse, sculpture, dessin, théâtre, cinéma. Inutile de rappeler la destruction des statues de Bouddha en Afghanistan en 2001.

L'interdiction de l'art figuratif est inscrite en tête des dix commandements. Les juifs sont sommés par l'Ancien Testament d'éliminer les représentations des divinités des peuples dominés. On trouve un écho de cette interdiction dans le mouvement iconoclaste byzantin (725–843) et dans la réforme sous la houlette de Martin Luther (1483–1546), Ulrich Zwingli (1484–1531) et Jean Calvin (1509–1564).

---

[24] Pour plus de développement, voir notre ouvrage : *La violence dans l'islam*, *op. cit.*, p. 137–150.

Les normes bibliques relatives à l'art figuratif ont été reprises par l'Islam. Le Coran signale l'hostilité de Noé à l'égard des idoles (M-71/71:23–27) et s'étend longuement sur l'histoire d'Abraham, modèle des musulmans (H-91/60:4), qui a mis en miettes les idoles de sa tribu (M-73/21:58), provoquant la colère de cette dernière. Il mentionne également la condamnation des idoles par Moïse.

De nombreux récits de Mahomet parlent de son hostilité à l'égard des statues et des images.

Pendant la courte période du pouvoir de Morsi, les islamistes ont multiplié les prises de position, affichant clairement leur volonté d'appliquer le droit musulman dans toute sa rigueur, dont les normes islamiques hostiles à l'art figuratif. Deux sites en particulier étaient visés: le Sphinx et la Grande Pyramide. On rappelle aussi les destructions des monuments en Irak et en Syrie.[25]

7) Violence et alternance du pouvoir politique

L'alternance pacifique du pouvoir politique est quasiment inconnue dans les pays arabes. C'est une des raisons de la résurgence périodique de la violence. Le système politique prévu par le droit musulman joue un rôle dans ce domaine. Est-ce que vous vous êtes demandé pourquoi la Suisse a moins de grèves que la France? Parce qu'on consulte le peuple dans tout... même sur le maintien ou non des cornes des vaches... ou la construction des minarets.

Or en Islam, le peuple n'a rien à dire dans l'élection de son chef. Ce chef a des pouvoirs très étendus. La souveraineté législative appartient à Dieu. Que reste-t-il donc au peuple dans la gestion de la politique?

Consulté sur la possibilité d'avoir des partis politiques, Ibn-Taymiyyah (1263–1327) répondit qu'il n'y voyait rien contre si les gens qui appartiennent à ces partis sont réunis «autour de ce que Dieu et son prophète ont ordonné, sans rien y ajouter ou en retrancher».

---

[25] Pour plus de développement, voir notre ouvrage : *La violence dans l'islam*, *op. cit.*, p. 150–171. Nous renvoyons le lecteur intéressé à notre ouvrage *L'Islam et la destruction des statues: Étude comparée sur l'art figuratif en droit juif, chrétien et musulman*, Createspace (Amazon), Charleston, 2015.

On distingue différents courants face au pouvoir oppressif:

Courant de la patience (*al-sabr*)

Il recommande d'user de beaucoup de tact à l'égard de l'autorité, fût-elle inique, s'abstenir de porter les armes contre elle et souffrir l'oppression du pouvoir comme une punition divine en priant que l'épreuve passe. Ja'far Al-Sadiq a développé la notion de la simulation (*taqiyyah*) et a demandé à ses adhérents de ne pas se dépenser dans le combat contre l'autorité mais d'attendre le retour de l'imam caché, lequel rendra justice à l'humanité. Selon cet imam, tout savant religieux qui fréquente le pouvoir est un voleur.

Courant de la faisabilité (*al-tamakkun*)

Ce courant, représenté par l'imam Abu-Hanifah et les Mutazilites, ne condamne pas le recours à la force, mais refuse d'y prendre part tant que la réussite n'est pas assurée. C'est le principe de la pesée des intérêts: il ne faut pas que le remède soit pire que la maladie.

Courant de la révolution (*al-thawrah*)

Les kharijites étaient perpétuellement en révolte. Selon eux, chaque fois que le nombre des opposants atteint les quarante, il y a obligation de partir au combat. Lorsque leur nombre passe en dessous de trois, ils doivent arrêter le combat et taire leurs convictions (*kitman*). En raison de leur spontanéité et du manque d'organisation, leurs révoltes ont fait beaucoup de victimes pour peu de résultat.

En l'absence de normes dans le Coran et la Sunnah et de consensus concernant les conditions du pouvoir et son alternance, les musulmans se sont souvent affrontés sur ce terrain. C'est la cause de la scission entre sunnites et chiites. Trois des quatre premiers Califes dont le règne est considéré comme l'âge d'or de la société musulmane ont fini assassinés: 'Umar (assassiné en 644), 'Uthman (en 656) et 'Ali (en 660). Sous l'Empire ottoman, le pouvoir passait au plus fort. Après son investiture, le calife se pressait, avec la bénédiction des autorités religieuses, de liquider physiquement ou d'enfermer dans des cages (*qafas*) les membres de sa famille dont il craignait la concurrence. Sur 26 successions, il y a eu 17 cas de destitutions par la force. Ceux qui sont destitués sont tués ou jetés dans les cages.

Aujourd'hui encore la violence continue. Sur 28 changements de régimes intervenus dans six pays arabes (Algérie, Soudan, Irak, Libye, Syrie et Yémen du Nord) entre 1950 et 1985, deux se sont faits par cession volontaire, deux par mort naturelle et le reste s'est fait par la destitution violente accompagnée dans cinq cas d'assassinat. Entre 1971 et 1985, il y a eu dans le monde arabe 34 tentatives de coups d'État, 37 tentatives d'assassinats, cinq assassinats de chefs de l'État et plus de 2727 peines de mort pour des raisons politiques. Rarement un chef d'État arabe abandonne le pouvoir de son propre choix ou par voie démocratique, qu'il soit monarque ou président.

Le culte de la personnalité est l'expression extérieure de la domination qu'exerce un chef d'État arabe. Mesurez l'espace qu'occupent ses photos et vous saurez l'étendue de son autorité. Et dire que l'islam interdit les images.[26]

Partie III. Violence extérieure envers les non-musulmans

1) La haine comme prélude à la guerre

Toute guerre est précédée d'un conditionnement psychologique de la population qui lui inspire la haine pour l'ennemi. On ne peut en effet agresser ceux qu'on aime. Quelle est la place de la haine dans l'islam?

Prière haineuse dix-sept fois par jour

Le musulman doit réciter 17 fois la Fatiha (M-5/1:1–7) lors de ses cinq prières quotidiennes. Elle est récitée aussi lors de la conclusion du contrat de mariage, lors des visites des cimetières et à d'autres occasions. Cette *fatiha* dit:

---

[26] Pour plus de développement, voir notre ouvrage: *La violence dans l'islam*, *op. cit.*, p. 172–188.

1. Au nom de Dieu, le tout miséricordieux, le très miséricordieux.
2. Louange à Dieu, le Seigneur des mondes,
3. le tout miséricordieux, le très miséricordieux,
4. possesseur [des affaires] au jour du jugement.
5. C'est toi que nous adorons, et c'est toi dont nous demandons l'aide.
6. Dirige-nous [vers] le chemin droit,
7. le chemin de ceux que tu as gratifiés, non pas [le chemin] de ceux encourant la colère, ni [le chemin] des égarés.

Les exégètes sont pratiquement unanimes à dire que «ceux qui encourant la colère» de Dieu sont les juifs, et que les «égarés» sont les chrétiens, partant d'un récit de Mahomet qui aurait dit: «Les juifs sont les gens contre qui Dieu est en colère, et les chrétiens sont les gens égarés». Ils corroborent cette interprétation par de nombreux verset. Et dire que certains prêtres la font lire dans l'église: par ignorance ou par complaisance?[27]

Instigation à la haine dans l'enseignement

Celui qui analyse l'enseignement en Égypte et ailleurs, ne peut que s'étonner de la violence et de la haine religieuse émanant des programmes imposés par l'État aux écoles publiques et privées. Des termes comme la guerre sainte (*jihad*), les mécréants (*kafir*), les polythéistes (*mushrik*) y sont souvent utilisés. On peut en dire autant des programmes religieux diffusés à longueur de journée (et parfois même la nuit) par les radios et les télévisions du monde arabe. Des écoles islamiques en Occident aussi enseignent à leurs élèves qu'il faut tuer l'apostat, lapider l'adultère, etc.

Déshumanisation des mécréants

Afin d'approfondir le fossé entre les croyants et les mécréants, le Coran déshumanise ces derniers, les comparant aux animaux:

---

[27] Voir notre ouvrage *La Fatiha et la culture de la haine: Interprétation du 7e verset à travers les siècles*, Createspace (Amazon), Charleston, 2014.

> Ceux chargés de la Torah, mais qui ne s'en sont pas chargés, ressemblent à l'âne chargé de livres. Quelle détestable ressemblance que celle des gens qui ont démenti les signes de Dieu! (H-110/62:5).
>
> Nous avons créé beaucoup de djinns et d'humains pour la géhenne. Ils ont des cœurs avec lesquels ils ne comprennent pas, ils ont des yeux avec lesquels ils ne voient pas, et ils ont des oreilles avec lesquelles ils n'écoutent pas. Ceux-là sont comme les bétails, ou plutôt plus égarés (M-39/7:179).
>
> Dis: «Vous informé-je de ce qui est pire que cela, comme rétribution auprès de Dieu? Celui que Dieu a maudit, contre lequel il est en colère, dont il a fait des singes et des porcs, et celui qui a adoré les idoles. Ceux-là ont la pire situation, et sont les plus égarés de la voie droite.» (H-112/5:60)

Interdiction de prendre les mécréants comme alliés

Le dogme de l'alliance et du désaveu[28] se base principalement sur le verset suivant:

> Que les croyants ne prennent pas les mécréants pour alliés hors des croyants. Quiconque fait cela, n'est pas [des alliés] de Dieu, à moins que vous ne les craigniez (H-89/3:28).

Ce verset établit la règle générale de la méfiance à l'égard des non-musulmans, interdisant aux musulmans de les prendre pour alliés, sauf s'ils les craignent. Et dans ce cas, ils peuvent recourir à la dissimulation, qui consiste à dire, voire à faire une chose sans y adhérer intérieurement, jusqu'à ce que la situation change en faveur des musulmans.

Cette règle de la méfiance est doublée de discriminations à l'égard des non-musulmans. Cette attitude est la suite normale de la perception coranique des juifs et des chrétiens considérés par le premier chapitre du Coran respectivement «des gens contre lesquels Dieu est en colère» et «des égarés» comme signalé plus haut.

Elle s'inscrit aussi dans la ligne du verset H-87/2:256 «Nulle contrainte dans la religion» qui permet de tolérer extérieurement des

[28] Voir notre ouvrage *Alliance, désaveu et dissimulation: Interprétation des versets coraniques 3:28–29 à travers les siècles*, Createspace (Amazon), Charleston, 2015, https://goo.gl/5BesBe. Voir aussi notre ouvrage: *La violence dans l'islam*, *op. cit.*, p. 192–220.

juifs, des chrétiens, des sabéens et des zoroastriens, dans l'espoir de les voir se convertir à l'islam, s'ils acceptent entretemps de payer le tribut et de se soumettre à des normes discriminatoires, selon le verset de la *jizya* H-113/9:29. Sans quoi ils sont passés par l'épée ou expulsés de leurs terres. Quant aux polythéistes, ce verset ne leur octroie que le choix entre la conversion à l'islam ou l'épée. Et tout cela s'est effectivement produit en Irak, à notre époque, avec les chrétiens et les Yézidis en vertu du verset du sabre H-113/9:5.

Dans l'introduction d'une brochure, le cheikh saoudien Salih Ibn-Salih Al-Fawzan mentionne «les signes indiquant l'alliance accordée aux mécréants», en recourant à des récits de Mahomet pour appuyer sa position:

1) Essayer de leur ressembler dans l'habillement, dans le langage et autres comportements similaires
2) Voyager vers leurs pays dans un but de distraction et de jouissance
3) Leur accorder des postes au gouvernement, les employer en tant que confidents et conseillers
4) Suivre leurs calendriers, et en particulier ceux qui relatent leurs rites et leurs célébrations comme le calendrier grégorien
5) Participer à leurs fêtes ou à leur préparation, leur souhaiter bonnes fêtes ou assister à leur célébration
6) Porter leurs noms
7) Demander à Allah de leur pardonner et de leur faire miséricorde.

2) Le jihad

Définition du jihad

Il nous faut maintenant nous intéresser à la violence externe proprement dite, à travers ce que le droit musulman appelle le jihad, lequel, selon des récits de Mahomet, durera jusqu'au jour de la résurrection.[29]

---

[29] Voir ces récits dans https://www.ahlalhdeeth.com/vb/showthread.php?t=9320.

Nous nous baserons sur notre ouvrage *Le jihad dans l'islam*[30], auquel nous renvoyons le lecteur pour plus de détails.

Le terme Jihad est défini par le dictionnaire Larousse en ligne comme suit :

Effort sur soi-même pour atteindre le perfectionnement moral ou religieux.

Combat, action armée pour étendre l'islam et, éventuellement, le défendre. (C'est abusivement que le mot est employé au sens de «guerre sainte».)

Le Larousse contribue ainsi au mensonge. Le premier sens donné ne figure nulle part dans le Coran, et se base sur un récit douteux attribué à Mahomet qui aurait dit: «Nous sommes revenus du petit jihad (c'est-à-dire le combat contre l'ennemi) pour le grand jihad (c'est-à-dire le combat contre ses propres penchants)». Le mot jihad et ses dérivés reviennent 41 fois dans le Coran, dont 33 en rapport avec le sens de combat.

On remarque quatre étapes dans le Coran :

Interdiction de répondre à l'agression.

Avant l'hégire, la propagande religieuse se faisait de façon pacifique. Le Coran est formel:

> Appelle à la voie de ton Seigneur par la sagesse et la bonne exhortation. Dispute avec eux de la meilleure manière. Ton Seigneur sait le mieux qui s'est égaré de sa voie, et il sait le mieux qui sont les dirigés (M-70/16:125).
>
> Repousse le méfait de la meilleure manière (M-74/23:96).
>
> Ne disputez avec les gens du livre que de la meilleure manière (M-85/29:46).
>
> Le bienfait et le méfait ne sont pas égaux. Repousse [le méfait] de la meilleure manière. Et voilà que celui avec qui tu avais une inimitié devient comme un allié ardent (M-61/41:34).

---

[30] *Le jihad dans l'islam : Interprétation des versets coraniques relatifs au jihad à travers les siècles*, Createspace (Amazon), Charleston, 2016, 254 pages. Voir aussi notre ouvrage : *La violence dans l'islam*, *op. cit.*, p. 221–304.

À cette étape, le Coran demande aux musulmans de ne pas recourir à la guerre même s'ils sont agressés:

> Endure, ton endurance n'est qu'avec [l'aide de Dieu]. Ne t'attriste pas à leur sujet, et ne te sens pas à l'étroit à cause de ce qu'ils complotent (H-70/16:127).

Il serait cependant faux de croire que l'islam de Mahomet a été totalement pacifique pendant la période mecquoise. On lit dans cette période le verset suivant: «N'obéis donc pas aux mécréants et engage contre eux par ceci une grande lutte» (M-42/25:52). Commentant ce verset, *Al-Muntakhab*, exégèse publiée par l'Azhar, dit: «Persévère dans ton appel à la vérité et dans la transmission du message de ton Seigneur. S'ils résistent à ton appel et commettent une agression contre les croyants, combats-les et lutte contre eux avec véhémence.»[31]

Et c'est pendant cette période que Mahomet a énoncé ce récit menaçant à l'encontre des gens de sa tribu:

> Ô gens de Qoreych, par celui qui détient mon âme entre ses mains, je suis venu à vous avec l'égorgement.[32]

Ce récit est souvent évoqué par Daesh et d'autres groupes pour légitimer la décapitation des opposants, des coptes et des étrangers.

Permission de répondre à l'agression

Après le départ de La Mecque et la création de l'État musulman à Médine, le Coran commence à permettre aux musulmans de combattre ceux qui les combattent:

> Autorisation est donnée à ceux qui sont combattus [de combattre], parce qu'ils ont été opprimés. Dieu est puissant pour les secourir. Ceux

[31] Al Montakhab, *La sélection dans l'exégèse du Saint Coran*, arabe/français, Le Caire 1998, p. 556.

[32] Voir ce récit dans différents recueils de Sunnah ici http://goo.gl/V7bj7C.

qu'on a fait sortir de leurs demeures sans droit, simplement parce qu'ils ont dit: «Dieu est notre Seigneur» (H-103/22:39–40).

Devoir de répondre à l'agression

Après le renforcement du pouvoir des musulmans, le Coran ordonne de combattre ceux qui agressent les musulmans et de faire la paix avec ceux qui veulent la paix:

> Combattez dans la voie de Dieu ceux qui vous combattent, et ne transgressez pas. Dieu n'aime pas les transgresseurs. Tuez-les où que vous les trouviez, et sortez-les d'où ils vous ont sortis. La subversion est plus grave que tuer. Mais ne les combattez pas près du Sanctuaire interdit avant qu'ils ne vous y aient combattus. S'ils vous y combattent, tuez-les alors. Voilà la rétribution des mécréants. Mais s'ils s'abstiennent, Dieu est pardonneur, très miséricordieux. Combattez-les jusqu'à ce qu'il n'y ait plus de subversion, et que la religion appartienne à Dieu. S'ils s'abstiennent, il n'y aura nulle agression, sauf contre les oppresseurs (H-87/2:190–193).
>
> On vous a prescrit le combat, même s'il est répugnant pour vous. Peut-être une chose vous répugne, alors que cela est meilleur pour vous. Et peut-être aimez-vous une chose, alors que cela vous est un mal. Dieu sait, tandis que vous ne savez pas (H-87/2:216).
>
> S'ils penchent pour la paix, penches-y alors et confie-toi à Dieu. Il est l'écouteur, le connaisseur (H-88/8:61).

Devoir d'initier la guerre

Avec le renforcement de la communauté musulmane, le Coran a établi le jihad contre *Dar al-harb/Dar al-kufr* (Pays de la guerre/Pays de la mécréance) à l'initiative des musulmans. Et pour ce faire, il leur permet de rompre des engagements de trêve lorsqu'elle n'a pas de limite dans le temps. Si la trêve est limitée dans le temps, la guerre ne peut être initiée qu'après la fin de la trêve.

Le but du jihad est déterminé par les versets suivants:

> Tuez-les où que vous les trouviez, et sortez-les d'où ils vous ont sortis. La subversion (fitna) est plus grave que tuer (H-87/2:191).

> Combattez-les jusqu'à ce qu'il n'y ait plus de subversion (fitna), et que la religion appartienne à Dieu. S'ils s'abstiennent, il n'y aura nulle agression, sauf contre les oppresseurs (H-87/2:193).

Mettre fin à la subversion est la principale justification du *jihad* offensif invoquée par les exégètes. Ces exégètes qualifient de subversion le refus des polythéistes de se convertir à l'islam, ainsi que le refus des gens du livre de se convertir ou de se soumettre à l'islam. Cette subversion nécessite l'initiation de la guerre parce qu'elle est jugée par le Coran plus grave que le fait de tuer (H-87/2:191 et 217).

D'après le grand juge Abu-Youssuf :

> Il n'est pas permis au représentant de l'Imam de consentir la paix à l'ennemi quand il a sur eux la supériorité de forces; mais s'il n'a voulu ainsi que les amener par la douceur à se convertir ou à devenir tributaires : il n'y a pas de mal à le faire jusqu'à ce que les choses s'arrangent de leur côté.

L'immigration pour le combat

Après le départ de Mahomet vers Médine et avant sa reconquête de La Mecque, des convertis à l'Islam étaient restés à La Mecque en dissimulant leur foi. Ils ont été amenés au combat par leurs concitoyens contre les troupes de Mahomet et y perdirent la vie. Ceci provoqua de l'émoi chez les combattants de Mahomet. C'est alors que furent révélés des versets imposant l'émigration de *Dar al-harb*/*Dar al-kufr* vers *Dar al-islam* afin de vivre pleinement leur foi, renforcer les musulmans et combattre dans leurs rangs. En effet, ces versets parlent conjointement d'immigrer et de lutter dans la voie de Dieu. Sont exceptés de l'émigration les faibles. Un récit de Mahomet dit: «la migration ne cessera jamais tant que les mécréants sont combattus».

Dans la droite ligne du droit musulman classique, Daesh insiste sur le devoir d'émigrer de *Dar al-kufr* vers l'État islamique pour combattre dans ses rangs, et estime que l'émigration de musulmans vers *Dar al-kufr*, pays de mécréance, ainsi que le séjour des musulmans dans *Dar al-kufr* est un péché.

Le verset H-103/9:123 dit: «Ô vous qui avez cru! Combattez ceux des mécréants qui vous sont limitrophes, et qu'ils trouvent de la rudesse en vous. Sachez que Dieu est avec ceux qui craignent». Le devoir d'émigrer des pays mécréants peut être substitué par le combat à l'intérieur de ces pays. C'est la raison pour laquelle Daesh indique aux musulmans vivant parmi les mécréants comment mener le jihad sur place sans se faire remarquer, en recourant au principe de la dissimulation.

Certains n'hésitent pas à voir dans la présence des musulmans en Occident une cinquième colonne visant à le déstabiliser, voire une invasion. Le 21 septembre 1991 M. Valéry Giscard d'Estaing a publié dans *Le Figaro Magazine* un article intitulé «Immigration ou invasion?»

Et on est en droit de se demander dans quelle catégorie il faut placer le grand nombre de voitures brûlées à la Saint-Sylvestre en France, sinon dans la catégorie du jihad. Un article paru le 1er janvier 2018 dit:

> Au cours de la nuit de la Saint-Sylvestre, 1031 véhicules ont été incendiés et 510 personnes ont été interpellées en France, des chiffres en hausse par rapport à l'an dernier, selon le ministère de l'Intérieur.

Il est à cet égard un autre jihad: le jihad judiciaire dont le but est de créer une jurisprudence afin que toute critique de l'islam soit considérée comme du «racisme». Il s'agit en fait de museler ceux qui critiquent l'islam en préparation de l'occupation du terrain. Et on parle aujourd'hui ouvertement de «territoires perdus de la république»[33].

Sort réservé aux soumis et aux vaincus

Nous pouvons nous trouver devant différents scénarios. Les musulmans somment les non-musulmans appartenant à la catégorie des gens du livre en leur donnant trois choix[34]:

---

[33] Je renvoie le lecteur intéressé à mes deux ouvrages: *La migration (hijrah) dans l'islam*: (version sans les exégèses en arabe), Createspace (Amazon), Charleston, 2017 et *La migration (hijrah) dans l'islam: Interprétation des versets relatifs à la migration à travers les siècles*, Createspace (Amazon), Charleston, 2017.

[34] Voir notre ouvrage *Le tribut (jizya) dans l'islam: Interprétation du verset coranique 113/9:29 relatif au tribut (jizya) à travers les siècles*, Createspace (Amazon), Charleston, 2016, 204 pages.

— se convertir à l'islam. Dans ce cas leur pays fait partie de *Dar al-islam*, et ils bénéficient des mêmes droits et des mêmes devoirs que les musulmans;
— se soumettre au pouvoir de l'autorité musulmane et payer la *jizya*, s'ils refusent de se convertir : «Combattez ceux qui ne croient ni en Dieu ni au jour dernier, qui n'interdisent pas ce que Dieu et son envoyé ont interdit, et ne professent pas la religion de la vérité, parmi ceux auxquels le livre fut donné, jusqu'à ce qu'ils donnent le tribut (*jizya*) par une main, et en état de mépris» (H-113/9:29).
— S'ils refusent l'une et l'autre solution, les musulmans engagent la guerre contre eux jusqu'à la victoire des armées musulmanes.

Si les non-musulmans n'appartiennent pas à la catégorie des gens du livre, et donc sont des associateurs, ils n'ont le choix qu'entre la conversion à l'islam et la guerre. Mais certains juristes admettent, à contrecœur, en raison de la faiblesse des musulmans, de faire payer la *jizya* à certains polythéistes, avec la possibilité de les massacrer en tout temps, comme cela est arrivé en Inde où les musulmans ont exterminé environ 80 millions d'hindouistes et détruit d'innombrables temples en application des normes islamiques.

Maintien de la doctrine classique

La position la plus claire est celle exprimée par Ibn-Baz, la plus haute autorité religieuse saoudienne, qui rejette catégoriquement l'idée que le jihad ne poursuit qu'un but défensif.

Sayyid Qutb (décédé en 1966) dit que le verset 113/9:29 commande de combattre les gens du livre qui dévient de la religion de Dieu jusqu'à ce qu'ils paient le tribut (*jizya*) en état de mépris. La paix n'est possible avec eux qu'à cette condition. On ne les contraint pas à devenir musulmans, en raison de la norme islamique «Nulle contrainte dans la religion», mais on ne les laissera suivre leur religion que sur la base d'un accord dans ce sens avec les musulmans. Les gens du livre, avec leurs croyances erronées dénoncées par le verset 113/9:29, sont en guerre contre la religion de Dieu et la société musulmane. Aucune cohabitation n'est possible entre leur vision et la vision de l'islam. Et comme l'islam est la seule vraie religion, il doit écarter les obstacles qui se dressent devant la liberté des gens de le choisir, en détruisant tout pouvoir basé sur une autre religion jusqu'à sa soumission et l'acceptation de payer le tribut (*jizya*).

Retour à la jizya *par Daesh en Irak... et demain en Occident?*

Muhammad Morsi, avant son élection à la présidence de l'Égypte, a déclaré dans une interview accordée à un journaliste au siège de son parti, que l'Égypte avait été ouverte une première fois par Amrou Ibn-al-'As, et que lui-même allait l'ouvrir une deuxième fois, y faisant entrer tous les chrétiens de l'islam. Et s'ils refusent, ils devront payer le tribut (*jizya*) ou quitter l'Égypte. Une vidéo d'un groupe extrémiste égyptien soutenant Morsi menace les coptes de les assassiner s'ils refusent de payer le tribut (*jizya*).

Une information du 22 mai 2016 rapporte que l'État islamique menace l'Inde dans une vidéo en anglais: «Il est strictement interdit d'adorer quiconque sauf Allah. Ces mécréants adorent la vache, le soleil et la lune. Il est strictement interdit de maintenir des liens avec ceux qui sont contre Allah. Acceptez l'Islam, payez le tribut (*jizya*), ou préparez-vous à être égorgés.»

Une information du 16 décembre 2015 rapporte que le gouvernement suédois est dans un état de panique après que des dizaines de ses citoyens ont reçu des lettres signées par l'EI les menaçant et leur offrant trois choix: la conversion à l'islam, le paiement du tribut (*jizya*), ou la décapitation.[35]

Partie IV. Thérapie de la violence

1) Ça n'a rien à voir avec l'islam?

Plusieurs facteurs peuvent intervenir dans la violence, mais on ne peut dire, à la lumière de nos analyses, que «ça n'a rien à voir avec

[35] http://goo.gl/cukCsF.

l'islam». Bien au contraire. Si les musulmans mettaient en application les normes islamiques dans toute leur rigueur, la situation serait encore pire, pour eux et pour l'humanité. S'ils ne le font pas, c'est:

— soit parce qu'ils n'ont pas le pouvoir de le faire;
— soit parce qu'ils gardent un certain fond d'humanité qui les empêche de le faire.

Moins les normes musulmanes sont appliquées, mieux se portent l'humanité. En effet, chaque fois que des musulmans ont réussi à prendre le pouvoir et ont appliqué la loi islamique, ils ont semé la désolation dans les régions qu'ils dominent. On l'a vu en Syrie, en Iraq, et ailleurs.

Ce n'est donc qu'en étant faibles que les musulmans se comportent plus ou moins bien. Le Coran ne dit-il pas: «Que les croyants ne prennent pas les mécréants pour alliés hors des croyants. Quiconque fait cela, n'est pas [des alliés] de Dieu, à moins que vous ne les craigniez» (H-89/3:28). Et ailleurs: «Ne faiblissez donc pas et n'appelez pas à la paix, alors que vous êtes les plus élevés» (H-95/47:35)?

Faut-il donc maintenir les musulmans continuellement sous domination? Même dominés, les musulmans peuvent garder le pouvoir de nuisance. Quelques «loups solitaires» avec peu de moyens sont capables de provoquer des massacres imprévisibles et difficiles à prévenir. On peut installer des détecteurs métalliques partout, mais ces détecteurs sont incapables de détecter la bombe idéologique qu'une personne porte dans sa tête. Et mettre les intégristes dans les prisons ne résout pas le problème et ils risquent de contagier les autres détenus. En France, le nombre de personnes «radicalisées» répertoriées dans le fichier S serait de 11.000 personnes actives au moins, sur plus de 20.000 cas de la totalité des personnes référencées[36], et il faut quinze à vingt policiers pour suivre et s'occuper d'une seule personne fichée S.[37] Alors que faire?

---

[36] https://goo.gl/7hMKMX.

[37] https://goo.gl/CMCzXz.

2) Langue de bois et dialogue interreligieux

En cas d'épidémie, tout pays qui se respecte recourt à des experts pour la diagnostiquer et produire le médicament efficace, et impose le médicament prescrit aux personnes touchées. Le tout sans peur et sans recours au mensonge. Trois choses sont nécessaires: la connaissance, la morale et le courage.

Or, aujourd'hui nos universités ne disposent pas d'experts capables de diagnostiquer correctement le mal. Peu de juristes sont formés en matière de droit musulman. Les politiciens, les intellectuels et les journalistes n'ont pas de bagage intellectuel suffisant pour comprendre les normes islamiques. Sans parler du manque de courage des uns et des autres. L'ignorance, et probablement d'autres raisons, sont derrière la décision de la Cour européenne des droits de l'homme condamnant une Autrichienne qui qualifie Mahomet de pédophile. Il en est de même de la décision de la commission des droits de l'homme qui a condamné la France pour interdiction du *niqab*. Jésus disait: «Si un aveugle conduit un aveugle, ils tomberont tous deux dans une fosse» (Matthieu 15:14).

Certains disent que tant qu'on dialogue, on ne fait pas la guerre. Mais le dialogue interreligieux qui n'est pas fondé sur la franchise et le respect des droits de l'homme reste stérile et constitue une perte de temps. Le dialogue interreligieux n'a servi jusqu'à maintenant qu'à voyager et à manger aux frais de la princesse.

3) Fermeté et cohérence

Aucune assurance au monde ne vous dédommage si vous laissez votre porte ouverte permettant à des voleurs de vous dévaliser. On est responsable de sa propre lâcheté.

Si la reine d'Angleterre vient en visite officielle en France, on ne peut en aucune manière permettre à son chauffeur de conduire à gauche, quels que soient la sympathie et le respect que l'on puisse éprouver pour le monarque. Ce serait un grave danger pour elle et pour les autres.

L'exemple routier est choisi à dessein. À Paris, il existe des rues qui sont bloquées à l'heure de la prière. Comment peut-on le tolérer? On nous rabat les oreilles avec l'intégration: mais comment voulez-vous intégrer quelqu'un qui affirme que jamais il ne permettra à sa fille d'épouser un chrétien, alors même que les liens du sang sont la meilleure voie pour une véritable intégration? Et comment voulez-vous intégrer quelqu'un qui refuse d'être enterré avec des mécréants, qui veut être séparé d'eux jusque dans la mort? Il ne faut tolérer aucun passe-droit. La moindre fissure dans la coque d'un navire peut le faire couler.

Il faut oser appeler un chat un chat. «Vous connaîtrez la vérité, et la vérité vous affranchira» (Jean 8:32). On dit en arabe: «Vaut mieux se fâcher aujourd'hui que regretter demain.»

La vérité est que l'islam, sans un changement de fond en comble, est incompatible avec les lois occidentales et la modernité. C'est malheureusement la triste réalité.

Pour sortir de l'impasse, des milieux libéraux estiment qu'ils ne sont tenus que par le Coran, parole de Dieu, rejetant la Sunnah, jugée de fabrication humaine et peu fiable, ayant été réunie dans des recueils rédigés longtemps après la mort de Mahomet. Les adeptes de ce courant sont considérés par les autorités religieuses musulmanes comme apostats. Le cheikh Muhammad Abd-Allah Nasr (appelé cheikh Mizo), le prédicateur de la place Tahrir au Caire, a passé une année en prison pour ces idées, et fut libéré par grâce présidentielle le 5 janvier 2018. Pour ne pas être emprisonné de nouveau, il décida de laisser ses prêches réformateurs et s'est mis à vendre du poisson dans le quartier de Sayyida Zaynab au Caire.[38]

Séparer le Coran de la Sunnah est loin d'être suffisant. Il faut s'attaquer au Coran lui-même. Mais aucun intellectuel musulman vivant dans les pays musulmans n'oserait le faire.

Nous l'avons vu, le penseur soudanais Mahmud Muhammad Taha a demandé aux musulmans de laisser de côté le Coran et l'islam médinois contraires aux droits de l'homme, et de revenir au Coran et à l'islam mecquois. Malheureusement les autorités politiques et religieuses des pays musulmans n'ont pas voulu de sa solution et il a été pendu en 1985 par le gouvernement soudanais sur instigation de l'Azhar, des Frères musulmans et de l'Arabie saoudite.

[38] Voir la vidéo https://www.youtube.com/watch?v=QAWfNricpEs.

Signalons ici que la Cour européenne des droits de l'homme a clairement indiqué dans deux décisions que «La loi islamique est incompatible avec la démocratie et les droits de l'homme»[39]. Et qui dit loi islamique dit Coran, puisque ce dernier est la première source de la loi islamique.

4) Désacralisation des livres sacrés

Al-Qaradawi, président du Conseil européen de la fatwa et de la recherche, explique que le chrétien peut bien être laïque tout en restant chrétien puisque la religion chrétienne ne comporte pas de normes juridiques. Ceci n'est pas le cas pour le musulman dont la religion régit aussi bien les choses spirituelles que temporelles. Par conséquent, écrit-il:

> Le laïc [musulman] qui refuse le principe de l'application du droit musulman n'a de l'islam que le nom. Il est un apostat sans aucun doute. Il doit être invité à se repentir, en lui exposant, preuves à l'appui, les points dont il doute. S'il ne se repent pas, il est jugé comme apostat, privé de son appartenance à l'islam — ou pour ainsi dire de sa «nationalité musulmane», il est séparé de sa femme et de ses enfants, et on lui applique les normes relatives aux apostats récalcitrants, dans cette vie et après sa mort.[40]

Pour faire face aux islamistes, l'Occident devrait commencer à enseigner dans ses facultés de théologie et dans ses écoles que la révélation en tant que texte définitif et clos à jamais est un concept dangereux pour l'humanité. Si une telle idée est enseignée en Occident, elle peut progressivement faire par la suite son chemin chez les musulmans comme chez les juifs. Sans cela, le XXIe siècle sera ravagé par des guerres de religion, attisées par des hallucinés juifs, chrétiens ou musulmans, tous prétendant obéir à des ordres de Dieu donnés dans le passé lointain et invérifiables.

---

[39] Voir mon article https://wp.me/p1gLKx-1hF.

[40] Yusuf Al-Qaradawi: Al-islam wal-'ilmaniyyah wajhan li-wajh, Mu'assasat al--risalah, Beyrouth, 3e éd., 1992, p. 73–74 https://goo.gl/gz9RhA.

Le but de cette démarche est de créer la précondition pour la naissance d'un Siècle des Lumières dans la société musulmane ainsi que dans la société juive. Mais cela nécessite du courage.

Pour illustrer ce fait, un ami m'a cité une lettre reçue de Roger Arnaldez datée du 8 janvier 1988. Il y dit:

> Je ne comprends pas qu'on puisse surtout au XXe siècle croire que le Coran est la parole même de Dieu, voire sa parole éternelle. Mais comment le dire ? Je l'ai suggéré dans un petit livre sur le Coran, mais non explicitement. Car je vous avoue que j'hésite à fâcher mes amis musulmans auxquels je tiens. J'ai peut-être tort, mais que faire?

Si les connaisseurs de l'islam n'ont pas le courage de dire la vérité par peur de perdre leurs amis musulmans, qui alors la dira?

À cet égard, nous estimons que les pays occidentaux doivent interdire la distribution et la présence sur leurs territoires du Coran dans l'ordre actuel, et imposer une version par ordre chronologique dans laquelle il faut signaler que le Coran médinois est contraire aux droits de l'homme, et donc caduc.

5) Le soufisme serait-il une alternative?

J'ai fait la connaissance d'une institutrice algérienne licenciée en philosophie provenant d'une famille soufie.

Cette institutrice a des vues très libérales concernant l'islam, voire agnostique, pour ne pas dire athées.

Elle m'a raconté ses misères avec sa famille qui la menace d'expulsion de la maison familiale si elle ne fait pas ses prières et n'observe pas le jeûne de Ramadan. N'étant pas mariée, elle ne pouvait quitter la maison. Par conséquent, elle est contrainte de vivre une double vie. Je vous épargne les autres détails.

Elle m'affirme qu'il n'existe aucune secte dans l'islam plus intolérante que le soufisme.

Il faut en fait signaler que le soufisme ne fait pas abstraction des normes musulmanes admises par les écoles orthodoxes, mais y ajoute une démarche personnelle de dévotion. On y trouve donc tous les tares de la shari'ah islamique. Les soufis préconisent le jihad dans le sens du combat comme le prescrit le *Coran*, et y ajoutent le combat spirituel. Mais celui-ci n'exclut pas l'exécution des apostats et la lapidation des adultères. Et si un soufi parvient au pouvoir, comme l'Émir Abdelkader en Algérie, il est tenu d'appliquer la shari'ah, sans quoi il perd la légitimité de gouverner en vertu des versets: «Quiconque ne juge pas d'après ce que Dieu a fait descendre, ceux-là sont les mécréants… ceux-là sont les oppresseurs… ceux-là sont les pervers.» (H-112/5:44, 45, 47)

6) Mesures juridiques et solution du problème des réfugiés

Bien que primordiaux, le débat idéologique et la formation de spécialistes peuvent nécessiter beaucoup de temps et d'énergie, et peut-être aussi beaucoup de vies sacrifiées. Entre-temps, les sociétés occidentales doivent se protéger des conséquences de la conception musulmane de la loi sur leurs systèmes démocratiques et leur intégrité territoriale. Elles doivent exiger le respect de leurs lois par les musulmans qui habitent à l'intérieur de leurs frontières et être très prudentes devant toute demande de cette communauté qui enfreint la laïcité. Elles ne devraient pas donner leur nationalité à ceux qui considèrent leurs normes religieuses comme supérieures aux normes de l'État.

Certes, on ne peut exiger d'un musulman de manger du porc ou de boire du vin pour pouvoir bénéficier de la naturalisation, mais on est en droit de lui demander le respect des principes fondamentaux comme la liberté de religion et des normes qui en découlent. Il est donc nécessaire que les pays occidentaux établissent une charte détaillée que les musulmans doivent signer avant d'obtenir le permis de séjour, la nationalité ou le droit d'asile. La Convention relative aux réfugiés dit à son article 2: «Tout réfugié a, à l'égard du pays où il se trouve, des devoirs qui comportent notamment l'obligation de se conformer aux lois et règlements ainsi qu'aux mesures prises pour le maintien de l'ordre public.»

Il faut aussi interdire tant la circoncision masculine que la circoncision féminine, l'abattage rituel des juifs et des musulmans qui a lieu sans étourdissement, ainsi que les cimetières religieux.

Concernant la migration, je propose une solution radicale. L'écrasante majorité des réfugiés qui arrivent en Europe sont des musulmans, appartenant à une nation (*Ummah*) qui prétend être «la meilleure nation suscitée pour les humains», selon le verset H-89/3:110. Les pays européens dans lesquels ces réfugiés viennent pour demander l'asile sont considérés aux yeux des musulmans comme pays de mécréants, contre lesquels ils ne cessent d'invoquer Dieu, nuit et jour, et à la longueur de l'année, pour «qu'il rende orphelins leurs enfants, et veuves leurs femmes». Selon le droit musulman, ces pays forment ce qu'on appelle *Dar al-kufr* (pays de mécréance) et *Dar al-harb* (pays de guerre), donc à conquérir par le jihad avec ce que cela implique comme butins de guerre et enlèvement des femmes pour en faire des esclaves.

Ma solution est radicale[41]: Prendre la moitié de l'immense territoire saoudien et la placer sous la protection des Nations Unies et y envoyer dignement les réfugiés musulmans au lieu qu'ils se noient dans la Méditerranée.

7) Violence et résistance

Le préambule de la Déclaration universelle des droits de l'homme dit:

> Considérant que la reconnaissance de la dignité inhérente à tous les membres de la famille humaine et de leurs droits égaux et inaliénables constitue le fondement de la liberté, de la justice et de la paix dans le monde.

Ainsi, considérant que la méconnaissance et le mépris des droits de l'homme ont conduit à des actes de barbarie qui révoltent la conscience de l'humanité et que l'avènement d'un monde où les êtres humains seront libres de parler et de croire, libérés de la terreur et de la misère, a été proclamé comme la plus haute aspiration de l'homme.

[41] Je renvoie le lecteur intéressé à mes deux ouvrages: *La migration (hijrah) dans l'islam*: (version sans les exégèses en arabe), Createspace (Amazon), Charleston, 2017 et *La migration (hijrah) dans l'islam: Interprétation des versets relatifs à la migration à travers les siècles*, Createspace (Amazon), Charleston, 2017.

Considérant qu'il est essentiel que les droits de l'homme soient protégés par un régime de droit pour que l'homme ne soit pas contraint, en suprême recours, à la révolte contre la tyrannie et l'oppression.

Certes, les actes des groupes terroristes musulmans sont à condamner. Mais ce terrorisme n'est pas plus condamnable que le terrorisme d'État (bien plus mortel) pratiqué par les Occidentaux et les Israéliens. Il serait donc injuste de lutter contre le terrorisme des uns et de fermer les yeux sur le terrorisme des autres. Les Occidentaux et les Israéliens accusent les groupes terroristes d'être contre la paix. Ceci relève de l'intoxication et du mensonge, car on ne peut parler de paix sans éliminer l'injustice qui est la principale source du terrorisme proche-oriental. La paix ne peut exister sans justice, à moins qu'il ne s'agisse de paix de cimetière. Le Prophète Isaïe le disait il y a 2700 ans:

> La paix sera le fruit de la Justice (32:17)
> Point de paix, dit Yahvé, pour les méchants (57:21).

RELIGIÃO & VIOLÊNCIA. AMBIVALÊNCIA DE UM NEXO

JOSÉ MARIA SILVA ROSA[1]

> *Non assumes nomen Domini Dei tui in vanum,*
> *nec enim habebit insontem Dominus eum,*
> *qui assumpserit nomen Domini Dei sui frustra.*»
>
> (Ex 20, 7)

Será possível sustentar a tese, como alguns pretendem, de que há um nexo causal entre a religião e a violência? Ou seja, um vínculo necessário no sentido de que a primeira implica a segunda? De que natureza seria, então, esse vínculo? Fatal, necessário, contingente, indeterminado? A apresentação do amplo e diverso conjunto de textos que se segue visa questionar a existência dessa conexão inevitável e inviabilizar as teses essencialistas e anistóricas, que pretendem estabelecer uma espécie de lei histórica necessária na correlação entre estes dois fenómenos. Com efeito, embora haja narrativas míticas, textos religiosos, poéticos, espirituais, filosóficos, políticos, jurídicos, etc., que fazem a apologia da violência e da guerra, muito raramente ou mesmo nunca tais textos, bem assim as suas recepções ao longo do tempo, são literária e teologicamente homogéneos. A violência, tal como a paz e o amor tantas vezes anunciados e prescritos em muitos desses mesmos textos, diz-se e pratica-se de muitos modos. Quando um terrorista islâmico pratica um atentado à bomba ao mesmo tempo grita «*Alhahu Akbar!*», será que esse acto pode imputar-se legitimamente, honestamente, ao Islão como tal? De modo nenhum. E outrossim quando o papa Urbano II,

[1] PRAXIS — Centro de Filosofia, Política e Cultura da Universidade da Beira Interior.

em 1095, apelou à Cruzada, em Clermont, conclamando: «É Cristo quem manda!», poderemos aceitar que tal pregação compromete a religião cristã na sua essência? Como, se tal está nos antípodas dos evangelhos?! Tais palavras esclarecem ou, pelo contrário, obscurecem as relações que possam existir entre a religião e a violência?

Ao investigador da religião, ao estudioso do sagrado e das culturas impõe-se muita cautela e muita humildade a fim de resistir aos simplismos e simplificações maniqueístas e às respostas gerais, cuja clareza decorre de uma espécie de luz artificial, já que desatende à *Wirklichkeit* dos textos e aos diversos contextos históricos, diacrónicos e sincrónicos, que eles informam. Importa, pois, questionar a evidência causal do pretenso nexo. Acresce a isto os diferentes níveis de apropriação individual e subjectiva de uma dada religião. Um crente em concreto obedecerá a um mandamento religioso em si mesmo ou tão-só àquilo que ele apreende como sendo tal mandamento religioso? A resposta parece evidente. Mas a distinção conceptualmente nítida entre a *fides qua* (a apropriação subjectiva do crente) e a *fides quae* (a objectividade do Credo de uma comunidade religiosa) serve para todos os casos? Dificilmente, porque pelo meio temos comunidades já sempre interessadas na sua própria interpretação. Ou seja, já dentro do círculo hermenêutico, embora a ideia de revelação divina pretenda escapar-lhe. Mas que voz humana pode, alguma vez, presumir falar em nome de Deus? Assumimos, assim, como princípio de hermenêutica mínima que todo o discurso humano que se diz a si mesmo como vindo «de Deus» ou que fala «em nome de Deus» tem de se submeter ao processo (conflituoso) das interpretações. O crente fundamentalista dirá, porém, que tal sujeição à palavra humana traduz falta de fé na Palavra revelada. E assim confrontamo-nos sempre, na história, com o problema: como lidar com aqueles textos e aqueles discursos religiosos que pretendem subtrair-se a tal princípio hermenêutico, eximindo-se às mediações e afirmando-se sem mais como «a Verdade revelada»?

Mais do que dar respostas terminantes, a discussão que acompanhou a apresentação oral de boa parte dos textos que se seguem — discussão contextuada, crítica e reflexiva que, por economia, entendemos melhor dispensar aqui, para dar lugar aos próprios textos —, pretendeu tão-só colocar-se no melhor ângulo possível, tentar fazer bem as «boas perguntas»; e refazê-las sempre e cada vez melhor.[2] Em todas as circunstâncias, mas nesta muito particularmente, a humildade é a nossa melhor conselheira.

* * *

«O Eu que mata, ou o Eu que morre, não conhece a Verdade.»

Tendo [Krishna] falado deste modo no meio da batalha, Ardjuna, que tinha o coração oprimido pela dor, deixou cair o arco e as flechas e sentou-se no seu carro. A este, de tal modo perturbado que tinha os olhos turvos e rasos de lágrimas, falou nos seguintes modos o matador da Madhu [Madhusudana]:

O muito venerável [Krishna] disse: — «Neste momento decisivo, ó Ardjuna, como é grande o desânimo que te domina neste transe difícil! Isso é próprio de um ser inferior, é infame, e afasta-te do paraíso. Não cedas à fraqueza, ó príncipe! Que nunca a cobardia encontre em ti lugar! [...] Enche-te de coragem contra teus inimigos e sê o que realmente és! [...] Afasta do teu coração essa mesquinha franqueza e levanta o ânimo, ó tormento dos teus inimigos! [...] Quem pensa que é a Alma, o Eu, que mata, ou o Eu que morre, não conhece a Verdade. O Eu não pode matar nem morrer.»

Arjuna respondeu: — «Mas como posso eu lutar, ó Madhusudana, erguer as minhas armas e lançar flechas contra Bhîsma e Drôhna, sendo que ambos dignos de veneração e simpatia? Prefiro neste mundo comer côdeas de pão a matar estes homens veneráveis. [...] E não sei qual destas coisas é melhor, se vencermos se sermos vencidos; pois se matarmos os filhos de Dhritarashtra, que estão diante de nós, já não desejo viver. [...] Porque me queres lançar nesta terrível batalha, se achas que a compreensão é superior ao trabalho, ó Keshava, ó Jnardana?»

Assim que Adjuna, o vencedor dos seus inimigos, disse tais palavras a Krishna, acrescentou: «Não combaterei!», e ficou em silêncio. [...] Então Krishna, como que sorrindo, falou-lhe assim: — «Choraste pelo que não

[2] Uma parte dos textos que se seguem foram por nós estudados, contextuados e traduzidos a partir de uma compilação realizada por Michel Grandjean, da Université de Genève, 2018 (dacts.), no âmbito de uma formação COURSERA sobre «Religiões e Violência».

deve ser chorado. [...] Os sábios nunca choram nem pelos vivos nem pelos mortos. Pois jamais eu tive não-existência, nem tu, nem estes reis dos homens; nem tão-pouco chegaremos ao não-ser no futuro. [...] Tal como o homem deixa as roupas velhas para vestir outras novas, assim o espírito abandona os corpos velhos e entra nos novos. [...] Se tomares em consideração o teu dever, não deves vacilar, porque não há coisa melhor para um Kshátriya do que o dever de pelejar».

Bhagavad-Gîtá [O Canto do Senhor Bem-Amado],
Lisboa, Vega, 1995, pp. 19 e ss, *passim*

* * *

Guerra entre Marduk e Tiamar

Quando Tiamat terminou a sua obra,
reuniu as suas tropas para a batalha contra os deuses, seus [descendentes].
A partir de então, Tiamat mostrou-se mais cruel do que Apsu.
Foi anunciado a Ea que ela se estava a equipar para o combate.
Assim que Ea ouviu essa notícia, a princípio, imóvel, oprimido, ficou em silêncio.
[...]

Então Marduk disparou a sua flecha e atravessou-lhe [a Tiamat] o ventre;
cortou o seu corpo ao meio e abriu-lhe a barriga.
Assim triunfou dela, acabando com a sua vida.

(*Enuma Elish. Poema babilónico de la Creación*,
Tabuinha II, vv. 1–6; Tabuinha IV, vv. 101–103,
Editorial Trotta, Madrid, 1994, p. 53 e p. 68, respectivamente;
trad. esp. Federico Lara Peinado)

* * *

A Cólera de Aquiles

Canta, ó deus, a cólera de Aquiles, o Pelida,
(mortífera!, que tantas dores trouxe aos Aqueus,
e tantas almas valentes de heróis lançou no Hades,

ficando seus corpos como presa para cães e aves
de rapina, enquanto se cumpria a vontade de Zeus),
desde o momento em que primeiro se desentenderam
o Atrida, soberano dos homens, e o divino Aquiles.

Entre eles qual dos deuses provocou o conflito?
Apolo, filho de Leto e de Zeus. Enfurecera-se o deus
contra o rei...

(Homero, *Ilíada*, Canto I, vv. 1–10
trad. port. Frederico Lourenço
Livros Cotovia, Lisboa, 2005, p. 29)

* * *

«A Guerra é o pai de todas as coisas»

A guerra é o pai de todas as coisas, de todas o rei. E a uns ela eleva-os à luz como deuses, e aos outros como homens; de uns ela faz escravos, de outros, livres.

(Heraclito de Éfeso, Frg. B 53,
apud HIPÓLITO, *Refutação de todas as Heresias,* IX, 9, 4)

Deus é dia noite, inverno verão, guerra paz, saciedade fome...

(Heraclito de Éfeso, Frg. B 67,
apud HIPÓLITO, *Refutação de todas as Heresias,* IX, 10, 8)

É preciso saber que a guerra é universal.

(Heraclito de Éfeso, Frg. B 80,
Celso *apud* ORÍGENES, *Contra Celso,* VI, 42)

* * *

Contra a antropomorfização

Homero e Hesíodo atribuíram aos deuses tudo quanto entre os homens é vergonhoso e censurável: roubos, adultérios e mentiras recíprocas. (Fragmento 11)

Os mortais imaginam que os deuses foram gerados e que têm vestuário e fala e corpos iguais aos seus. (Fragmento 14)

Os Etíopes dizem que os seus deuses são de nariz achatado e negros, e os Trácios [dizem] que os seus [deuses] têm os olhos claros e o cabelo ruivo. (Fragmento 16)

Mas se os bois e os cavalos ou os leões tivessem mãos ou fossem capazes de, com elas, desenhar e produzir obras, como os homens, os cavalos desenhariam as formas dos deuses semelhantes à dos cavalos, e os bois à dos bois, e fariam os seus corpos tal como cada um deles o tem. (Fragmento 15)

Mas há um só Deus, o maior entre os deuses e os homens, em nada semelhante aos mortais, quer no corpo quer no pensamento. (Fragmento 23)

Permanece sempre no mesmo lugar, sem se mover; nem é próprio dele ir a diferentes lugares em diferentes ocasiões, mas antes, sem esforço, tudo abala com o pensamento do seu espírito. (Fragmento 26)

Todo ele vê, todo ele pensa, e todo ele ouve. (Fragmento 24)

(Fragmentos de Xenófanes de Colófon,
apud G.S. Kirk, J.E. Raven, M. Schofield,
Os Filósofos Pré-Socráticos, FCG, Lisboa, 2010, pp. 172–174)

* * *

A violência essencial do monoteísmo

Os frutos do cristianismo [...] foram as guerras de religião, os massacres religiosos, as cruzadas, a Inquisição e outras perseguições, como o extermínio dos habitantes da América e a introdução, em vez deles, de escravos trazidos de África. Ora nada de análogo a estes factos pode ser encontrado nos antigos ou que os contrabalance de algum modo [...].

A intolerância só é essencial ao monoteísmo. Um deus único é, por natureza, um deus ciumento que não deixa nenhum viver. Em contrapartida, os deuses politeístas são tolerantes por natureza. Vivem e deixam viver. Em primeiro lugar, toleram de bom grado os seus colegas, os deuses da mesma religião, e depois essa tolerância estende-se aos deuses estrangeiros, que são primeiro acolhidos com hospitalidade, e depois, por vezes, até investidos do direito de cidadania. É o que vemos a partir do exemplo dos Romanos, que admitiam e honravam de bom grado os deuses frígios, egípcios e outros. É por isso que só as religiões monoteístas nos dão o espectáculo das guerras, das perseguições, dos tribunais de hereges, bem como o das profanações, da quebra de imagens de outros deuses, da destruição de templos hindus e de colossos egípcios [...].

Arthur Schopenhauer, *Parerga & Paralipomena. Petits écrits philosophiques*, § 174, trad. Jean-Pierre Jackson, [Paris], Coda, 2004, pp. 693.699.

* * *

A violência não é uma consequência necessária do monoteísmo

É importante deixar claro que a violência não está de modo nenhum inscrita no monoteísmo como uma consequência necessária. Por que razão a distinção entre o verdadeiro e o falso deveria ser violenta? A linguagem da violência resulta apenas da pressão política, da qual precisamente o monoteísmo pretendia libertar a humanidade. Ela [a violência] pertence à retórica revolucionária da conversão, da mudança e da viragem radical, do salto cultural do antigo para o novo. [...] A dinâmica semântica escondida nos textos sagrados das religiões monoteístas não se inflama nas mãos dos crentes, mas nas dos fundamentalistas, cuja preocupação é o poder político, e que se servem dos motivos religiosos da violência para fidelizarem as massas.

Jan Assmann, *Violence et monothéisme*, Paris, Bayard, 2009, p. 165 e ss.

* * *

A origem da violência humana é uma pulsão de morte

Freud gostaria que as forças do Eros conseguissem controlar a destrutividade dos homens, mas receia (e a história, de forma dramática, deu-lhe muitas vezes razão) que talvez não seja esse o caso. Em *O Mal-estar na Civilização*, quando tropeça neste limite da compreensão humana, que é a capacidade do homem para se destruir, quando lança ao impensável, Freud tropeça, e acaba por propor um mito sobre o qual os psicanalistas nunca deixarão de discutir: a pulsão de morte não deriva de nenhuma causa, é «uma tendência inata do homem para a malvadez, para a agressão, para a destruição e, portanto, também para a crueldade. [...] A agressividade é uma disposição instintiva primitiva e autónoma do ser humano, e [...] a civilização encontra nela o seu mais formidável obstáculo». [...] «Esta tendência para a agressão, que podemos detectar em nós próprios e que supomos, com razão, existir nos outros, é o principal factor de perturbação na nossa relação com o nosso próximo. É ela que impõe tantos esforços à civilização. Na consequência desta hostilidade primária que opõe os homens uns aos outros, a sociedade civilizada está constantemente ameaçada de ruína.»

Myriam Vaucher, «Vie, violence... La haine, voie de transformation
de la violence», in Dieu est-il violent ?, dir. Daniel Marguerat,
Paris, Bayard, 2008, p. 22 e ss
(os excertos entre aspas foram citados de Mal-estar na Civilização, 1930).

* * *

A ambivalência do sagrado

Terroristas e pacificadores podem crescer na mesma comunidade e aderir à mesma tradição religiosa. O assassínio realizado por um e a reconciliação promovida pelo outro indicam a gama de respostas dramáticas e contraditórias ao sofrimento humano, dadas por atores religiosos. No entanto, a capacidade de a religião em inspirar a violência está intimamente relacionada com o seu poder, igualmente impressionante, enquanto força para a paz, especialmente no crescente número de conflitos em todo o mundo que envolvem reivindicações religiosas e combatentes inspirados pela religião.

R. Scott Aplebey, *The Ambivalence of the Sacred. Religion, Violence, and Reconciliation*, Nova Iorque/ Oxford/..., Rowman & Little Field Publishers, 2000, *back cover*

* * *

A Violência «de Deus»

[5]O Senhor viu que a maldade do homem se multiplicara sobre a terra; e que a imaginação dos pensamentos do seu coração era continuamente má. [6]Então o Senhor arrependeu-se de ter feito o homem sobre a terra e isso pesou em seu coração. [7]E disse Deus: «Vou destruir o homem, que criei, da face da terra, desde o homem até ao animal, até aos répteis e as aves do céu, porque me arrependo de tê-los feito.» [...] [12]Deus olhou para a terra e viu-a corrompida, porque toda a carne tinha pervertido o seu comportamento na terra. [13] E Deus disse a Noé: «Para mim chegou o fim de toda a carne! Porque, por causa dos homens, a terra está cheia de violência, e eu destruí-los-ei com a terra.» (Génesis 6, 5–7; 12–13)

* * *

[19]O Anjo de Deus, que marchava adiante do exército de Israel, retirou-se e pôs-se atrás deles. Também a coluna de nuvem se retirou e passou para trás, [20]ficando entre o acampamento dos egípcios e o acampamento de Israel. Havia a nuvem, mas também a escuridão. Então a nuvem alumiou a noite. E a noite passou sem que um pudesse aproximar-se do outro durante toda a noite. [...] [24]E sucedeu que, na vigília da manhã, desde a coluna de fogo e de nuvem, o Senhor olhou para o acampamento dos egípcios, e lançou a confusão no acampamento deles. [25]Bloqueou as rodas dos seus carros e tornou-os difíceis de conduzir. O Egipto disse: «Fujamos de Israel, pois é o Senhor quem luta por eles contra o Egipto!» (Êxodo 14, 19–20; 24–25)

* * *

[1]A cidade de Jericó estava fechada e trancada com ferrolhos por causa
dos filhos de Israel: ninguém podia sair nem entrar. [2]O Senhor disse a Josué:
«Vê, entrego-te hoje Jericó, o seu rei e os seus valentes guerreiros.» [...] [20]O
povo gritou e tocaram-se as trombetas. Quando o povo ouviu o som da
trombeta, gritou com força e as muralhas [de Jericó] desmoronaram por
terra. O povo entrou na cidade, cada um em frente do outro, e tomaram a
cidade. [21]E lançaram anátema sobre tudo o que havia na cidade: homens
e mulheres, crianças e velhos, assim como bois, ovelhas e jumentos, passando tudo ao fio da espada. (Josué 6, 1–2; 20–23)

* * *

Deportação para a Babilónia

[7]Isto aconteceu porque os filhos de Israel pecaram contra o Senhor, seu
Deus, que os tinha feito subir do Egipto, subtraindo-os à mão do faraó, rei
do Egipto, e porque temeram outros deuses. [...] [8]No sétimo dia do quinto
mês, décimo nono ano do reinado de Nabucodonosor [587 a. C.], rei da
Babilônia, Nebuzardã, chefe da guarda pessoal, servo do rei da Babilônia,
chegou a Jerusalém. [9]Queimou a casa do Senhor, a casa do rei e todas
as casas de Jerusalém. Pôs fogo a todas as casas dos homens poderosos.
[10]Todas as tropas caldeias que acompanhavam o chefe da guarda pessoal
demoliram o muro que cercava Jerusalém. Nebuzardã, comandante da
guarda pessoal, deportou o resto do povo que ainda estava na cidade e os
desertores que haviam se reunido ao rei da Babilónia, tal como a restante
população. (2 Reis 17, 7; 25, 8–10)

* * *

Se alguém te bater na face direita...

[38]Ouvistes que foi dito: «Olho por olho e dente por dente.» [39]Eu,
porém, digo-vos que não resistais ao malvado. Pelo contrário, se alguém
te bater na face direita, oferece-lhe também a outra. [40]Se alguém quiser
levar-te perante o juiz para te tirar a túnica, entrega-lhe também a capa.
[41]Se alguém te obrigar a caminhar mil passos, caminha com ele dois mil.
[42]Se alguém te pedir, dá; se alguém te pedir emprestado, não vires as costas.
(*Mateus* 5, 38–42)

* * *

Eu não vim trazer paz...

[34]Não penseis que eu vim trazer paz à terra. Eu não vim trazer a paz, mas a espada. [35]Sim, vim pôr o homem contra o seu pai, a filha contra a sua mãe, a nora contra a sua sogra. Os inimigos serão os seus próprios familiares. (Mateus 10, 34–36)

[12]Então Jesus entrou no Templo e expulsou todos os vendedores e compradores que lá estavam. Virou as mesas dos cambistas e as cadeiras dos que vendiam pombas. [13]E disse-lhes: «Está escrito: *Minha casa será chamada casa de oração*. Vós, porém, fazeis dela um covil de ladrões!» (Mateus 21, 12–13)

* * *

Coisas escondidas desde a Criação do Mundo...

[49]Então um deles, chamado Caifás, que naquele ano era o Sumo-Sacerdote, tomou a palavra e disse: «Vós nada sabeis! [50]Não percebeis que vos é melhor que morra um só homem pelo povo, e que não pereça o povo todo?» (João 11, 49–50)

* * *

Jesus, Deus e a Violência

Uma primeira reflexão já nos pode alertar: se o Novo Testamento só respirava paz, como é que o cristianismo se mostrou tão violento na história? [...] Poder-se-ia responder que o texto do Novo Testamento está virgem de qualquer violência, e que só a sua leitura o fecharia numa intolerância indevida. Poder-se-ia argumentar que o *Sermão da Montanha* contém a injunção de Jesus de não retribuir olho por olho e dente por dente. Se a exortação para dar a face esquerda quando se é atingido na face direita é irónica, o conselho não é menos carregado de um convite a não responder à violência com violência. Em suma, não faltam no Evangelho apelos para romper com o circuito da violência. Mas, ao mesmo tempo, há palavras que soam de outro modo. [...] Quando é necessário, o Jesus dos Evangelhos não parece menos virulento no seu discurso do que os profetas do Antigo Testamento. A sua cólera é pouco frequente, mas é forte. O que é que devemos pensar do seu gesto quando expulsa os vendilhões do Templo de Jerusalém, derrubando as mesas dos cambistas e as cadeiras dos vendedores de pombas? (Marcos 11, 15)? A incapacidade dos discípulos para curar uma criança possuída leva-o a enfurecer-se contra esta «geração incrédula» [...], «até quando terei de vos aturar?» (Marcos 9, 19). Noutras passagens, a menção da irritação de Jesus com um leproso que veio pedir a cura (Marcos 1,41) não foi bem suportada pelos copistas do texto do Novo Testamento, que substituíram «ter-se irritado» por uma expressão menos perturbadora: «tomado de piedade». A tradição manuscrita traz os traços desta resistência à imagem de um Jesus colérico. É, portanto, demasiado simples, e em última análise falso, opor o Deus terrível dos Hebreus a um Jesus suave. Há nas palavras de Jesus uma violência retórica em que os cristãos não deixaram de se inspirar para justificar, na história, as suas próprias agressões.

Daniel Marguerat, «Jésus, Dieu et la violence», in *Dieu est-il violent?*, dir. Daniel Marguerat, Paris, Bayard, 2008, pp. 61–63

* * *

«Os outros são loucos e insensatos...»

Nós queremos que todos os povos colocados sob a doce autoridade da nossa clemência vivam na fé cristã que o Santo Apóstolo Pedro transmitiu aos Romanos [...]. Decretamos [assim] que apenas terão direito de se dizerem cristãos católicos os que se submetem a esta lei, e que todos os outros são loucos e insensatos, sobre os quais pesará a vergonha da heresia. Primeiro, deverão esperar ser objecto da vingança divina e, de seguida, [deverão esperar] ser castigados também por nós, conforme a decisão que o Céu nos inspirou.

Teodósio I, Édito de 27 de fevereiro de 380;
excerto; *apud* Hugo Rahner,
L'Eglise et l'Etat dans le christianisme primitif,
Paris, Cerf, 1964, p. 103

* * *

As Guerras Justas

Costumamos definir guerras justas (*justa bella*) aquelas que punem injustiças (*iniurias*), como, por exemplo, quando é preciso entrar em guerra contra uma nação ou contra uma cidade que deixou impune um crime feito pelos seus, ou que não restituiu o que tinha sido injustamente (*per iniurias*) roubado.

Agostinho, *Quaestiones in Heptateuchum* VI, 10; cf. IV, 44

* * *

Para que uma guerra seja justa são requeridas três condições: a autoridade do príncipe; que a causa seja justa; uma recta intenção daqueles que fazem a guerra.

1.° — a autoridade do príncipe, por cuja ordem a guerra deve ser travada. Não cabe a um particular iniciar uma guerra, porque pode fazer valer o seu direito no tribunal do seu superior; porque também o facto de convocar a multidão, necessário para a guerra, não pertence a um particular. Uma vez que o cuidado dos assuntos públicos foi confiado aos príncipes, cabe-lhes velar pelo bem público da cidade, reino ou província sujeita à sua autoridade [...].

2.° — Uma causa justa: exige-se que o inimigo seja atacado por causa de alguma falta. É por isso que Agostinho escreve: «As guerras justas são geralmente definidas como aquelas que punem as injustiças quando há razão para o fazer, por exemplo, para punir um povo ou uma cidade que negligenciou a punição de um erro cometido pelo seu próprio povo, ou para restaurar o que foi tirado pela violência.»

3.° — Uma recta intenção por parte daqueles que fazem a guerra: é preciso ter como objectivo promover o bem ou evitar o mal. É por isso que Agostinho escreve: «Entre os verdadeiros adoradores de Deus, até as guerras são pacíficas, porque não são feitas por cobiça ou crueldade, mas por uma preocupação de paz, para reprimir os maus e ajudar os bons.» De facto, mesmo que a autoridade de quem declara a guerra seja legítima e a sua causa justa, acontece que a guerra se torna ilícita pelo facto de haver uma má intenção.

Tomás de Aquino, *Summa Theologiae*, IIª IIªᵉ, q. 40, a.1

* * *

Contra as Guerras Justas

Eis os meus pressupostos. Estes me levam a dizer que, para a fé, nunca há uma guerra aceitável pela fé, nenhuma violência aceitável, nenhum terrorismo aceitável, e assim por diante. Dizendo isto, sou obviamente contra essa investigação sem fim levada a cabo por teólogos sobre a «guerra justa», justa do ponto de vista «cristão». [...] Reconhecer que a guerra pode ser inevitável e politicamente indispensável, não quer dizer que ela seja justa, nem legítima, nem que deva ser aprovada pela Igreja, e que os cristãos tenham que a justificar [...]. A guerra é sempre da ordem do mal. É uma expressão do pecado do homem, e a preparação para a guerra é sempre um consentimento com esse pecado.

Jacques Ellul, «Les chrétiens et la guerre», in *Les religions et la guerre. Judaïsme, christianisme, islam* (dir. Pierre Viaud), Paris, Cerf, 1991, pp. 290–294

* * *

«Matai os politeístas onde quer que os encontreis...»

190Combatei no caminho de Deus aqueles que lutam contra vós — Não
sejais transgressores; Deus não ama os transgressores. — 191Matai-os onde
quer que os encontreis; e expulsai-os de onde eles vos expulsam. A sedição é pior que o assassínio.

Alcorão, *al-Baqarah*/A Vaca, Surata 2

33Esta será a retribuição daqueles que fazem a guerra contra Deus e contra o seu Profeta, e a daqueles que praticam a violência na terra: eles serão mortos ou crucificados, ou então a sua mão direita e o seu pé esquerdo serão cortados ou serão expulsos do país. Será este o seu destino: a vergonha neste mundo e o terrível castigo na vida futura. [38]Cortai as mãos do ladrão e da ladra: será uma retribuição pelo que fizeram e um castigo de Deus. — Deus é poderoso e justo.

Alcorão, *al-Mâ'ida*/A Mesa servida, Surata 5

[5]E quando os meses sagrados tiverem passado, matai os politeístas onde
quer que os encontreis; capturai-os, sitiai-os e armai-lhes emboscadas. [...]
[13]Será que vós não combatereis um povo que violou seus juramentos e vos
obrigou a sair de Meca o Mensageiro e vos atacaram por vez primeira?
Receai-los? Então, Allah é mais digno que eles de ser temido, se sois cren-
tes. [14]Combatei-os! Allah os castigará por vossas mãos e os cobrirá de
ignomínias. Ele vos dará a vitória e curará os corações dos crentes. [...]
[29]Combatei aqueles que não crêem em Allah nem no Juízo Final; [comba-
tei] aqueles que não declaram ilícito o que Allah e o seu Profeta declararam
ilícito; [combatei] aqueles que, entre as gentes do Livro, não praticam a
verdadeira Religião. Combatei-os até que paguem o tributo [*jizyah*] com
as suas mãos, depois de se terem humildado. [30]Os Judeus dizem: «Uzaïr
é filho de Allah!» Os cristãos dizem: «O Messias é filho de Allah!» Esta é
a palavra que sai das suas bocas. Eles repetem o que os incrédulos diziam
antes deles. Que Allah os aniquile! Como eles são estúpidos! [31]Em vez de a
Allah, tratam os seus doutores e os seus monges por «Senhores», tal como
ao Messias, filho de Maria. Mas eles não receberam outra ordem senão
adorar um Deus único!

Alcorão, *at-Tawba*/O Arrependimento, Surata 9

* * *

A guerra — a *jihad* — no Alcorão

[...] A guerra e a jihad no Alcorão constituem uma questão delicada. De facto, um número considerável de temas referentes à guerra e à jihad aparecem no Alcorão e parecem, à primeira vista, difíceis de conciliar entre si. Um estudo recente [Reuven Firestone, *Jihad: The Origins of Holy War in Islam*, Oxford, 1999] pode ajudar-nos a identificar alguns desses temas. (1) Injunções de autodomínio e paciência (*sabr*) na propagação da fé, e a aplicação de sanções proporcionais aos danos causados. (2) Autorização para travar uma guerra defensiva [Surata 22: 39–41]. (3) Autorização para travar uma guerra ofensiva, mas dentro de certos limites, nomeadamente os do «mês sagrado» e da «mesquita sagrada», a menos que o inimigo já tenha violado esses limites [Surata 2: 194 e 217]. (4) O levantamento de certas restrições, como no famoso «versículo da espada» [Surata 9:5]. Paciência com o «Povo do Livro», ou seja, judeus e cristãos. (6) Abandono dessa paciência, acompanhado da obrigação de subjugar esses povos [Surata 9: 29]. (7) Sinais de tensão interna e de certa relutância em combater: «Foi-vos prescrito o combate e vós não gostais dele.» [Surata 2:216]. A maneira mais comum de proceder entre juristas, historiadores, pregadores e outros tem sido correlacionar estes temas, numa sequência mais ou menos como a que acaba de ser apresentada, com um relato cronológico derivado da *Sîra* [a biografia do Profeta], dos *maghâzi* [campanhas militares] e de outros textos. O resultado é convincente. Inicialmente, Maomé e a sua comunidade em Meca, numa posição de fraqueza, evitaram recorrer à violência, mas não «deram a outra face». Com a Hégira (*hijra*), a emigração para Medina, em 622, e a fundação de um novo Estado, a violência organizada passou a ser uma opção, mas a sua prática estava dentro dos limites tradicionais. À medida que Maomé ganhou força e o conflito com Meca se agravou, estas restrições foram postas de parte. Ao mesmo tempo, as suas relações com o Povo do Livro, nomeadamente com os judeus de Medina, deterioraram-se.

Michael Bonner, *Le jihad. Origines, interprétations, combats*,
Paris, Téraèdre, 2004., pp. 33 e ss

* * *

Amanhecer vermelho em Medina, maio do ano 627

É difícil julgar o massacre dos Quraysh [uma tribo judaica em Medina, em 627]. Há que pensar nos costumes da época, que eram fortemente rudes. No entanto, o cuidado com que os textos atinentes tentam desculpar Maomé sugere que o facto deve ter suscitado bastante emoção. Aparecem nestes textos pormenores que tornam difícil acreditar na inocência do profeta [...] O massacre foi, além disso, de um ponto de vista puramente político, um acto muito avisado. Os coraixitas eram um perigo permanente em Medina. Deixá-los partir era reforçar o centro de intriga antimuçulmana em Khaybar [cidade situada a cerca de 150 km de Medina, onde vivia outra tribo judaica]. Só os mortos não voltam. A matança também ajudaria a assustar e a desencorajar os inimigos. A solução escolhida foi, sem dúvida, a melhor, do ponto de vista político. E é sabido que os políticos só aceitam considerações humanas quando elas próprias se tornam factores políticos ou quando não podem fazer de outro modo. Quando o amanhecer vermelho de Maio de 627 se levantou sobre as fossas recém-atulhadas [de sangue e cadáveres], no mercado de Medina, Maomé podia encarar o futuro com confiança.

Maxime Rodinson, *Mahomet*, Paris, Seuil, 1994, p. 247

* * *

Ibn Taymiyya, *O Tratado sobre a Jihâd*

Os imãs do Islão estão de acordo [com o princípio] de que todos os grupos de pessoas que violem qualquer uma das prescrições explícitas do Islão [...] devem ser combatidos, mesmo que já tenham feito a profissão de fé islâmica. Se admitirem a profissão de fé e depois se recusarem a efectuar as cinco orações, devem ser combatidos até rezarem. Se se recusarem a pagar o *Zakat* [esmola] devem ser combatidos até que o paguem. O mesmo se aplica se recusarem jejuar no mês do Ramadão ou se recusarem fazer a peregrinação a Meca. O mesmo acontece se se recusarem a proibir a imoralidade, o adultério, o jogo ou o álcool e as coisas proibidas pela *Shariah* [...]. O mesmo acontece se [praticarem ou expressarem] inovações censuráveis que contradigam o Alcorão e a *Sunnah* e [o caminho] daqueles que seguiram os anciãos e guias da comunidade. Por exemplo, se exprimirem as suas interpretações erróneas dos nomes e sinais de Alá, ou se negarem publicamente a existência dos nomes e atributos de Alá ou a existência da vontade divina, ou se criticarem a posição da comunidade muçulmana do tempo dos Califas bem orientados [...].

Ibn Taymiyya, *Kitab al-jihâd*, cit. e trad. por Abdoul Aziz Gaye, *Le wahhābisme belliqueux dans le texte. De l'influence d'Ibn Taymiyya à sa fondation dans le premier État sa'ūdien, sa consolidation dans les États successifs et son adoption contemporaine par le mouvement d'al-Qā'ida*, tese de dout., Universidade de Genebra, 2012, p. 51

* * *

Osama bin Laden, discípulo de Ibn Taymiyya

À luz desta realidade [as tropas americanas estacionadas na Arábia Saudita, após a invasão do Kuwait por Saddam Hussein, no Verão de 1990], mas também do abençoado e ardente despertar de todas as partes do mundo, e especialmente do mundo muçulmano, volto a dirigir-me a vós após uma longa ausência imposta pela coligação liderada pelos americanos contra os ulemás e os pregadores do Islão, para que não incitem a nação muçulmana contra os seus inimigos, consolando-me com os ulemás de outrora (que Deus os tenha em descanso!), como Ibn Taymiyya e Abd al-Aziz ibn Abd al-Salam [séc. XIII]. [...] Quando os deveres se acumulam, devemos começar pelo mais importante: repelir este inimigo americano que ocupa o nosso território, este é, depois da fé, o primeiro dever, e nada o pode ultrapassar, como afirmam os ulemás. Assim, o xeque do Islão, Ibn Taymiyya, escreveu: «Quanto à luta pela defesa, trata-se de defender a todo o custo o que há de mais sagrado na religião. É um dever colectivo. Em relação ao inimigo agressor que corrompe a religião e a vida, nada é mais urgente, depois da fé, do que repeli-lo, incondicionalmente, na medida do possível.»

Oussama Bem Laden, «Déclaration de jihâd contre les Américains qui occupent le pays des deux lieux saints», 23 de agosto de 1996, in Al-Qaida dans le texte, dir. Gilles Kepel e Jean-Pierre Milelli, Paris, PUF, 2005

* * *

Não ao essencialismo comparatista!

Embora a investigação [...] não encontre senão «islões» múltiplos e fragmentados, o essencialismo comparativo, muitas vezes baseado na repetição dos mesmos clichês, fala apenas do «Islão» unitário em todos os lugares, oposto ao único «Cristianismo» de sempre, em detrimento do primeiro, claro, e com vantagens para o segundo no atual contexto polémico em torno dos ataques [terroristas] e dos seus motivos.

Jean-Louis Schlegel, «Islam et christianisme: comparer ce qui est comparable», in *Esprit* 2016/12, p. 80

* * *

Seja morto!

Todo aquele que entrar por violência uma igreja e, à força ou por roubo, tirar algum objeto ou queimar o edifício, será morto (*morte moriatur*).

Todo aquele que, por desprezo do cristianismo, se recusar a respeitar o sagrado jejum da Quaresma e comer carne, será morto.

Todo aquele que matar um bispo, um padre ou um diácono, será morto.

Todo aquele que entregar às chamas o corpo de um defunto, de acordo com o rito pagão, será morto.

Qualquer saxão não batizado que procurar dissimular-se entre seus compatriotas e se recusar a receber o batismo, será morto.

Todo aquele que conspirar com os pagãos contra os cristãos, será morto.

Excertos da *Carta Capitular* de Carlos Magno contra Widukind e os seus, em 785, *apud* Jean Comby, *Deux mille ans d'évangélisation*, Tournai, Desclée, 1992, p. 48

* * *

«Deus o quer!»

Amados irmãos, impulsionados pelas exigências deste tempo, eu, Urbano, carregando, com a permissão de Deus, a tiara papal, pontífice de toda a terra, venho junto de vós, servos de Deus, como um mensageiro para vos desvelar a ordem divina [...]. É urgente prestar rapidamente ajuda aos vossos irmãos do Oriente, ajuda tão frequentemente prometida e de tão premente necessidade. Os Turcos e os Árabes atacaram-nos... [...] É por isso que eu vos peço e exorto — não eu, mas o Senhor pede e exorta como arautos de Cristo — tanto aos pobres como aos ricos, a apressarem-se a perseguir aquela vil ninhada das regiões habitadas pelos nossos irmãos e a levarem oportuna ajuda aos adoradores de Cristo. Falo aos presentes, proclamá-lo-ei aos ausentes, mas é Cristo quem manda [...].

Excerto do *Apelo* do Papa Urbano II à Cruzada, em Clermont (1095), *apud* Henri Platelle, *Les croisades*, Paris, Desclée, 1994, p. 53

* * *

Permanecer livre diante dos textos fundadores

Qualquer acto fundador pode conter palavras agressivas para com os outros, aqueles que não estão de acordo com tal acto. O perigo é ficar cativo do aspecto fundador, o que corre o risco de o reproduzir de forma idêntica, quando o tempo passou e muitos já não pensam nele.

Daniel Sibony, *Islam, phobie, culpabilité*, Paris, Odile Jacob, 2013, p. 22

* * *

Traição aos Evangelhos

Porque a cristianização nos países ditos «cristãos» nunca foi completa e não podia ser completa; porque encontrou sempre resistência; porque o cristianismo oficial traiu o Evangelho, tornando-se poder; porque a Boa-Nova da libertação se tornou ameaça e obrigação, a atual descristianização — certamente séria e grave — não deve ser motivo de desânimo para os cristãos. Pelo contrário, ela representa um retorno ao bom senso e ao que é normal do ponto de vista do Evangelho. E será um bem se, graças a isso, a Palavra de salvação for apresentada doravante com humildade, pobreza e caridade a pessoas livres para a recusarem.

Jean Delumeau, *Un christianisme pour demain. Guetter l'aurore. Le christianisme va-t-il mourir?*, Paris, Hachette, 2003, p. 389

* * *

«É assim que se reza!»

Eis um exemplo da grosseria dos Francos — Deus os confunda! Quando eu visitava Jerusalém, costumava entrar na mesquita de Al-Aqsa. Num dos lados, há um pequeno oratório onde os Francos tinham instalado uma igreja. Por isso, quando eu entrava na mesquita de al-Aqsa, onde se encontravam os meus amigos Templários, eles punham esse pequeno oratório à minha disposição, para que eu aí fizesse as minhas orações. Um dia, entrei, disse a fórmula «Allahu akbar» e estava prestes a começar a oração quando um Franco correu para mim, me agarrou e virou a minha cara para o Oriente, dizendo: «É assim que se reza!» Imediatamente, alguns Templários intervieram e afastaram-no de mim, enquanto eu voltava às minhas orações. Mas o homem, aproveitando um momento de desatenção, voltou a atirar-se a mim, virou outra vez a minha cara para o Oriente e repetiu: «É assim que se reza!» Mais uma vez, os Templários intervieram, afastaram-no e pediram-me desculpa, dizendo: «É um estrangeiro! Acabou de chegar do país dos Francos e nunca viu ninguém rezar sem se virar para o Oriente.

Testemunho de Usama ibn Munqidh (príncipe sírio e homem de letras, falecido em 1188), *apud* Henri Platelle, *Les croisades*, Paris, Desclée, 1994, p. 76.

* * *

A sacralização da Guerra

A guerra santa é admitida, se não mesmo defendida, desde os primeiros tempos do Islão, inclusive pelo seu fundador. A noção de guerra santa, por outro lado, é inconcebível na doutrina primitiva do cristianismo. A *jihad* pode, pelo menos em certa medida, reclamar-se de Maomé. Mas a guerra santa não pode, de modo nenhum, reivindicar-se de Jesus. Daí resulta uma grande coerência do Islão a este propósito. Certamente, a doutrina da *jihad* evoluiu um pouco ao longo do tempo; às vezes tendeu a endurecer-se ou, pelo contrário, a atenuar-se de acordo com as circunstâncias históricas. No entanto, permanece muito semelhante a si mesma nas suas linhas gerais, e não sofre de qualquer contradição interna.

Jean Flori, *Guerre sainte, jihad, croisade. Violence et religion dans le christianisme et dans l'islam*, Paris, Seuil, 2002, pp. 264 e ss.

* * *

O mesmo não aconteceu com a doutrina cristã, a qual, rejeitando radicalmente desde o princípio o uso da violência, logo se deparou com uma dificuldade intransponível a partir do momento em que o cristianismo se tornou uma religião do Estado e mistura, no seio do Império Romano tornado cristão, o espiritual e o temporal, a Igreja e o poder. Essa coalizão do político e do religioso, mais evidente na chamada época «feudal», levou a Igreja a abandonar a posição primitiva de não-violência defendida por Jesus. Daí resultou uma verdadeira série de mutações doutrinais que, por ajustes sucessivos, valorizam e tornam sagrados os combates guerreiros realizados no interesse das igrejas e, principalmente, no do Papado. Donde o paradoxo frequentemente realçado e denunciado: a religião cristã, que pretende ser uma religião de paz e de amor, na verdade revelou-se tão violenta e guerreira, se não mesmo mais, do que qualquer outra religião.

Jean Flori, *Guerre sainte, jihad, croisade. Violence et religion dans le christianisme et dans l'islam*, Paris, Seuil, 2002, pp. 264 e ss.

* * *

O Elogio da Nova Cavalaria

Os cavaleiros de Cristo conduzem com segurança as batalhas do seu Senhor, sem minimamente temerem cometer um pecado, matando os inimigos, ou enfrentar o risco de serem mortos eles mesmos. De facto, a morte por Cristo — quer seja suportada ou infligida — não incorre em acusação; merece até a maior glória [...]. Assim, repito, o cavaleiro de Cristo mata com toda segurança e recebe-a com uma segurança ainda maior. Se ele morrer, é para o seu bem, se ele mata, é para Cristo. [...] Ao matar um malfeitor, ele não se comporta como um homicida, mas, ouso dizer, como um «malicida». É considerado justiceiro de Cristo em relação àqueles que praticam o mal e defensor dos cristãos. Acontece ser ele mesmo morto? Sabemos bem que isto não foi para a sua perda, mas que ele alcançou o objetivo. A morte que ele inflige é, portanto, um ganho para Cristo, e aquela que ele recebe, um ganho para si mesmo. Na morte dos pagãos, o cristão glorifica-se, pois é Cristo quem, por ela, é glorificado. Na morte do cristão, manifesta-se a generosidade do Rei, já que o cavaleiro parte para receber sua recompensa. Da morte dos pagãos, os justos se regozijarão, vendo sua vingança. E a morte do cristão fá-los-á dizer: «Existe um fruto para os justos? Sim, há um Deus que julga os homens sobre a terra.»

Bernardo de Claraval, *Éloge de la nouvelle chevalerie*, III, 4,
Paris, Cerf, 1990 (SC 367), pp. 59–61

* * *

Repressão da heresia, no III Concílio de Latrão, em 1179

No Concílio Romano presidido pelo Papa Alexandre III, vimos os valdenses, homens ignorantes, sem conhecer o latim, que são assim chamados por causa de seu líder Valdo, um cidadão de Lyon sur le Rhône [...]. Com grande insistência, pediram eles que lhes fosse confirmado o direito da pregação, porque, a seus próprios olhos, tinham sido instruídos, embora mal conhecessem o alfabeto [...]. Iremos nós atirar pérolas aos porcos, dar a palavra aos ignorantes, que, sabemo-lo, são incapazes de as receber, e ainda menos capazes de transmitir aquilo que receberam? De modo nenhum! Esqueçamos esta ideia! [...] Comecei por lhes fazer perguntas que não poderiam ser mais fáceis, e às quais todas as pessoas devem poder responder [...]: «Acreditais em Deus Pai?» Eles responderam: «Acreditamos.» «E em Deus filho?» Eles responderam: «Acreditamos.» «E no Espírito Santo?» Eles responderam: «Acreditamos.» Continuei: «E na mãe de Cristo?» E aí eles deram a mesma resposta: «Acreditamos», sob grandes gritos de escárnio da assembleia. Saíram em confusão [...]. Tais indivíduos não têm morada fixa e andam dois a dois, descalços, vestidos de lã, não tendo nada pessoal, mas tendo tudo em comum, seguindo nus o Cristo nu. Começam desta forma muito humilde porque não conseguem ser aceites imediatamente. Mas se os deixarmos entrar em nossa casa, seremos depois nós mesmos os expulsos.

Gautier Map, *Contes pour les gens de cour*,
Turnhout, Brepols, 1993, pp. 129 e ss

* * *

Crimininalização da heresia, Inocêncio III, *Vergentis in senium*, 1199

[...] Proibimos estritamente, a quem quer que seja, que ouse receber ou defender hereges seja de que maneira for, ou se atreva a ir em seu auxílio ou acreditar neles de qualquer forma, e firmemente estabelecemos pelo presente decreto que, aquele que tiver a audácia de fazer uma destas coisas, se não renunciar depois de ser advertido uma primeira ou uma segunda vez, será *ipso jure* declarado infame e não será admitido a cargos públicos nem aos conselhos das cidades nem poderá eleger seja quem for ou testemunhar; que seja também incapaz de fazer testamento e não tenha direito às sucessões [heranças]; além disso, que ninguém seja obrigado a comparecer para lhe fazer justiça em qualquer assunto que seja. [...] Se for um clérigo, que seja deposto de todo ofício e benefício, para que seja mais pesado o castigo daquele cuja culpa é maior. E se alguém se recusar evitar tais indivíduos, depois de terem sido apontados pela Igreja, saiba que incorre na sentença de anátema. [...] De facto, de acordo com as legítimas sanções, uma vez que aos culpados da lesa-majestade, punidos com pena capital, os bens são confiscados, e a vida de seus filhos não é poupada senão por misericórdia, oh, quão mais aqueles que ofendem a Deus, Jesus Cristo, Filho de Deus, errando na fé, devem ser separados da nossa cabeça, que é Cristo, pelo rigor eclesiástico, e despojados dos seus bens temporais, pois é muito mais grave ferir a majestade eterna do que a majestade temporal!

Papa Inocêncio III, *Vergentis in senium*, in *Le gouvernement pontifical et l'Italie des villes au temps de la théocratie (fin* XIIe-*mi*-XIVe *s.)*, Montpellier, Presses universitaires de la Méditerranée, 2010, pp. 557–559

* * *

«Sociedades perseguidoras...»

A partir dos anos 70, desenvolvi a tese da «sociedade perseguidora», que visa dar conta de um facto geral que se tornou cada vez mais claro para mim [...]. Chamou-me a atenção o facto de a cronologia, o vocabulário e os métodos da perseguição dos judeus, a partir do século XI, serem exactamente os mesmos que caracterizaram a perseguição dos hereges. Depois, a mudança de atitude em relação aos leprosos pareceu-me seguir o mesmo modelo. O mesmo aconteceu com a opinião de que os «sodomitas» eram um grande perigo social e deviam ser eliminados. Cheguei à conclusão de que só causas estruturais podiam explicar, de forma credível, o aparecimento simultâneo destes fenómenos. Ao procurar factores comuns, fui levado a olhar mais atentamente para a forma como as sociedades ocidentais no seu conjunto estavam a mudar e, em particular, como os modos de dominação estavam a ser recompostos. Daí a ideia de que a perseguição generalizada dos grupos minoritários estava ligada ao aparecimento das primeiras burocracias e das suas elites clericais. A formação das primeiras entidades políticas centralizadas (a igreja teocrática romana e os estados seculares) foi acompanhada pela produção de uma «sociedade perseguidora» que permitiu a estas elites assegurar o poder.

Entrevista com R.I. Moore, sobre o seu livro *War on Heresy*, in «Os cátaros existiram?»; comentários recolhidos por Julien Théry, na revista *L'Histoire*, n.º 430, Dezembro de 2016

* * *

Torturar os hereges, Inocêncio IV, *Ad extirpanda*, (15 de maio de 1252)

§ 26. Além disso, que a *Potestas* ou o *Rector* sejam obrigados a forçar (*cogere*) todos os hereges que tiverem prisioneiros, até ao limite da perda de membro e perigo de vida (*citra membri diminutionem, et mortis periculum*), como verdadeiros salteadores e homicidas das almas e ladrões dos sacramentos de Deus e da fé cristã, a fim de confessarem expressamente os seus erros e acusarem outros hereges que conheçam [...] tal como os salteadores e ladrões dos bens temporais são forçados a acusar seus cúmplices e a contar os crimes que cometeram.

Inocêncio IV, Bula *Ad extirpanda*, § 26 (1252),
in *Le gouvernement pontifical et l'Italie des villes au temps de la théocratie (fin XIIe-mi-XIVe s.)*, Montpellier,
Presses universitaires de la Méditerranée, 2010, pp. 579–581

* * *

Matar os hereges!

No que diz respeito aos hereges, há duas coisas a considerar: uma do seu lado e outra do lado da Igreja. Do lado deles, há o pecado pelo qual eles mereceram não apenas ser separados da Igreja pela excomunhão, mas também serem separados do mundo pela morte. De facto, é muito mais grave corromper a fé que assegura a vida da alma do que falsificar a moeda que serve à vida temporal. Portanto, se os falsificadores de moeda ou outros malfeitores são de imediato mortos, justamente, por príncipes seculares, muito mais os hereges, convictos de heresia, podem não apenas ser excomungados, mas muito justamente mortos. Do lado da Igreja, pelo contrário, há uma misericórdia em vista da conversão dos perdidos. É por isso que ela não condena imediatamente, mas «após uma primeira e segunda advertência», como ensina o apóstolo [Tito 3, 12]. Depois disso, por outro lado, se se verificar que o herege ainda está obstinado, a Igreja, sem esperança de que se converta, provê à salvação dos outros, separando-o dela por uma sentença de excomunhão; e depois entrega-o ao julgamento secular para que ele possa ser tirado do mundo pela morte.

Tomás de Aquino, *Summa Theologiae*, IIª IIªᵉ, q.11, a.3

* * *

Obrigar e perseguir não só os cristãos, mas os pagãos e os judeus

Em virtude desse poder, não vejo por que razão o papa se deve abster de punir o gentio que se opõe à lei natural, já que ele não conhece outra! A prova? Deus castigou os sodomitas que pecaram contra a lei natural (Génesis 19). Ora, os juízos de Deus são os nossos exemplos! Portanto, se tiver os meios, porque é que o Papa não há de proceder como Deus procede? Pois está de acordo com a lei natural adorar um só Deus, o Criador, e não as criaturas. O papa deve julgar também os judeus, se eles se opuserem à sua própria fé. A sobrevivência do rito judaico não é tolerada porque constitui um argumento a favor da fé cristã? Os judeus podem, pois, romper com ele e abraçar o cristianismo, mas não lhes é permitido alterar o rito judaico, pois, ao alterá-lo, profanam um testemunho válido da fé cristã. Assim, cabe ao papa e aos inquisidores julgar qualquer entorse do rito judaico, se os «prelados» judeus forem faltosos. Condenar-se-á os judeus culpados de heresia contra a sua própria fé. [...] O poder do papa sobre os cristãos não oferece dúvida. Pode punir quando há uma infração da lei evangélica [...]. Há outra espécie de infiéis: aqueles que já receberam o dom da fé, que dela tiraram proveito (como os hereges e os apóstatas). A estes a Igreja deve persegui-los fisicamente e forçá-los a manter o que prometeram e guardar o dom que receberam.

Francisco Peña, *Le manuel des inquisiteurs*
de Nicolau Eymerich [1376], Intr., trad. et notes de L. Sala-Molins,
Paris, Albin Michel, 2001, pp. 108 e ss

* * *

Quando os papas assumiam a defesa dos judeus

Assim como não se deve permitir que os judeus ousem, nas sinagogas, ultrapassar o que é permitido pela lei, assim também eles não devem sofrer nenhum dano no que lhes foi concedido. Por isso, mesmo que prefiram permanecer na sua rigidez em vez de compreenderem as palavras ocultas dos profetas e de reconhecerem a fé cristã e a Salvação, e porque, no entanto, pedem a Nossa defesa e ajuda, apegados à bondade da piedade cristã dos Nossos predecessores de feliz memória, os pontífices romanos Calisto e Eugénio, aceitamos as suas petições e concedemos-lhes o escudo da Nossa protecção. Decidimos, portanto, que nenhum cristão os obrigue a vir ao baptismo contra a sua vontade e desejo. Mas aquele que deles fugir para os cristãos por causa da fé, depois de a sua vontade ter sido claramente estabelecida, seja feito cristão sem qualquer calúnia. Não se deve acreditar que haja verdadeira fé cristã naquele que não veio espontaneamente ao baptismo cristão, mas que se sabe ter vindo contra a sua vontade. Que nenhum cristão se atreva a feri-los, a matá-los ou a tirar-lhes dinheiro, a não ser por decisão de um magistrado local, ou a mudar os costumes que tinham na região em que viviam anteriormente. Obviamente, que ninguém os empurre com paus ou pedras durante a celebração das suas festas, nem lhes exija qualquer serviço forçado, a não ser os que habitualmente executam desde tempos passados. Neste sentido, Nós, opondo-nos à depravação e à devassidão das pessoas más, decidimos que ninguém se atreva a degradar ou assumir o controlo de um cemitério judeu ou a exumar corpos humanos a troco de dinheiro. Mas se alguém, tendo compreendido o significado deste decreto, ousar, Deus nos livre, ir contra ele, sofrerá a perda das suas honras e cargos ou será atingido por uma sentença de excomunhão se não corrigir o seu comportamento de forma digna e satisfatória.

Extracto da Bula *Sicut Judaeis* (Alexandre III [1159–81], baseada numa Bula não conservada de Calisto II [c. 1120], mais tarde retomada por vários papas, incluindo Clemente VI, em 1348), in *The Apostolic See and the Jews*, vol. 1, Documents: 492–1404, S. Simonsohn, org., (Toronto, 1988), p. 51, *apud Notice* n.° 103877, Projet RELMIN, «Le statut légal des minorités religieuses dans l'espace euro-méditerranéen (v[e]-xv[e]siècle)»; http://telma.irht.cnrs.fr/outils/relmin/extrait103877/

* * *

Martinho Lutero, *Contra as Hordas de Camponeses Criminosos e Saqueadores* (1525)

Estes camponeses são culpados de três pecados horríveis contra Deus e os homens, e por causa disso, mereceram diversamente a morte do corpo e da alma [...]. Ora, já que os camponeses atraem a hostilidade de Deus e dos homens, uma vez que já são tão culpados da morte do corpo e da alma que se recusam a deixar que o direito decida esse assunto, devo ensinar à autoridade temporal como deve actuar nesta matéria para manter uma boa consciência [...]. Um bom cristão deveria sofrer mil mortes do que envolver-se, fosse ele espessura de um cabelo, no assunto dos camponeses. Oh, é bem possível que surjam agora muitos mártires por culpa de camponeses sanguinários e profetas assassinos! Ora, a autoridade devia ter pena dessas pessoas que são prisioneiras dos camponeses [...]. Por isso, meus caros senhores, libertai, salvai, ajudai, tende piedade desses infelizes. Matai, batei e estrangulai quem puderdes. Se nisso tiveres de perder a vida, és feliz, nunca poderás conhecer uma morte mais bem-aventurada. Porque morres em obediência à Palavra e ao mandamento de Deus (Romanos 13) e ao serviço do amor, a fim de salvar o vosso próximo do inferno e das garras do diabo. Por isso, peço que aquele que puder fuja dos camponeses como se fora o próprio diabo. Quanto àqueles que não fogem, peço a Deus que os ilumine e converta. Mas aos que não se podem converter, Deus lhes conceda que nunca tenham nem sorte nem êxito. Que cada cristão fiel diga aqui: «Ámen!» Porque esta oração é justa e boa, e agrada a Deus, eu sei. Se alguém considerar que isto é demasiado duro, que diga para si próprio que a revolta é intolerável e que é preciso esperar a destruição do mundo a qualquer instante.

Martin Luther, *Œuvres, tome 2,* Paris,
Gallimard (Pléiade), 2017, pp. 217–223

* * *

Os Doze Artigos da Suábia (1525; excertos)

Em primeiro lugar, é a nossa humilde oração e pedido, e também a vontade de todos nós e o nosso objectivo, que no futuro cada comunidade possa ter a faculdade e o poder de eleger e escolher o seu próprio pastor [...].

Em segundo lugar, o verdadeiro dízimo foi estabelecido no Antigo Testamento e é cumprido no Novo Testamento. No entanto, estamos perfeitamente dispostos a fornecer o verdadeiro dízimo dos cereais, mas da maneira correcta; deve, portanto, ser fornecido a Deus, para ser entregue aos Seus. É devido ao pastor que prega a palavra de Deus na sua pureza [...].

Em terceiro lugar, até ao presente tem sido costume considerarem-nos como pessoas ligadas à terra, o que é lamentável, visto que Cristo nos salvou e redimiu a todos derramando o seu precioso sangue, tanto ao pastor como ao maior, sem excepção [...].

Em décimo segundo lugar, eis a nossa conclusão e opinião final: se um ou mais dos artigos aqui propostos não estivessem de acordo com a palavra de Deus (o que não nos parece ser o caso) e se nos fosse explicado pela Escritura que são contrários à palavra de Deus, renunciaríamos a eles.

in *La guerre des Paysans, 1525. Études et documents réunis par Alphonse Wollbrett, Étude alsatiques,* Société d'histoire et d'archéologie de Saverne et environs, n.º suppl. 93, 1975, p. 138f

* * *

O recurso à violência em matéria de fé

Objeta-se, consequentemente — uma vez que não há nenhum propósito [nenhuma razão] para que os homens sejam obrigados à fé, o que comporta [implica] uma obediência pronta e mansa — que se deve usar a espada contra os hereges [*i.e.: objeta-se... contra a ideia de que a espada deva ser usada...*]. Agora, quanto a isto [sobre este assunto], Santo Agostinho responde com razão e prudência, a saber: quando os rebeldes que resistem a Deus são atraídos, e empurrados como que a despeito de si mesmos, é para que, sendo domados pelo castigo, possam tornar-se benignos e dóceis para andar com boa vontade.

Mas deixando de lado todas estas respostas e outras semelhantes, afirmo que há outro uso da espada para manter o estado da Igreja em vez de forçar as pessoas à fé. Pois, embora eu confesse que não está na mão dos príncipes entrar nos corações dos homens por meio de seus éditos e tocá-los para que se submetam a Deus, e concordem com a verdade, ainda assim sua vocação obriga-os a não permitir que o nome de Deus seja vituperado [desonrado], e que as línguas perversas e venenosas não rasguem sua santa Palavra em pedaços, e que seu serviço não seja deitado abaixo.

Jean Calvin, *Declaration pour maintenir la vraye foy que tiennent tous Chrestiens de la Trinité des personnes en un seul Dieu, contre les erreurs detestables de Michel Servet Espaignol* [...], Genebra, Jean Crespin, 1554, p. 32

* * *

Cuidado com a proteção dos hereges e com a liberdade de consciência!

Mas o que é que tudo isto vos interessa a vós, que quereis introduzir a impunidade para os hereges? Tende cuidado, pois, tende cuidado com esta, não caridade, mas extrema crueldade, que, para poupar não sei quantos lobos, quer atacar todo o rebanho de Jesus Cristo. Mas antes, todos vós, fiéis magistrados e ministros da Palavra, cuidai bem de afastar esses lobos brancos que se lançam sobre o rebanho do Senhor. E mesmo vós, príncipes e magistrados, sempre que a grandeza do crime ou o perigo eminente o exijam, a fim de bem servir a Deus, que vos pôs a espada nas mãos para manter a honra e a glória de sua majestade, golpeai virtuosamente com essa espada, para a salvação do rebanho, esses monstros disfarçados de homens.

Théodore de Bèze, *Traité de l'authorité du magistrat en la punition des heretiques, et du moyen d'y proceder* [...], Genebra, Conrad Badius, 1560, p. 131

* * *

Iremos nós proclamar que é preciso dar liberdade às consciências? De modo algum, no sentido em que se entende esta liberdade como se cada um pudesse adorar a Deus à sua maneira. É um dogma puramente diabólico pretender que é permitido a cada um perecer, se assim o desejar.

Théodore de Bèze, «Lettre à André Dudith (1570)», apud Joseph Lecrer, *Histoire de la tolérance*, *op. cit.*, p. 333

* * *

Vingar a divindade?

O mal veio dessa ideia de que é preciso vingar a divindade. É verdade que a divindade deve ser honrada, mas nunca vingada. De facto, se nos comportássemos de acordo com esta última ideia, qual seria o fim dos tormentos? Se as leis dos homens devem vingar um ser infinito, elas serão reguladas pela sua infinitude, e não pelas fraquezas, pela ignorância ou pelos caprichos da natureza humana.

Montesquieu, *De l'esprit des lois*, XII, 4; *apud* Jacques de Saint Victor, *Blasphème. Brève histoire d'un «crime imaginaire»*, Paris, Gallimard, 2016, p. 48

* * *

Matar um homem não é defender uma doutrina

Podemos ver aqui até que ponto agimos mal, nós que queríamos conduzir os Turcos à fé pela guerra, os heréticos pelo fogo, os Judeus ameaçando-os de morte, ou por outras injustiças. Nós que quisemos arrancar o joio com as nossas próprias forças, como se tivéssemos o poder de actuar sobre os corações e os espíritos, como se tivéssemos nas nossas mãos o poder de conduzir todos os homens à justiça e à piedade. O que o único Deus não faz, tal não é para ser feito. [...]

Matar um homem não é defender uma doutrina, é matar um homem. Quando os Genebrinos mataram [Michel] Servet, não defenderam uma doutrina, mataram um homem. A defesa da doutrina não é da competência do magistrado (o que é que a espada tem que ver com a doutrina?), é da competência dos doutores. A função do magistrado é defender o doutor, do mesmo modo que defende o camponês, o artesão, o médico, qualquer outra pessoa, contra as injustiças. É por isso que, se [Michel] Servet tivesse querido matar Calvino, o magistrado teria justamente defendido Calvino. Mas [Michel] Servet lutou com argumentos e escritos: era preciso lutar contra ele com argumentos e escritos.

Sébastien Castellion, *Contre le libelle de Calvin après la mort de Michel Servet*, Carouge Genebra, Éditions Zoé, 1998, pp. 91–161

* * *

Pensar que uma consciência pode ser compelida pela força é uma loucura tão grande como tentar matar o pensamento de um homem com uma espada ou uma alabarda.

Sébastien Castellion, *Conseil à la France désolée*,
org. Florence Alazard *et al.*, Genebra, Droz, 2017, p. 23

* * *

«...as pessoas estão cansadas do fanatismo.»

A par da consciência, a guerra e a política são também mestres do pensamento. Os interesses mais sórdidos são cobertos, em ambos os campos, com o manto da religião. As palavras de Montaigne são cruelmente verdadeiras: «Em suma, é difícil reduzir as coisas divinas à nossa medida sem comprometer a sua grandeza.» A Igreja Católica, galicana ou ultramontana, está entregue, de alto a baixo, aos apetites seculares. Entre os grandes senhores protestantes, a ambição feudal não é menos visível. O bem não está de um lado e o mal do outro: o mal está no cisma fratricida. Trinta anos de guerras civis, travadas sob diferentes bandeiras, não deram razão a ninguém. Que prova há da existência de Deus, da divindade de Jesus Cristo ou da presença eucarística quando se massacra o adversário? Além disso, as pessoas estão cansadas do fanatismo. Os antagonismos acabaram por se esgotar.

Jean-Pierre Babelon, *Henri IV*, Paris, Fayard, 2009, pp. 554 e ss

* * *

«O objetivo da filosofia é a verdade; o da fé, a obediência e a piedade»

[...] A fé não requer tanto dogmas verdadeiros como dogmas piedosos, isto é, dogmas susceptíveis de inclinar a alma à obediência [...]. Os homens podem errar na simplicidade das suas almas, e a Escritura, como mostrámos, não condena a ignorância, mas apenas a insubordinação. Além disso,

isso decorre necessariamente da simples definição de fé [...]. Esta definição não exige expressamente verdadeiros dogmas, mas dogmas tais que sejam necessários à obediência, isto é, dogmas que confirmem a alma no amor ao próximo, pois somente nesta medida cada um está em Deus (para falar como João) e Deus em cada um. Pois a fé de cada um apenas deve ser considerada piedosa ou ímpia em razão da obediência ou da insubordinação, e não em razão da sua verdade ou falsidade; e como, além disso, todos sabem que a compleição comum dos homens é extremamente diversa, e que nem todos concordam igualmente em tudo [...], segue-se que a fé universal [...] não compreende nenhum dogma que se possa prestar a controvérsia entre homens virtuosos [...]. A fé universal inclui, portanto, apenas aqueles dogmas que a obediência a Deus pressupõe absolutamente, e cuja ignorância torna a obediência absolutamente impossível. Quanto aos outros dogmas, cada um, conhecendo-se melhor do que ninguém, deve pensar deles o que lhe parecer o melhor para se fortalecer no amor da justiça. Na minha opinião, este princípio não deixa lugar a controvérsia na Igreja. [...]

Finalmente, resta mostrar que não há relação ou afinidade entre a fé — isto é, a teologia — e a filosofia; e que ninguém pode ignorar isto se conhecer a finalidade e o fundamento destas duas disciplinas, as quais diferem verdadeiramente em toda a extensão. Pois o objetivo da filosofia não é outro senão a verdade, enquanto o objetivo da fé, como já mostramos abundantemente, não é outro senão a obediência e a piedade. [...]

Ninguém pode transferir a outrem o seu direito natural, isto é, a sua faculdade, de raciocinar livremente e de julgar livremente todas as coisas. E ninguém pode ser obrigado a fazê-lo. É por isso que um Estado é considerado violento quando ataca as almas; é também por isso que a majestade soberana parece oprimir os súbditos e usurpar o seu direito, quando quer prescrever a cada um o que ele deve abraçar como verdadeiro e rejeitar como falso, e por quais opiniões a sua alma deve ser incitada à devoção a Deus.

Baruch de Spinoza, *Traité théologico-politique*, cap. 14, org. J. Lagrée e P.-F. Moreau, Paris, PUF, 2012, pp. 473–475.481; cap. 20, p. 633

* * *

O elogio da tolerância

Se a multiplicidade de religiões é prejudicial a um Estado, é apenas porque uma não quer tolerar a outra, mas engoli-la por meio da perseguição. [...] Se todos tivessem a tolerância que eu defendo, haveria a mesma concórdia num Estado dividido em dez religiões, como numa cidade onde os vários tipos de artesãos se apoiam uns aos outros. Tudo o que poderia existir seria uma emulação honesta daqueles que se distinguissem mais na piedade, nos bons costumes, na ciência; cada um se esforçaria para provar que é o mais amigo de Deus, mostrando um apego mais forte à prática de boas obras; eles até mostrariam mais afeição pelo país, se o soberano os protegesse a todos e os mantivesse em equilíbrio mediante a sua equidade. Ora, é evidente que uma tão bela emulação seria a causa de um número infinito de bens; e, consequentemente, a tolerância é a coisa mais adequada do mundo para trazer de volta a idade de ouro, para fazer um concerto e uma harmonia de muitas vozes e instrumentos de diferentes tons e notas, tão agradável pelo menos quanto a uniformidade de uma única voz. O que é que impede, então, este belo concerto de vozes e de tons tão diferentes uns dos outros? É que uma das duas religiões quer exercer uma cruel tirania sobre os espíritos e obrigar as outras a sacrificar-lhe a sua consciência; é que os reis fomentam essa injusta parcialidade e entregam o braço secular aos desejos furiosos e tumultuosos de uma ralé de monges e clérigos; numa palavra, toda a desordem não vem da tolerância, mas da não-tolerância.

Pierre Bayle, *De la tolérance. Commentaire philosophique*,
Paris, Champion, 2014, p. 248

* * *

O absurdo da intolerância

O direito humano só pode ser fundado, em qualquer caso, sobre este direito da natureza; e o grande princípio, o princípio universal de ambos, é, em todo o mundo: «Não faças o que não gostarias que te fizessem.» Ora, não se vê como é que, segundo este princípio, um homem pode dizer a outro: «Acredita no que eu acredito [...], ou morrerás.» É o que se diz em Portugal, em Espanha, em Goa. Noutros países, contentam-se em dizer: «Acredita, ou abomino-te; acredita, ou faço-te todo o mal que puder; monstro, não tens a minha religião, logo não tens religião: deves ser abominado pelos teus vizinhos, pela tua cidade, pela tua província.» Se fosse um direito humano comportar-se assim, os japoneses teriam de odiar os chineses, os quais teriam de abominar os siameses; estes últimos perseguiriam os gangáridas, que cairiam sobre os habitantes do Indo; um mongol arrancaria o coração do primeiro malabar que encontrasse; o malabar poderia cortar a garganta do persa, que poderia massacrar o turco: e todos juntos lançar-se-iam sobre os cristãos, que há tanto tempo se devoram uns aos outros. A lei da intolerância é, portanto, absurda e bárbara: é a lei dos tigres, e é absolutamente horrível, porque os tigres só rasgam para comer, e nós exterminámo-nos por causa de parágrafos.

Voltaire, *Traité sur la tolérance*, cap. 6, Paris, Gallimard, 2016, pp. 40 e ss

* * *

«Tolerância? Peço a igualdade de direitos! Peço a Liberdade!»

Mas existe finalmente uma Nação Francesa, e é a ela que apelo, a favor de dois milhões de cidadãos úteis, que reclamam hoje o seu direito a ser franceses. Não lhe faço a injustiça de pensar que essa nação pode pronunciar a palavra intolerância; foi banida da nossa língua, ou subsistirá apenas como uma dessas palavras bárbaras e antiquadas que já não se usam, porque a ideia que representa foi destruída. Mas, meus Senhores, nem sequer é tolerância que peço; é Liberdade! [...] A tolerância? Peço que esta palavra injusta, que apenas nos apresenta como cidadãos dignos de pena, como culpados a quem se perdoa, como aqueles a quem o acaso e a educação levaram muitas vezes a pensar de forma diferente da nossa, peço que esta palavra seja proscrita de vez — e sê-lo-á! O erro, Senhores, não é um crime: aquele que o professa, toma-o por verdade; é a verdade para ele; é obrigado a professá-la, e nenhum homem, nenhuma sociedade tem o direito de o proibir. [...] Peço para todos os não-católicos o mesmo que pedis para vós: a igualdade de direitos, a liberdade; a liberdade da sua religião, a liberdade do seu culto, a liberdade de o celebrar em casas consagradas a esse objectivo, a certeza de não serem mais perturbados na sua religião do que vós na vossa, e a perfeita certeza de serem protegidos como vós, tanto quanto vós e da mesma forma que vós, pela lei comum.

André Dupont, *Rabaut Saint-Etienne. 1743–1793. Un protestant défenseur de la liberté religieuse*, Genebra, Labor et Fides, 1989

[Anexo não-paginado, no fim do livro, onde consta o discurso que, em Agosto de 1789, na Assembleia Nacional, o pastor Rabaut Saint-Etienne proferiu apelando à Liberdade e ao fim da intolerância religiosa e da odiosa palavra tolerância.]

* * *

Declaração dos Direitos do Homem e do Cidadão, agosto de 1789:

Artigo 10.° — Ninguém pode ser incomodado pelas suas opiniões, mesmo religiosas, desde que a sua manifestação não perturbe a ordem pública estabelecida pela lei.

* * *

Declaração dos Direitos do Homem e do Cidadão, 24 de junho de 1793:

Artigo 7.° — Não podem ser proibidos o direito de manifestar o seu pensamento e as suas opiniões, seja através da imprensa ou por qualquer outro meio, o direito de se reunir pacificamente e o livre exercício dos cultos.

* * *

Em 1864, o papa Pio IX, no *Syllabus*, procura proibir a liberdade religiosa

O *Syllabus* era um catálogo onde estavam elencados os 80 «erros do nosso tempo» que o papa condenava veementemente.

[...]

15. É facultado a cada homem abraçar e confessar a religião que considerar verdadeira, guiando-se pela luz da razão.

16. O homem pode encontrar o caminho da salvação eterna e obter a salvação eterna não importa em que religião for.

78. É [...] de modo louvável que nalgumas regiões que têm o nome de católicas a lei tenha previsto que os imigrantes possam exercer publicamente os seus respectivos cultos.

79. É, de facto, falso que a liberdade civil de todos os cultos, bem como o pleno poder dado a todos para manifestar as suas opiniões e pensamentos publicamente e em plena luz do dia, conduza mais facilmente à corrupção da moral e das mentes, e a propagar a peste do indiferentismo [entenda-se: «é verdade que a liberdade dos cultos conduz à corrupção»].

Pio IX, *Syllabus* (catálogo de erros), 1864, *apud* Heinrich Denziger, *Symboles et définitions de la foi catholique*, org. Peter Hünermann e Joseph Hoffmann, Paris, Cerf, 1996, pp. 667 e 673.

* * *

Declaração Universal dos Direitos Humanos (1948)

Em 1948, a *Declaração Universal dos Direitos Humanos* foi aprovada por 48 Estados, incluindo o Afeganistão, o Egito, o Irão, o Líbano, o Paquistão, a Síria e a Turquia (8 Estados abstiveram-se, incluindo a Arábia Saudita).

Art.º 18.º — Todos têm direito à liberdade de pensamento, de consciência e de religião; este direito inclui a liberdade de mudar de religião ou de crença, bem como a liberdade de manifestar a própria religião ou a sua crença, sozinho ou em comum, tanto em público como em privado, através do ensino, das práticas, do culto e do cumprimento de ritos.

* * *

Concílio Vaticano II (1965)
A liberdade religiosa é inviolável

Este Concílio Vaticano declara que a pessoa humana tem direito à liberdade religiosa. Esta liberdade consiste no seguinte: todos os homens devem estar livres de coacção, quer da parte dos indivíduos, quer dos grupos sociais e de qualquer autoridade humana; e de tal modo que, em matéria religiosa, ninguém seja forçado a agir contra a sua própria consciência nem impedido de proceder, segundo a mesma, em privado ou em público, só ou associado com outros, dentro dos devidos limites. Declara, além disso, que o direito à liberdade religiosa se funda realmente na própria dignidade da pessoa humana, como a Palavra revelada de Deus e a própria razão a dão a conhecer. Este direito da pessoa humana à liberdade religiosa na ordem jurídica da sociedade deve ser de tal modo reconhecido que se torne um direito civil.

Concílio Vaticano II (1962–1965), *Declaração sobre a Liberdade Religiosa* (*Dignitatis humanae*), § 2. Braga, Editorial A.O., 1979, p. 266

* * *

Constituição do Egipto (de 1971, em vigor até 2012)

Reconhecia a liberdade de crença e de culto, mas não a liberdade de consciência (ou seja, a liberdade de não ter religião:

Art.º 2.º — O Islão é a religião do Estado cuja língua oficial é o árabe; os princípios da lei islâmica são a principal fonte da legislação.

Art.º 40.º — Os cidadãos são iguais perante a lei. Têm os mesmos direitos e deveres públicos, sem distinção de raça, origem, língua, religião ou crença.

Art. 46.º — O Estado garante a liberdade de crença e a liberdade de culto.

* * *

Constituição da República da Tunísia (2014)

Art.º 6.º O Estado protege a religião e garante a liberdade de crença, de consciência [*huriyyat adhamîr*] e do exercício dos cultos. Assegura a neutralidade das mesquitas e dos locais de culto [...]. O Estado compromete-se a difundir os valores da moderação e da tolerância, a proteger o sagrado e a impedir a sua violação. Compromete-se igualmente a proibir e a impedir as acusações de apostasia, assim como reprimir a incitação ao ódio e à violência.

Art.º 39.º — O Estado promove igualmente o enraizamento das jovens gerações na sua identidade árabe e muçulmana e a sua pertença nacional. [...] O Estado promove a difusão da cultura dos direitos do Homem.

* * *

Excerto de uma carta de Simone Weil a Georges Bernanos (1938)

Simone Weil (1909–1943) foi voluntária do lado dos republicanos durante a Guerra Civil de Espanha. Mais tarde, juntou-se à resistência francesa e foi para o quartel-general de De Gaulle, em Londres.

> [...] Tive em mim o sentimento de que quando as autoridades temporais e espirituais puseram uma categoria de seres humanos fora daqueles seres cuja vida tem um preço, não há nada mais natural para o homem do que matar. Quando sabemos que é possível matar sem correr o risco de sermos punidos ou culpados, matamos; ou pelo menos envolvemos com sorrisos encorajadores aqueles que matam. Se, por acaso, sentimos um pouco de repugnância no início, calamo-nos e depressa a sufocamos, com medo de parecer falta de virilidade. Há aí um impulso, uma embriaguez a que é impossível resistir sem uma força de espírito que devo acreditar ser excepcional, pois não a encontrei em lado nenhum. Por outro lado, encontrei franceses pacíficos, que até então eu não desprezava, que não teriam tido a ideia de irem eles mesmos matar, mas que se banhavam nesta atmosfera de sangue com um prazer visível. Por estas pessoas nunca poderei ter qualquer estima no futuro.

Simone Weil, «Lettre à Georges Bernanos», in *Écrits historiques et politiques*, Paris, Gallimard, 1960, p. 223

* * *

As pessoas intolerantes não devem ser toleradas

Eric Weil, 1904–1977, filósofo alemão que, depois, se tornou francês; (não tem relação com Simone Weil)

Se o defensor do totalitarismo se recusa a levar a sério a nossa religião, porque é que havemos de aceitar a dele? Se ele se recusa a discutir connosco, partindo do princípio de que a discussão é preferível à violência, não há razão para nos recusarmos a combater contra ele, se for necessário. Podemos hesitar mais do que ele, porque pensamos que a paz é um bem. Mas há um momento em que não podemos continuar a hesitar. Não pode haver nenhuma tolerância para com quem não é tolerante. A tolerância só é possível quando é recíproca. Nem sequer é possível entre grupos, um dos quais se declara a favor da tolerância apenas na medida em que se encontra num estado de fraqueza, mas aguarda com expectativa o momento em que poderá oprimir aqueles que foram tolerantes para com ele. A tolerância tem, portanto, de ser universal, e a universalidade é a sua condição singular: só se aplica onde todos os grupos são tolerantes; onde, ao nível da realidade quotidiana, nenhum grupo emprega a violência ou se prepara para a empregar no momento certo. Tolerância significa discussão e vê a discussão como o único método pelo qual as crenças dos outros poderiam eventualmente ser mudadas. Se um indivíduo ou um grupo não estiver preparado para se submeter à discussão de acordo com as bem conhecidas leis da discussão, poderá ser tolerado, mas não tem direito à tolerância.

Éric Weil, «Religion et politique», in *Essais sur la philosophie, la démocratie et l'éducation*, Lille, Presses Universitaires de Lille, 1993

* * *

A tolerância deve ser objeto de educação

O homem tem necessidade de ser educado para a tolerância, pois esta não lhe é inata. A pulsão apaixonada pela afirmação de si mesmo, o apetite primitivo que empurra o indivíduo a impor o seu domínio no seio de um grupo, ou com um grupo, facilmente faz dele um indivíduo sem escrúpulos. A abnegação e o autodomínio que devem ser demonstrados na tolerância, tem ele de os conquistar. A tolerância, ao nível das pessoas, exige [...] em relação aos outros e à sua originalidade, o reconhecimento do seu próprio direito e liberdade, a modéstia que nos faz apagar-nos, conscientes dos nossos próprios limites, a fim de deixar que o outro se afirme e se exprima. Tudo isto compõe um comportamento complexo que só pode ser o fruto, lentamente obtido, de uma educação e de uma disciplina pessoal.

Albert Hartmann, *Vraie et fausse tolérance*, Paris, Cerf, 1958, pp. 184–185; (excerto de *Toleranz und christlicher Glaube*, 1955)

* * *

A letra mata

Yadh Ben Achour denuncia as interpretações acrobáticas que «podem atingir os mais altos níveis de má-fé» (fazendo crer, por exemplo, que a *jihad* no Corão não designa uma forma de violência) e defende uma interpretação em que a moral seja a norma: «Abolir a letra, porque a letra mata, é revigorar o espírito.»

[...] Abolir a letra não significa abolir o Islão, mas sim o contrário, mudar o oceano de ignorância e de estupidez em que ele está hoje mergulhado. Muitos pensadores muçulmanos compreenderam-no [...]. Em vez de se debruçarem tão assiduamente sobre as formas lícitas ou ilícitas de beber e comer, de se unirem, de espirrarem [...], os muçulmanos deveriam lembrar-se. Lembrar-se de que «a piedade não consiste em virar o rosto para o Oriente e para o Ocidente» e meditar nos versículos 23 a 37 da Sura al-'Isra, a Surata dos Filhos de Israel, a que chamarei a segunda Fatiha, por causa da majestade da sua inspiração. E mais: sempre que uma interpretação se revelar contrária às normas de uma moralidade universal mínima, é preciso abandoná-la.

Yadh Ben Achour, *La deuxième Fâtiha. L'islam et la pensée des droits de l'homme*, Paris, PUF, 2011, p. 21 e 23

* * *

A nossa missão é ser uma bênção para o mundo

A missão de Abraão e daqueles que o reivindicam não é conquistar o mundo ou impor uma crença uniforme.

Foi neste contexto [o contexto em que as religiões politeístas forneceram a «legitimação cosmológica» das sociedades hierárquicas] que surgiu o monoteísmo. Pouco a pouco, ele fez valer as suas reivindicações inauditas, afirmando que todo o ser humano, independentemente da cor da pele, da cultura, da classe ou do credo, era à imagem e semelhança de Deus. Que a Soberana Potência intervinha na história para libertar aqueles que eram supremamente impotentes. Que uma sociedade deve ser julgada pela forma como trata os seus membros mais fracos e vulneráveis. Que a vida era sagrada, que o assassinato não era apenas um crime, mas um pecado. Que as pessoas deviam estar ligadas umas às outras por um pacto de rectidão e justiça, de misericórdia e compaixão, de perdão e amor. Se nos seus primeiros livros a Bíblia hebraica primitiva prescrevia a guerra, ao longo dos séculos os seus profetas, nomeadamente Isaías e Miqueias, foram as primeiras vozes a falar da paz como um ideal. Virá o dia, disseram eles, em que as nações da terra transformarão as suas espadas em relhas de arado, as suas lanças em foices e deixarão de guerrear umas contra as outras. Assim, de acordo com a Bíblia hebraica, o monoteísmo abraâmico entrou no mundo como rejeição do imperialismo e do uso da força que torna alguns seres humanos senhores e outros escravos. § O próprio Abraão, o homem do qual dois mil milhões e meio de cristãos, um milhar e meio de milhões de muçulmanos e treze milhões de judeus reivindicam ser seguidores, não conquistou nenhum território, não fez milagres e não proferiu nenhuma profecia. Apesar de observar um modo de vida diferente do dos seus vizinhos, lutou por eles e rezou pela sua salvação com as palavras mais corajosas que um homem alguma vez dirigiu a Deus: «Aquele que julga toda a terra, será um juiz injusto?» (Génesis 18, 25). Esta ideia, demasiadas vezes ignorada nos muitos séculos que se seguiram, continua a ser a definição mais simples da fé abraâmica. A nossa missão não é conquistar ou converter o mundo, ou impor uma crença uniforme. A nossa missão é ser uma bênção para o mundo. O recurso à religião para fins políticos não é rectidão, mas idolatria. Foi Maquiavel, e não Moisés ou Maomé, quem disse que é melhor ser temido do que ser amado: e este é o credo do terrorista e do bombista suicida. A ética nietzschiana da vontade--de-poder pressupõe a tese «Deus está morto». Invocar Deus para justificar a violência contra os inocentes não é santificação, mas sacrilégio. É uma forma de blasfémia, que consiste em «invocar o nome de Deus em vão».

Jonathan Sacks, *Dieu n'a jamais voulu ça. La violence religieuse décryptée*, Paris, Albin Michel, 2018, pp. 12–14

* * *

O que o Ocidente medieval deve ao Islão

Nada é melhor reconhecido [...] do que o peso da dívida que o pensamento ocidental tem para com o Islão. Não há dúvida sobre a importância do papel primordial desempenhado pelo Islão como «transmissor» da cultura grega clássica e do helenismo para a cultura latina do Ocidente medieval. Creio que todos concordam também que este papel de «transmissor» cultural não pode ser reduzido a uma simples função de transmissão de maneira linear desde o helenismo (platónico, aristotélico e neoplatónico) até ao pensamento escolástico medieval. A dívida ocidental é, sem dúvida, mais pesada e mais complexa. De facto, o Islão recebeu e avaliou de várias maneiras o capital cultural grego, de acordo com vários objectivos distintos. Acima de tudo, enriqueceu-o não só nos seus conteúdos, mas também na própria forma do discurso e na crítica textual dos saberes. O mérito essencial do Islão neste processo de transmissão foi, portanto, não só a transmissão em si, mas também todas as reflexões linguísticas e filosóficas envolvidas na crítica dos textos e no acto intelectual da dupla transferência dos saberes e do discurso do grego para o árabe e, depois, do árabe para o latim.

Pierre Touber, «Ce que l'Occident médiéval doit à l'Islam», in *L'Islam au carrefour des civilisations médiévales*, dir. Dominique Barthélémy e Michel Sot, Paris, Presses de l'Université Paris-Sorbonne, 2012, p. 11

* * *

O outro da violência: a linguagem

A violência encontra, assim, o seu significado no seu outro: a linguagem. E vice-versa. A palavra, a discussão e a racionalidade também derivam a sua unidade de sentido do facto de serem um empreendimento para a redução da violência. A violência que fala é já uma violência que procura ter razão; é uma violência que se coloca na órbita da razão e que começa já a negar-se a si própria como violência. Tal é inelutavelmente o nosso ponto de partida inelutável: a violência e a linguagem medem todo o campo do seu percurso, do princípio ao fim, como dois contrários, cada um exactamente ajustado à completa extensão do outro.

Paul Ricœur, «Violence et langage» (1967),
in *Lectures 1. Autour du politique*, Paris, Seuil, 1991, p. 132

* * *

A resposta ao problema do mal

O que Ricœur diz neste texto sobre o problema do mal também pode ser aplicado, com maior razão, ao problema da violência. Ricœur convida-nos a distinguir a «solução» (a investigação desta confronta o filósofo com uma aporia!) da «resposta», que implica sempre o agir.

Para a acção, o mal é antes de mais aquilo que não deveria existir, mas que deve ser combatido. Neste sentido, a acção inverte a orientação do olhar. Sob o império do mito, o pensamento especulativo é puxado, em direcção à origem: «De onde vem o mal?» pergunta ele. A resposta — não a solução — da acção é: «O que podemos fazer contra o mal?» O olhar é, assim, reorientado para o futuro, para a ideia de uma tarefa a realizar, que dá réplica à pergunta por uma origem a descobrir.

Paul Ricœur, «Le mal: un défi à la philosophie et à la théologie» (1986),
in *Lectures 3. Aux frontières de la philosophie*, Paris, Seuil, 1994, pp. 229 e s.
(cf. «O mal. Um desafio para a filosofia e a teologia»,
trad. port. Irene Pinto Pardelha, in *Paul Ricœur e a Simbólica do Mal*, Edições Afrontamento, Porto, 2005, pp. 17–34)

* * *

«Não sou o senhor do sentido.
Sou portador de uma mensagem que me ultrapassa e me desarma.»

[...] Paul Ricœur: Concordaria, então, [Sr. Hans-Kung] que temos de trabalhar a vários níveis? Temos de trabalhar a um nível, diria eu, de proclamação popular, em que, efetivamente, temos de desprender as pessoas da estreiteza das suas convicções, dos seus fundamentalismos, os quais as levam a dizer: «eu vivo na minha denominação tal e tal convicção, que é hostil a tudo o resto», etc. Mas também nós, intelectuais, nas nossas próprias denominações, falando com os nossos colegas da mesma qualidade, da mesma formação, nas nossas próprias denominações, falando com os nossos colegas da mesma qualidade, da mesma formação, etc. Mas nós, intelectuais, nas nossas próprias confissões religiosas, falando com os nossos colegas da mesma qualidade e formação, no Islão e noutras religiões, também temos de fazer este trabalho de vai-e-vem entre a expressão mais simples destes mandamentos e, ao mesmo tempo, a extrema dificuldade de os viver em profundidade e com convicção. Poderíamos ter uma boa discussão sobre a não-violência, porque é certo que a não-violência não está inscrita da mesma forma no budismo como nos diferentes monoteísmos. O senhor mesmo constatou, nesta Declaração[3], que havia uma grande dificuldade em encontrar sequer um vocabulário comum. Podemos pôr-nos de acordo contra o assassínio, mas continua a haver a questão do socorro à pessoa em perigo, o dever de servir a própria nação quando esta é atacada. Estas questões-fronteira é que são de longe as mais difíceis. Eu diria mesmo que temos de jogar o jogo difícil e não o fácil. Gostaria de utilizar a expressão de Karl Jaspers de «luta amorosa», uma «*lieberder Kampf*», em vez de uma espécie de convivência fácil. Temos de tornar esta Declaração Comum difícil; é esse o preço que temos de pagar em convicção

[3] Refere-se à *La Déclaration du Parlement des religions du monde. Manifeste pour une éthique planétaire,* que resultou da Assembleia Geral do Parlamento das Religiões do Mundo, realizada em Chicago, entre os dias 28 de agosto a 4 de setembro de 1993. A obra de Hans Küng, *Projekt Weltethos,* editada em 1990 (trad. port.: *Projecto para Uma Ética Mundial*, Instituto Piaget, Lisboa, 1996) foi decisiva para a redação e a proclamação do *Manifesto/Declaração*.

por esta Declaração Comum. [...] O importante é que cada um descubra que o que o leva a esse respeito pela vida, pela palavra, pelo sexo, pela justiça social, provém de um ponto que, justamente, não está ao mesmo nível dessas declarações éticas. Temos de enfrentar um problema que ainda não colocámos: em que é que todas estas religiões são religiões? O que é que faz com que sejam religiões, senão o facto de que algo é dito a partir de um lugar que eu não ocupo, e que é a partir desse lugar que eu não ocupo que existe a compulsão de pronunciar estas palavras éticas comuns? Mas, ao mesmo tempo, a razão para pronunciar estas palavras não me pertence; compreendo que o outro chega a elas por outro caminho; esta realidade fundamental só circula a partir do que ambos não dominamos. É aqui que reside o fundo não-violento de uma religião. Não me interpretem mal: se ao longo deste debate insisti sempre neste fundamento-fundante, neste fundamento profundo, não foi para fugir para outro lado, mas para encontrar razões fortes para combater aqui, em nossa casa, e nas nossas confissões, a tendência para o fundamentalismo e, portanto, combater tudo o que é suscetível de ser fonte de violência. Para reencontrar, por assim dizer, a motivação não-violenta da minha própria convicção, tenho de encontrar no fundo mesmo da minha convicção algo que condene e quebre o momento de violência da convicção, para reencontrar no fundo dessa convicção aquilo que eu não posso dominar. Por outras palavras, eu não sou o senhor do sentido. Penso que sempre temos de nos lembrar disto; e exactamente no momento em que creio ser portador de uma mensagem. Tal mensagem não apenas me ultrapassa, como me desarma. E é na medida em que me desarma que posso dirigir-me ao outro na esperança de que ele faça o mesmo caminho. Estou a pensar, em particular, no caso do Islão. Estou convencido, e é minha grande convicção, que o Islão fará, à sua maneira, um caminho semelhante ao nosso. Devido à infeliz história do colonialismo e de todos os tipos de repressão, devido à situação geográfica — o Islão está em grande parte no Terceiro Mundo —, eles próprios foram vítimas de tanta violência que também foram impedidos de seguir esse caminho. Reside aqui, verdadeiramente, a minha profunda convicção religiosa: que todas as religiões são capazes de fazer este caminho contra si próprias e contra o seu próprio fundamentalismo. Tenho grande confiança no Islão, o qual já condena as violências proclamadas em nome do Islão. [...] E chego quase ao paradoxo de que o problema não é apenas haver ecumenismo entre denominações cristãs, mas que, de certa forma, precisamos de outras religiões para conduzir o nosso combate pelo ecumenismo dentro do próprio cristianismo. Por outras palavras, é através do exterior que podemos reencontrar a palavra interior e a palavra entre nós. Por outras palavras: enquanto cristãos de convicções diferentes, precisamos da palavra dos não-cristãos para nos ajudar a travar este combate.

[Entrevista], Hans Küng — Paul Ricœur, *Les religions, la violence et la paix. Pour une éthique planétaire*. ARTE, 5 de abril de 1996.
Une émission proposée par l'unité de programmes documentaires. Rédaction: Laurent Andrés
(acedemos à versão dactilografada e disponibilizada *online* no *site* «Fonds Ricœur»; cf. http://www.fondsricoeur.fr).

* * *

O Testamento de Christian de Chergé: Quando se prevê um *A-DEUS*...

Aconselha-se o visionamento do filme *Des hommes et des dieux*, realizado por Xavier Beauvois, em 2010, que se baseia em eventos reais da vida da comunidade de Tibhirine, na Argélia, e no rapto e posterior assassinato dos monges cistercienses, em maio de 1996, entre eles Charles-Marie Christian de Chergé, nascido em Colmar, no dia 18 de Janeiro de 1937, e assassinado na Argélia, no dia 21 de maio de 1996. Cf. www.moines-tibhirine.org/

—

Se um dia — e poderia ser hoje — eu for vítima do terrorismo que parece querer englobar agora todos os estrangeiros que vivem na Argélia, gostaria que a minha comunidade, a minha Igreja, a minha família, se lembrassem que a minha vida foi DADA a Deus e a este país. Que aceitem que o único Mestre de toda a vida não poderia ser estranho a esta partida brutal. Que rezem por mim: como é que eu poderia ser considerado digno de uma tal oferta? Que saibam associar esta morte a tantas outras mortes igualmente violentas, deixadas na indiferença do anonimato. A minha vida não tem um preço maior que qualquer outra. Nem é menos valiosa que ela. Seja como for, já não tem a inocência da infância. Já vivi o suficiente para me saber cúmplice do mal que parece, infelizmente, prevalecer no mundo, e mesmo daquele mal que me quer atingir cegamente. Gostaria, quando chegar o momento, de ter esse rasgo de lucidez que me permita pedir perdão a Deus e aos meus irmãos em humanidade, e ao mesmo tempo perdoar de todo o coração àquele que me tiver atingido. Não poderia desejar uma tal morte. Parece-me importante dizê-lo. Não vejo, com efeito, como me poderia alegrar que este povo que amo fosse indiscriminadamente acusado do meu assassínio. Devê-lo a um argelino, seja ele quem for, sobretudo se diz que age em fidelidade ao que acredita ser o Islão, é pagar demasiado por aquilo a que se pode chamar a «graça do martírio». Conheço o desprezo com que foram tratados os argelinos no seu conjunto. Conheço também as caricaturas do Islão que um certo islamismo encoraja. É demasiado fácil ficar de consciência tranquila identificando esta via religiosa com o fundamentalismo dos seus extremistas. Para mim, a Argélia e o Islão são outra coisa, são um corpo e uma alma. Já o proclamei suficientemente, creio, tendo em conta o que dela recebi, encontrando nela tantas vezes este fio condutor do Evangelho aprendido ao colo da minha mãe, a minha primeira Igreja. Precisamente na Argélia e, desde já, no respeito pelos crentes muçulmanos. A minha morte, evidentemente, parecerá dar razão àqueles que se apressaram a chamar-me ingénuo ou idealista: «Que ela diga agora o que pensa!» Mas esses devem saber que a minha mais lancinante curiosidade será finalmente libertada. Eis que poderei, se Deus quiser, mergulhar o meu olhar no do Pai para contemplar com Ele os seus filhos do Islão tal como ele os vê, todos iluminados pela glória de Cristo, frutos da sua paixão e investidos pelo dom do Espírito cuja alegria secreta será sempre a de estabelecer a comunhão e restabelecer a semelhança jogando com as diferenças. Esta vida perdida, totalmente minha e totalmente deles, dou graças a Deus que parece tê-la querido toda inteira para esta ALEGRIA, para e apesar de tudo. Neste OBRIGADO onde tudo fica dito, a partir de agora, sobre a minha vida, incluo-vos, claro, amigos de ontem e de hoje, e a vós, ó meus amigos aqui, pelo lado da minha mãe e do meu pai, das minhas irmãs e dos meus irmãos e de todos os seus, cem vezes mais concedido como nos foi prometido! E também tu, o amigo do último minuto, que não saberás o que estás a fazer. Sim, também a ti quero dizer este OBRIGADO, e este «A-DEUS» de consideração por ti. E que nos seja dado voltar-nos a encontrar, ladrões felizes, no paraíso, se Deus, Pai de ambos, assim o desejar.

ÁMEN! *Inch'Allah!*

Argel, 1 de dezembro de 1993/Tibhirine, 1 de janeiro de 1994,

Christian